1 MONTH OF
FREE
READING

at

www.ForgottenBooks.com

By purchasing this book you are eligible for one month membership to ForgottenBooks.com, giving you unlimited access to our entire collection of over 1,000,000 titles via our web site and mobile apps.

To claim your free month visit:

www.forgottenbooks.com/free351664

ISBN 978-0-265-69351-3
PIBN 10351664

This book is a reproduction of an important historical work. Forgotten Books uses state-of-the-art technology to digitally reconstruct the work, preserving the original format whilst repairing imperfections present in the aged copy. In rare cases, an imperfection in the original, such as a blemish or missing page, may be replicated in our edition. We do, however, repair the vast majority of imperfections successfully; any imperfections that remain are intentionally left to preserve the state of such historical works.

WIENER BEITRÄGE

ZUR

ENGLISCHEN PHILOLOGIE

UNTER MITWIRKUNG

VON

DR. K. LUICK

AO PROF. DER ENGL. PHILOLOGIE
AN DER UNIVERSITÄT IN GRAZ

UND

DR. A. POGATSCHER

ORD. PROF. DER ENGL. PHILOLOGIE
AN DER DEUTSCHEN UNIV. IN PRAG

HERAUSGEGEBEN

VON

DR. J. SCHIPPER

ORD. PROF DER ENGL. PHILOLOGIE UND WIRKLICHEM MITGLIEDE DER
KAISERL. AKADEMIE DER WISSENSCHAFTEN IN WIEN.

VI. BAND.

WIEN UND LEIPZIG.

WILHELM BRAUMÜLLER

K U. K. HOF- UND UNIVERSITÄTS-BUCHHÄNDLER.

1897.

WILLIAM CONGREVE,

SEIN LEBEN UND SEINE LUSTSPIELE

VON

D. SCHMID

Dr. PHIL. (WIEN).

WIEN UND LEIPZIG.

WILHELM BRAUMÜLLER

K. U. K. HOF- UND UNIVERSITÄTS-BUCHHÄNDLER.

1897.

Alle Rechte, insbesondere das der Übersetzung, vorbehalten.

K. k. Universitäts-Buchdruckerei ‚Styria‘ in Graz.

Vorwort.

Der Dichter, mit dem wir uns im folgenden beschäftigen wollen, ist von den Literarhistorikern bisher sehr stiefmütterlich behandelt worden. Das muss umso auffallender erscheinen, wenn man sich vor Augen hält, dass Congreve keineswegs ein Dichter dritten oder vierten Ranges war, der aus Liebhaberei nicht ganz ohne Geschick ein paar leichte Verschen geschmiedet, wie die Adeligen und Vornehmen der damaligen Zeit so ziemlich alle, sondern dass auch ernste Literarhistoriker unserer Tage ihn „unbedingt für die größte dichterische Kraft seines Zeitalters"[1]) erklären.

Die Gründe für diese Vernachlässigung sind mannigfacher Art. Vor allem tritt Congreve mit der bescheidenen Zahl von vier Lustspielen (auf diesen allein beruht fast ausschließlich sein Recht auf Unsterblichkeit, seine sonstigen Dichtungen — dramatische und lyrische Producte — sind wenig bedeutend) gegen den auf allen Gebieten dichterischen und kritischen Schaffens ungemein fruchtbaren Dryden, den Imperator des Geschmackes, bedeutend in den Hintergrund. Wenn man auch unbedingt zugeben muss, dass in Bezug auf poetisches Vermögen und dichterische Schöpfer- und Gestaltungskraft unser Dichter dem gefeierten Dryden weit überlegen ist, so ist letzterer für den Literarhistoriker doch interessanter, weil sich in ihm ein ganzes Zeitalter mit seinen Vorzügen und Mängeln verkörpert, während William Congreve nur eine Seite desselben darstellt.

Gosse, der neueste Biograph Congreves,[2]) sagt darüber: „C. was no very fascinating or absorbing human

---

[1]) Hettner, Gesch. d. engl. Lit. etc., S. 117.
[2]) Edmund Gosse, Life of William Congreve, London 1888, Prefatory Note.

being, ... they (Pope and Swift) possessed an interesting personal quality, of which the author of ‚The Way of the World‘ seems to have been devoid." Das heißt, für den Biographen war Congreve eine zu wenig interessante Persönlichkeit (was übrigens nicht ganz zutrifft); also weder biographisch interessant, noch, wie wir im Früheren hervorgehoben haben, literarhistorisch brauchbar als Repräsentant einer Periode des Geisteslebens der Nation, musste er der Vergessenheit anheimfallen, umsomehr, wenn man drittens berücksichtigt, wie gerade der Umstand seinen Lustspielen in dem heute so prüden, zimperlichen, nahezu puritanischen England schaden musste, dass sie ein getreues Spiegelbild des unsittlichen, oft thierisch gemeinen Treibens in den höheren Schichten der Gesellschaft während der Restaurations- und Orangeperiode darstellen. Im Jahre 1888 erschien die erste auf wissenschaftlicher Grundlage und auf eingehender Quellenforschung aufgebaute Biographie unseres Dichters von Edmund Gosse. Zwar wurde schon im Jahre 1730, ein Jahr nach Congreves Tode, ein Buch veröffentlicht, das den Titel trug „Memoirs of The Life, Writing, and Amours of William Congreve, Esqu." Angeblich stammte das Werk von einem gewissen Charles Wilson. Nun ist es aber zweifellos, dass „solch eine Person nie existiert hat", [1]) und man nimmt an, dass John Oldmixon, „that virulent party writer for hire", der Verfasser sei. Jedenfalls ist das nichts als eine tendenziöse, auf Sensationsmacherei speculierende Compilation, „an absolutely worthless construction of scissors and paste, containing nothing previously unprinted, excepted one or two lies". [2]) Biographisches Material lieferten in der Folgezeit zunächst Giles Jacob in seinen „Poetical Registers" nach eigenen Angaben des Dichters vom Jahre 1717, dann die „Biographia britannica". Der Artikel über Congreve in letzterer floss aus der Feder von Dr. Campbell. Die Angaben Campbells gehen wieder auf die Mittheilungen zurück, welche der Dichter Southerne, ein

---

[1]) Gosse, Prefatory Not., S. 10.
[2]) Gosse, ibid.

persönlicher Freund unseres Dichters, dem Artikelschreiber machte. Auf Grund dieser Angaben hat Dr. Samuel Johnson in „The Lives of the English Poets" (Tauchnitz Edit., vol. 419, pag. 20 uff.) eine sich nur über zehn Druckseiten erstreckende Biographie geschrieben. Diese erschien 1781. Zu erwähnen sind überdies Leigh Hunt: Biographical and Critical Notices, London, 1840, seiner Ausgabe der Werke von Wycherley, Congreve, Vanbrugh und Farquhar vorgedruckt (In denselben finden wir auch Lambs und Hazlitts Essays über diese Dichter abgedruckt), ferner Macaulay: Comic Dramatists of the Restoration, im vierten Bande seiner Essays (Tauchnitz Edit., vol. 188) und Thackeray: The English Humourists, Lecture the Second (Tauchnitz Edit., vol. 277). Die zuletzt genannten Werke schließen sich meist an Dr. Johnson an; früher als dieses Werk erschien Cibber: The Lives of the Poets of Great Britain and Ireland, London, 1753 (vol. 4). Daneben kommen für die Biographie noch in Betracht: Jacob Giles: The Lives and Characters of the English Dramatic Poets etc., London, 1719 u. 1720 (vol. 1 u. 2); Genest, J.: Some Account of the English Stage etc., Bath, 1832 (vol. 2); Grisy, A. de: Histoire de la Comédie Anglaise, Paris, 1878; Ward, A.: History of English Dramatic Literature to the Death of Queen Anne, London, 1875 (vol. 2); Taine, H.: Histoire de la Littérature Anglaise etc., Paris, achte Auflage, 1892. Natürlich bringen die genannten Bücher auch manches über die Werke Congreves; speciell mit diesen beschäftigen sich außerdem Bennewitz: Congreve und Molière, Leipzig, 1892, und Rapp, M.: Studien über das englische Theater, Tübingen, 1862.

Inhalt.

I. Theil.

Congreves Leben.

Das Leben Congreves ist bereits eingehend genug von Gosse beschrieben worden. Wir wollen daher im folgenden nur, ehe wir an unsere eigentliche Aufgabe gehen, das Wichtigste aus der Biographie unseres Dichters möglichst kurz zusammenstellen, was als Einleitung zu seiner Würdigung als Lustspieldichter umso nothwendiger erscheint, als Gosses Buch nur wenigen zur Hand ist.

William Congreve wurde zu Bardsey in der Nähe von Leeds in Yorkshire im Februar 1670 geboren. Getauft wurde er am 10. Februar 1670. Geburtsort und Datum (der Taufe wenigstens) sind nun endgiltig festgestellt, seitdem Malone in das Taufregister Einsicht genommen hat. Wenn Congreve selber das Jahr 1672 als sein Geburtsjahr angibt, so erklärt sich das am einfachsten daraus, dass man mit Gosse annimmt: „He lost count of his years," und man braucht nicht mit Johnson den Dichter der Eitelkeit und Lüge zu zeihen. Manche seiner Zeitgenossen hielten ihn überdies für einen Iren und beriefen sich in dieser Hinsicht auf das Zeugnis Southernes. Er selbst stellte dies immer entschieden in Abrede, was ihm einen scharfen Tadel von Southerne eintrug, der von ihm sagte: „He meanly disowned his native country."[1] Nun hat es sich herausgestellt, dass Congreve im Rechte war, und Johnsons Behauptung: „Neither the time nor place of his birth is certainly known," entbehrt der Begründung. Er entstammte einer alten und hochangesehenen Familie, die im Westen von Staffordshire ansässig war. Ihre Besitzung hieß Stretton Hall und lag in der Nähe des Weilers Congreve. Der Großvater des Dichters, namens Richard[2] Congreve,

---

[1] Johnson, S. 20.
[2] Macaulay a. a. O., S. 178, bezeichnet irrthümlicherweise des Dichters Vater William als denjenigen, welcher „was set down after

war einer von den 13 Rittern, welchen König Karl II. den neuzugründenden „order of the royal oak" zugedacht hatte. (Übrigens kam die Gründung dieses Ordens niemals zustande.) Der Vater unseres Dichters William war der jüngere Sohn des erwähnten Sir Richard. Er heiratete ein Mädchen (Anne) aus dem altberühmten Hause der Fitzherberts in Staffordshire. Im Hause seines mütterlichen Großonkels Sir John Lewis erblickte William Congreve das Licht der Welt.

Wenn der Dichter auch nicht in Irland geboren war, so steht es doch fest, dass er seine Kindheit und Jugend dort verlebte. Sein Vater wurde nämlich nicht lange nach der Geburt des Knaben — wann, ist ungewiss — zum Commandanten der Garnison von Youghal in Irland ernannt, verzichtete aber, wie Southerne berichtet, schon drei Jahre nach seiner Beförderung nicht nur auf die Commandantenstelle, sondern gab überhaupt die militärische Laufbahn auf, um Güterverwalter bei adeligen Herren zu werden: „to become agent for the estates of the Earl of Cork, and thenceforward resided at Lismore, as the centre of the Burlington interests."[1]) Der junge William kam wahrscheinlich im Jahre 1681 in die Schule zu Kilkenny, „the Eton of Ireland",[2]) wo er als begabter und eifriger Schüler unter Leitung eines Dr. Hinton sich einen bedeutenden Schatz von Kenntnissen erwarb. Schon in Kilkenny regte sich sein poetisches Talent: in einem verlorengegangenen Gedicht soll er den Tod der Elster seines Lehrers besungen haben. Wenn es richtig ist, dass Congreve bereits im Jahre 1681 diese Schule bezog, so lernte er dort jedenfalls Jonathan Swift kennen, der bis zum 24. April 1682 an derselben Anstalt studierte. Ob schon damals der Grund zu jener innigen Freundschaft gelegt wurde, welche die beiden Männer später verband, muss dahingestellt bleiben. Am 5. April 1685 trat der Dichter in das „Trinity College" zu Dublin ein, wo er nach den übereinstimmenden Berichten

---

the Restoration for the Order of the Royal Oak", Leigh Hunt a. a. O., S. XXII, gibt eine andere Genealogie nach Burkes „Genealogical and Historical Account of the Landed Gentry of England", wonach Richard des Dichters Vater gewesen sein soll.

[1]) und [2]) Gosse, S. 15.

aller „a fine scholar" war. Jedenfalls erwarb er sich zu Kilkenny und Dublin eine tüchtige und gediegene Vorbildung. „Sein Wissen," sagt Macaulay, „gereicht seinen Lehrern (in Dublin war es Dr. Ashe) zur Ehre; er war nicht nur in der lateinischen Literatur wohl bewandert, sondern seine Kenntnis der griechischen Dichter war zu seiner Zeit nicht einmal in einem ‚College' etwas Gewöhnliches." Dass er sich der Disciplin nicht gefügt und tolle Streiche verübt habe, liest man wohl hie und da, jedoch bei dem gänzlichen Mangel sicherer Thatsachen ist dies nur eine Vermuthung, die allerdings nicht gerade unwahrscheinlich ist. Hier traf Congreve ganz gewiss mit Swift zusammen, und beide genossen denselben Unterricht bei Dr. Ashe. Leigh Hunt wendet zwar ein: „Somebody has told us that they were not together under Dr. Ashe," doch gegenüber dem zuverlässigen Zeugnisse der Register des „College" sinkt die Glaubwürdigkeit seines geheimnisvollen „Somebody" auf Null herab. Gegen Ende des Jahres 1688 folgte der junge Congreve dem Wunsche seines Vaters und übersiedelte nach London,[1]) um daselbst im „Middle Temple" Jus zu studieren. Gedrängt wurde der Vater zu diesem Verlangen einerseits durch „die glorreiche Revolution", deren Ergebnis es für ein Mitglied einer stuartfreundlichen Familie nicht rathsam erscheinen ließ, in Irland zu bleiben, anderseits wohl auch, weil der Vater darauf bedacht war, den Sohn etwas lernen zu lassen, was diesem etwas eintragen könne: „by which something might be gotten" (Johnson, S. 21). Gegenüber dieser allgemeinen Annahme, dass der junge Dichter alsbald nach seiner Abreise von Dublin nach London gieng, spricht Gosse die Vermuthung aus, er habe die ersten zwei Jahre nach dem Verlassen des „College" bei seinen Verwandten in Staffordshire zugebracht. Diese Vermuthung stützt er darauf, dass der Vater William im Jahre 1691 als „de Stratton in com. Staffordiae" bezeichnet wird, ein Beweis, dass dieser damals bereits in England war. Beweiskräftiger als dieser erste jedenfalls sehr hinfällige Grund ist der Auszug aus dem Register des „Middle Temple", nach

---

[1]) Zur selben Zeit, vielleicht in Congreves Gesellschaft, verließ Swift das Dubliner College.

welchem der Dichter erst am 17. März 1691 in denselben aufgenommen wurde. Da wir nun keinen Grund haben zu glauben, der junge Congreve habe sich längere Zeit in London herumgetrieben, ehe er sich formell in den „Middle Temple" aufnehmen ließ, umsoweniger als er uns ja von Dublin her als fleißiger Student bekannt ist, der erst später, wie wir sehen werden, im Strudel des Londoner Lebens der Studien vergaß, da es anderseits feststeht, dass er gegen Ende des Jahres 1688 Dublin verließ und nach England gieng, so ist es nicht zu gewagt anzunehmen, er habe die Zwischenzeit bei seinen Verwandten verlebt. Wenn man die verbreitete Legende über die Entstehung des „Old Bachelor" damit vergleicht, nach welcher dieses Stück „in a slow recovery from a fit of sickness ... some years before it was acted ... how young a beginner and how very much a boy I was then etc." [1]) geschrieben wurde, und zwar in einem Garten, so hat man noch mehr Stützen für diese Behauptung Gosses.

Der Dichter erkrankte also, vielleicht schon in Dublin, was einen dritten Grund für seine Abreise nach England abgeben könnte, und erholte sich bei seinen Verwandten in Staffordshire. Im Garten von Stretton Hall hat er wahrscheinlich im Sommer und Frühherbst 1689 den „Old Bachelor" geschrieben. Zu gleicher Zeit war sein Vater, jedenfalls infolge des Todes des älteren Bruders, in den Besitz der Familiengüter gekommen; das ersieht man aus dem S. 3 unten angeführten Titel, sodass der Dichter eigentlich nicht bei den Verwandten, sondern auf den Besitzungen seines Vaters weilte. So fügen sich alle Umstände zur Bekräftigung dieser Hypothese aneinander. Im Grunde muss man aber zugeben, dass wir über diese Zeit in Congreves Leben nichts wissen. Mit juridischen Studien befasste sich der von seinem jetzt reichen Vater gewiss nicht knickerisch behandelte junge Mann sehr wenig. Auf ihn übte das Leben und Treiben in den höheren Schichten der damaligen Londoner Gesellschaft einen unwiderstehlichen Zauber aus. Interessant war das London jener Tage, das lässt sich nicht

---

[1]) Congreve, Amendments upon Mr. Collier's false and imperfect citations etc. London 1698.

leugnen. Die Renaissance hat den modernen Menschen geboren; erst die Sonne classischer Bildung und das Licht
griechischer Lebensanschauung hat die Nebel zerstreut, die
über der Menschheit des Mittelalters lagerten, jene schweren
Nebel, deren dichter Schleier die Blicke der Menschen
trübte, sodass diese stets von dem drückenden Bewusstsein
erfüllt waren, dass sie einzeln nichts, gar nichts bedeuteten,
dass sie nur in der Angliederung, ja in dem bedingungs-
losen Anschluss an ein großes Ganzes ihre Schritte halbwegs
sicher vor sich setzen könnten. Da zerstreuten sich die
Nebel, es wurde klar, der arme Erdensohn fühlte sich wieder
stolz und frei im erhebenden Gefühle der zurückeroberten
Individualität. Es ist natürlich, dass das Individuum im
Drange nach freier Bethätigung seiner so lange brach-
gelegenen Kräfte häufig übers Ziel schoss, dass der Mensch,
kaum flügge geworden, seinen schwachen Kräften Aufgaben
zuwies, deren Lösung uns vielleicht überhaupt versagt ist.
Er wollte die Schranken niederreißen, welche ihn von der
Freiheit trennten, und in blindem Wüthen warf er alles
nieder und feierte auf den Trümmern der gestürzten Altäre
seine wilden Orgien der Lebenslust. Und doch bei allem
Derben, ja Rohen leuchtet ein gewisser idealer, roman-
tischer Zug hindurch. Dem England der Königin Elisabeth
und des Königs Jakobs I., zum Theil auch noch dem
Karls I. kann man nur ein freies und übermüthiges Spiel
der entfesselten Lebenskräfte, keineswegs aber Mangel an
sittlichem Idealismus nachsagen. Da erstand der Puritanismus. Dass er als Reaction heilsame Folgen gezeitigt
hat, soll nicht in Abrede gestellt werden; unendlich größer
aber ist der Schaden, den Oliver Cromwell und seine fana-
tisierten Anhänger England zugefügt haben, und noch heute
wirkt dessen unseliger Einfluss im religiösen, politischen und
socialen Leben fort. Diese düsteren Fanatiker,[1] „die Heiligen“, erbten die Erde. Die Theater wurden geschlossen,
den schönen Künsten absurde Beschränkungen auferlegt ...
Niemand sollte, so lautete ein feierlicher Parlamentsbeschluss,
eine öffentliche Anstellung erhalten, bevor das „Haus“
nicht von seiner wirklichen „godliness“ sich überzeugt habe.

---

[1] Nach Macaulay, S. 158.

Ob nun einer „gottselig" war, das beurtheilte man nach
Äußerlichkeiten. Wehe dem Manne, der nicht einfache
dunkle Kleidung, schlichtes Haar, ungestärkte Wäsche,
dunkle Möbel hatte! Der wahre Puritaner sprach durch die
Nase, zeigte das Weiße des Auges, indem er letzteres in
heiliger Entzückung verdrehte, nannte seine Kinder „Assu-
rance", „Tribulation" oder „Maher-shalal-hash-baz", jagte
nicht, wenn er auf dem Lande war, unterhielt sich nicht in
der Stadt, er mühte sich damit ab, schwere Bibelstellen zu
erklären, und sprach mit einem Schwulst von biblisch-alle-
gorischen Ausdrücken über Inspirationen und göttliche Er-
scheinungen. Das ärgste Laster des Puritanismus war jedoch
die Heuchelei. Da nun einmal der Mensch kein Heiliger ist,
so lässt sich die Gottseligkeit nicht erzwingen; wird sie aber
von regierungswegen gefordert, nun, so nimmt man eben die
Larve des Heuchlers vor. Diese Larve verhüllt theilweise
noch heute das wahre, derb, aber gesund sinnliche Gesicht
des Engländers; das englische Leben trägt bekanntlich in
manchen Einrichtungen noch jetzt jenes puritanische Gepräge. Auf die Rechnung des Puritanismus sind auch alle
die Ausschreitungen und Ausschweifungen der folgenden
Restaurationsperiode zu setzen. Das Joch der Scheinheilig-
keit hatte so schwer auf die Schultern des Volkes gedrückt,
dass es im Jahre 1660 Karl II. mit hellem Jubel empfieng.
Brachte er doch das lustige Altengland zurück! So meinte
das Volk. Aber „merry old England" kehrte nicht wieder.
Lebenslust und Genussfreudigkeit hielten wieder ihren Einzug, was aber in der Zwischenzeit erloschen war, das war
der leuchtende romantische Schimmer einer im Grunde
doch ethischen Anschauungsweise, das war die hohe Sittlichkeit der Renaissance, und zurück blieb das anwidernde
Gespenst ekler und gemeiner Sinnlichkeit. Diese Sinnlichkeit tritt keineswegs verhüllt auf wie in Frankreich, nein,
mit Ostentation wird sie überall in der niedrigsten, wider-
lichsten Weise zum Ausdruck gebracht. Man gefällt sich
darin, einander in zügellosen Ausschweifungen, schamlos
frechen Reden und Witzeleien zu überbieten. Es ist Modesache, Worte, wie Gott, Tugend, Wahrheit, Reinheit etc.,
für eitel Tand zu halten, alles zu negieren, dabei aber in
indolenter, lethargischer Ruhe die Dinge im Staatsleben

gehen zu lassen, wie sie wollen oder können. (Siehe Philosophie des Hobbes.) Nur ein Ziel gibt es im Leben, das heißt Genuss. Nur ein Gesetz gilt im Verkehre der Menschen, das lautet: „Du musst stets geistreich sein." Sonst gibt es für die Genussmenschen keine Schranke als Krankheit oder Tod. Auch unter Wilhelm und Marie änderten sich die Verhältnisse nur allmählich, was gegenüber vielfach anders lautenden Ansichten hier entschieden betont werden muss.

In diese Gesellschaft tritt Congreve im März 1691 ein, und es dauert kaum etwas mehr als ein Jahr, so gilt er als anerkannter Herrscher im Kreise der eleganten Londoner Lebewelt, als vollendeter „wit", geistreich und liebenswürdig im Umgang, leichtlebig und genussfreudig, ein Freund der Damen, ob sie nun verheiratet oder ledig sind, ein eifriger, aber flatterhafter Bewerber um deren Gunst, die dem allgemein Bewunderten auch nur selten versagt wird, ein fleißiger Besucher von Wills Café, in dem sich alles zu versammeln pflegt, was in der eleganten Welt eine Rolle spielt oder doch spielen will, ein nicht minder großer Theaterfreund, bei alledem auf demselben Standpunkte stehend wie seine Gefährten, für die es keine sittlichen Grundsätze gibt, die dem Genusse fröhnen, solange es eben geht. Vor allen andern hat aber Congreve etwas voraus, was bei einem 21jährigen Jüngling gewiss auffallend erscheinen muss. Er gilt um jene Zeit schon als bedeutender Dichter. Sein literarisches Erstlingswerk ist, wenn wir von jenem kleinen Gedichte auf die Elster seines Lehrers absehen, ein unter dem Pseudonym „Cleophil" veröffentlichter Roman „Incognita" oder „Love and Duty Reconciled", welcher nach einer Anzeige in der „London Gazette" am 25. Februar 1692 erschien. Das Werk scheint beim Publicum günstige Aufnahme gefunden zu haben und erlebte mehrere Auflagen. Es ist nicht unwahrscheinlich, dass der ganze Roman oder wenigstens ein Theil desselben schon in Dublin entstanden ist. Der Wert dieses Erstlingswerkes wird im allgemeinen nicht sehr hoch angeschlagen. Johnson meint: „I would rather praise it than read it."[1]

---

[1] Leigh Hunt schreibt darüber: „Johnson's convenient criticism upon it was, that he would ‚rather praise it than read it'. Being

Macaulay bezeichnet „Incognita" als „a novel of no great value", nur Gosse verweilt länger bei der Besprechung des Romans, ja er gibt sogar eine kurze Inhaltsangabe davon. Die Hauptvorzüge der Dichtung sind nach ihm die Realistik der Schilderung und der dramatische Gang der Handlung, doch selbst Gosse muss zugeben: „It is a slight and immature production." Wir sehen demnach keine Veranlassung, näher darauf einzugehen. Doch nicht die „Incognita" war es, welche den Ruhm unseres Dichters begründete. Congreve wurde in London bald mit dem kritischen und dichterischen Stimmführer des damaligen England bekannt, mit dem alten Dryden, der nunmehr nach ungezählten literarischen Fehden ein ruhiger und friedlicher Mann geworden war, sich in Wills Café sehr gern bewundern ließ, dabei aber junge Talente mit neidloser Anerkennung auf jede Weise zu fördern suchte. Wie diese Bekanntschaft zustande kam, wissen wir nicht genau, wahrscheinlich hängt sie mit Congreves erstem Lustspiele „The Old Bachelor" zusammen, das er ja ganz oder doch größtentheils fertig nach London gebracht hatte. Eine Notiz darüber findet sich in „Some Account of the English Stage from the Restoration in 1660 to 1830", vol. II., p. 45: „Congreve, having no acquaintance with the Manager of the Theatre, found means to be introduced to Southerne, who recommended him to the notice and protection of Dryden."[1] Danach erfolgte die Vermittlung durch Southerne. Weiter ersieht man daraus, dass Congreve sich bemühte, mit einflussreichen Persönlichkeiten bekannt zu werden, um durch deren Protection sein Stück auf die Bühne bringen zu können. Dryden gab dem Dichter alsbald Gelegenheit, unter seinen gewaltigen Fittigen den ersten Flug zu unternehmen. Er bereitete eben damals eine Übersetzung des Juvenal und des Persius vor. Fünf der Satiren des ersteren nahm er auf sich, die anderen vertheilte er unter seine Freunde (zwei an Nahum Tate, eine an Creech, je eine an jeden seiner Söhne, eine an den jungen George Stepney); Con-

---

of a less robust conscience on the reviewing side, it is our lot to have read it, without being able to praise."

[1] Übrigens auch in Southernes Bericht. Vgl. S. 43 dieser Schrift.

greve wurde die elfte zugewiesen. Diese Arbeit ist nicht
eben besonders hervorragend, aber jedenfalls hatte der
Dichter dadurch eine Probe von seinem poetischen Können
gegeben. Wirklich poetischen Wert besitzt das von Congreve verfasste und der von Dryden allein besorgten
Persius-Übersetzung angefügte „complimentary poem". Der
Gefeierte ist natürlich Dryden, „the great Revealer of dark
Poesie". Was an diesem Gedichte besonders wohlthätig
empfunden wird, sind der Takt und die weise Mäßigung,
die im schärfsten Gegensatze zu den albernen Übertrei-
bungen der Zeit stehen. Dryden gewann den jungen Dichter
alsbald lieb. Als er das ihm vorgelegte Lustspiel gelesen
hatte, erklärte er: „I never saw such a first play." Allerdings der Umstand, dass Congreve mit den Theatereinrich-
tungen nicht vertraut war, machte es nothwendig, dass
das Stück bühnengerecht gestaltet werde. Dryden unter-
zog sich im Vereine mit Southerne und Maynwaring
dieser Aufgabe. Er ahnte schon damals, dass „this young
William Congreve, with his one unpolished play in his
pocket, was the coming man,"[1] und setzte die Annahme
des Stückes am „Drury Lane"-Theater durch; ja, „Thomas
Davenant, the manager of that house, gave Congreve six
months before the performance of his piece the then un-
precedented privilege, to a new writer, of a free entrance
to the theatre."[2] Im Jänner 1693 fand die erste Aufführung
statt. Der Erfolg war ein beispielloser: mit einem Schlage
war Congreve der gefeiertste Dichter seiner Zeit. Wir haben
diese Einzelheiten über das erste Stück des Dichters in der
biographischen Skizze nur deshalb angeführt, weil sie für
die weitere Lebensgestaltung Congreves von größter Wichtigkeit sind; eigentlich gehören sie zum zweiten Theil dieser
Arbeit, zur Besprechung und Würdigung seiner Lustspiele.

„Few plays have ever been so beneficial to the writer;
for it procured him the patronage of Halifax, who imme-
diately made him one of the commissioners for licensing
coaches, and soon after gave him a place in the Pipe-
office, and another in the Custom, of six hundred pounds

---

[1] Gosse, S. 31.
[2] Gosse, S. 33.

a year", so berichtet Johnson. Das ist auch die allgemeine
Annahme gewesen, aber schon Leigh Hunt spricht sich
gegen die Richtigkeit dieses aus der „Biographia Britannica"
genommenen Berichtes aus, und Gosse beweist dessen
Unrichtigkeit. Halifax — Charles Montague wurde nämlich im Jahre 1700 Lord Halifax — soll dem Dichter unmittelbar nach der ersten Aufführung des „Old Bachelor"
die Stelle eines „commissioner for licensing hackney-
coachés" verliehen haben. Nun aber wurde Montague erst
im Sommer 1694 „Chancellor of the Exchequer", konnte
also früher überhaupt keine Stellen vergeben. Ferner ist
in der Widmung des „Double-Dealer" an Lord Halifax
keine Anspielung auf materielle Wohlthaten enthalten;
endlich lesen wir in einem Gedichte Swifts:

> „Thus Congreve spent in writing plays,
> And one poor office, half his days; etc.
> And crazy Congreve scarce could spare
> A shilling to discharge his chair."

Dies sind die Argumente Gosses.

Dazu hätte er noch die an einer anderen Stelle seines
Werkes in anderem Zusammenhange gebrachte Notiz des
Narcissus Luttrel vom 30. Mai 1695 anführen sollen, welche
besagt, dass „Mr. Charnock Heron, Mr. Clarck and Mr. Congreve, the poet, are made commissioners of the hackney-
coaches in the place of Mr. Ashurst, Mr. Overbury and
Mr. Isham, who resigned". Daraus ergibt sich, dass Congreve die erste Stelle erst am 30. Mai 1695 erhielt. Die
anderen aber, wenn überhaupt, erhielt er erst etwa um 1700.[1]
Überhaupt ist es ein Märchen, wenn man von Congreve
stets als von einem mit irdischen Glücksgütern reichgeseg-
neten Manne spricht, wie besonders Thackeray in seinen
„Lectures on English Humourists". Gewiss war er von Haus
aus nicht mittellos; auch seine Werke mögen ihm ein
hübsches Geld getragen haben, aber das lockere Leben,
welches er führte, verschlang sehr viel, und so erscheint
es nicht unglaubwürdig, dass er sich sehr oft in Geld-
verlegenheit befunden habe, und dass er schon aus finan-
ziellen Rücksichten danach streben musste, ein oder mehrere
einträgliche Ämter zu erlangen.

---

[1] Vgl. in Swifts Gedicht: „And one poor office, half his days;"

Im November 1693 wurde sein zweites Stück „The Double Dealer" am selben Theater aufgeführt. Die Aufnahme dieses Lustspieles war jedoch im allgemeinen eine ungünstige, was den überaus empfindlichen Dichter nicht wenig ärgerte. Gerade dieses Stück hat eine sehr bewegte äußere Geschichte, darüber Näheres im zweiten Theile. Das Jahr 1694 „is almost a blank in the history of our poet". Die Königin Marie, die Protectorin unseres Dichters, starb am 28. December, und bald darauf schied der Erzbischof von Canterbury aus dem Leben, zwei Todesfälle, die den Dichtern Anlass boten, ihre Trauer in schwulstigen Strophen austönen zu lassen. Congreve veröffentlichte am 28. Jänner 1695 ein elegisches Pastorale „The Mourning Muse of Alexis", für welches er auf königlichen Befehl 100 Pfund ausbezahlt erhielt. Literarisches Interesse hat das Gedicht absolut keines, höchstens könnte es als trauriges Beispiel dafür dienen, wie die damals moderne überschwengliche, gezierte und schwulstige Art der Trauerlyrik sogar einen so witzigen und nach dem Realismus strebenden Dichter wie Congreve unausstehlich machen kann. Das Urtheil De Grisys „sensible et presque touchant" steht ganz vereinzelt da. Wichtiger ist der Londoner Theaterstreit im Jahre 1694 und 1695. Ohne hier schon auf eine genaue Besprechung desselben einzugehen, erwähnen wir nur, dass im „Drury Lane"-Theater, damals dem einzigen, Streitigkeiten zwischen den „Patentees" und den Schauspielern ausbrachen, was eine Spaltung und die Begründung eines neuen Theaters „within the walls of the tennis-court of Lincoln's Inn Fields" zur Folge hatte. Congreve hatte sein drittes Stück „Love for Love", welches im Jahre 1694 beendet worden war, bereits im alten Theater bei den „Patentees" eingereicht, und dasselbe war angenommen worden. Vorsichtigerweise unterzeichnete der Dichter jedoch das bindende Schriftstück nicht, bevor der inzwischen ausgebrochene Theaterstreit sich entschieden hatte. Als er sah, dass die besseren Schauspieler und damit auch die Gunst des Publicums auf Seiten des neuen Theaters war, entschied er sich für dieses. Ja er wurde sogar Antheilhaber an dem Gewinne, wogegen er sich verpflichtete, nur für dieses Theater, und zwar jährlich ein Stück, zu schreiben, wenn es seine Gesundheit gestatte. „Love for Love" wurde mit großartigem Erfolge aufgeführt. Der Dichter kam seinem Versprechen nicht nach; im Jahre 1695 arbeitete er an seiner einzigen Tragödie „The Mourning Bride". Auch beschäftigte er sich mit theoretischen Untersuchungen über das Wesen des „Humour" im Lustspiel. Dieser Essay ist uns erhalten, und zwar durch Dennis, einen unbedeutenden Dichter und Freund Congreves, welchem dieser ihn zugeschickt hatte. Der interessante Inhalt wird im zweiten Theile besprochen. Schon im vorerwähnten Theatervertrage kommt eine Clausel vor, welche darauf schließen lässt, dass der Dichter, obwohl erst 25 Jahre alt, doch nicht mehr gesund war. Das wilde, unregelmäßige Genussleben hatte seine Gesundheit untergraben, er musste zum Curgebrauch nach den Tunbridge Wells. Durch den Aufenthalt daselbst wieder gestärkt, konnte er nach seiner Rückkehr umso intensiver an seiner Tragödie arbeiten, daneben veröffentlichte er eine sogenannte pindarische Ode an den König anlässlich der Einnahme von Namur, eines jener formlosen, ungeheuerlichen Producte, die seit Cowley in England als „Pindarics" berühmt waren, ein Unding, dem später Congreve selbst durch seine theoretischen Auseinandersetzungen über das wahre Wesen der pindarischen Ode und durch sein Beispiel ein Ende zu machen suchte. „Oroonoko", eine romantische Tragödie seines Freundes Southerne, sowie „The Husband his own Cuckold", das einzige Lustspiel von Drydens Sohne John, versah er mit einem Epilog, resp. Prolog. Im Februar des Jahres 1697 wurde endlich die „Mourning Bride" im „Lincoln's Inn Fields"-Theater aufgeführt. Für uns ist es kaum fasslich, dass dieses Stück mehr Beifall finden konnte, als alle Lustspiele Congreves; wir können es kaum begreifen, wie diese Tragödie „a stock piece for nearly a century" bleiben konnte.

Lessing sagte darüber: „Das einzige Trauerspiel, welches er geschrieben, zeigt, dass das Tragische seine Sache ganz und gar nicht gewesen." Wie damals eine „gute" Tragödie beschaffen sein musste, ist ja bekannt. Dryden war der Begründer der „heroic plays" geworden, jener Zwittergattung, die, ausgehend von den classischen Tragödien der Franzosen, denn doch auf das reiche und bewegte dramatische Leben in den Shakespeare-Stücken nicht verzichten wollte und neben heroischem Säbelrasseln, Schlachtenlärm und Kampfestosen, neben Mord- und Greuelthaten der schrecklichsten Art in sentimental-weinerlichem, nach französischem Muster gedrechseltem und geschraubtem Redeschwall unmögliche Tugenden und Edelthaten vorführte, kurz unnatürlich in allem und jedem, noch ärger als die französischen Stücke, weil eine unmögliche Vereinigung von zwei ganz disparaten Richtungen versucht wurde. „Was dem unbefangenen Auge nur als ein leeres Spectakelstück der schlechtesten Sorte erscheint,“ sagt Hettner, S. 88, „das erschien dem Dichter als die geforderte Ausgleichung und Versöhnung der französischen und altenglischen Tragik. Mit den gereimten Versen und den heroischen Stoffen meinte er Corneille, mit den Geistererscheinungen und dem Schlachtentrubel Shakespeare befriedigt zu haben.“ Die gereimten Verse gab Dryden allerdings später auf, wie er auch in anderer Beziehung in seiner Schrift „On the Grounds of Criticism in Tragedy“ viel vernünftigere Ansichten aussprach als in den früheren Abhandlungen über die „Dramatic Poesy“ und über die „Heroic Plays“. „Früher war die Parole Reim und Phantastik gewesen, jetzt ist sie Reimlosigkeit, naturwirkliche Lebendigkeit der Charakteristik und ein regelmäßiger und einfach ruhiger Gang der Handlung.“ [1]) Wie sehr sich aber. auch Dryden nunmehr in der Theorie Shakespeare nähert, in der Praxis kommt er über eine gekünstelte Regelmäßigkeit, über unwahre Sentimentalität, kurz über die Requisite der französischen „Tragédie classique“ niemals hinaus, höchstens die Überreste des alten Theaters: „Schlachtentrubel und Geistererscheinungen“, verschwinden allmählich aus seinen Stücken. In diese Tradition tritt der Tragödiendichter Congreve. Der Inhalt seiner „Mourning Bride“, deren Handlung natürlich nach dem französischen Grundsatz der „idealen Ferne“ nicht in England, sondern in Granada um das Jahr 1450 spielt, ist kurz folgender: Almeria, die Tochter Manuels, des Königs von Granada, war früher mit Alphonso, dem Königssohne von Valencia, vermählt worden. Der junge Gatte ertrank aber angeblich am Hochzeitstage. Der Vater

---

[1]) Hettner, S. 93.

Alphonsos, durch die Laune des Kriegsgottes später in die
Gefangenschaft Manuels gerathen, ist eben als Gefangener
in Granada gestorben. Bei dem Andenken an den tief be-
trauerten Schwiegervater schwört Almeria, ihrem Gatten
treu zu bleiben und Garcia, den Sohn von ihres Vaters
Günstling Gonzales, nicht zu heiraten, obwohl sie weiß,
dass es ihr Vater wünscht. Dieser ist inzwischen von einem
siegreichen Feldzuge zurückgekehrt und hat interessante
Gefangene mitgebracht. Die schöne Zara liebt er, seit er
sie zuerst gesehen, sie aber glüht für Osmyn, den zweiten
Gefangenen. Derselbe ist in Wirklichkeit der todtgeglaubte
Alphonso, als welcher er auch von Almeria im Grabgewölbe
seines Vaters erkannt wird. Sein Freund Heli steht ihnen
als Helfer zur Seite. Sie werden aber von Zara erspäht,
diese ist eifersüchtig auf ihre Nebenbuhlerin und schwört,
sich an beiden zu rächen. Der König lässt, um sich ihr
gefällig zu erweisen, Osmyn ins Gefängnis führen. Da erhält
dieser nun den Besuch Zaras und später Almerias. Jene
will ihn zuerst befreien, als sie aber von dem zweiten Besuch erfährt, erwacht ihre Eifersucht wieder, und wuth-
schäumend kündigt sie ihm seinen Tod an, denn

> „Heaven has no rage like love to hatred turned
> Nor hell a fury like a woman scorned.“

. Außerdem wird von Valencia aus eine Bewegung zur
Befreiung von Osmyn und Heli eingeleitet. Zara, von Liebe
und Eifersucht bald hieher, bald dorthin gezerrt, gibt dem
Könige allerhand confuse und einander widersprechende
Rathschläge, schließlich soll Alphonso doch getödtet werden, aber an einem anderen Orte. Der König bleibt in
dessen Kleidung im Kerker, wohin Almeria kommen soll.
Er will nämlich erfahren, ob das wahr sei, was Almeria
ihm vorher in der Meinung, alles sei verrathen, eröffnet
hat, nämlich dass sie den Gefangenen liebe. Unterdes wird
der Aufstand immer drohender; Gonzales, der von der Über-
führung des gefangenen Alphonso und der Verkleidung des
Königs nichts weiß, will dem Aufruhr ein Ende machen,
indem er die Ursache desselben, Osmyn-Alphonso, tödtet;
er tödtet natürlich den König. Zara kommt hinein und
nimmt Gift, als sie den Mann, den sie für den Geliebten
hält, todt sieht; Almeria entgeht demselben Schicksale nur

durch das Erscheinen des wahren Alphonso, und nun wird zum Schluss fröhliche Hochzeit gefeiert.

Das ist also, wie man sieht, ein ganz gewöhnliches Intriguenstück mit allen möglichen Unwahrscheinlichkeiten. Es hat wohl manche schöne Stellen aufzuweisen, wenn auch die von Johnson citierte dessen übertriebenes Lob nicht verdient, aber im allgemeinen ist auch die Sprache nicht natürlich, sondern geschraubt, pathetisch und hochtrabend. Weiter ist der glückliche Ausgang dieser „Tragödie" anzumerken. Dem Stücke geht eine Apotheose des Dichters von Rich. Steele als Prolog voraus. Diese Tragödie galt als „fashionable tragedy of its age" und stand allgemein im höchsten Ansehen. Wir haben sie darum eingehender betrachtet.

Am 4. Mai 1697 wurde Congreve noch „commissioner for hawkers (Zeitungsausträger) and pedlars"; im selben Jahre schrieb er einige wenig bedeutende Gedichte (The Birth of the Muse), dann trat jenes Ereignis ein, das für Congreve nicht allein, sondern für die ganze dramatische Literatur von epochaler Bedeutung werden sollte, nämlich J. Collier trat mit seiner Schrift gegen die Unmoralität der Bühne auf. Dass das englische Lustspiel einen Grad von Zügellosigkeit und Frechheit erreicht hatte, der kaum anderswo früher oder später anzutreffen ist, dass es mit Hintansetzung aller Moral für die zügellosen Helden und Heldinnen der freien und gemeinsinnlichen Liebe mit unverkennbarer Parteinahme eintrat, während der geprellte Ehemann, der oder die an alten, zopfigen Tugendbegriffen Hängende dem Gelächter preisgegeben wurde, dass endlich die Sprache in diesen Lustspielen nicht etwa bloß derb, — das ist sie ja auch oft bei Shakespeare — sondern geradezu roh und ordinär war, nicht einmal jenes gewisse äußere Decorum wahrend, welches die ärgsten französischen Ehebruchsdramen „auszeichnet", das alles muss im allgemeinen zugegeben werden, und Jeremy Collier war nicht der erste, der darauf hinwies. Er war jedoch der erste, der zu dieser schwierigen Aufgabe die erforderlichen Eigenschaften mitbrachte: er war ein überzeugter Gegner der damaligen Bühnenzustände, aber durchaus kein zelotischer Feind des Theaters überhaupt, eine lebhafte Kampfnatur, wuchtig im Angriffe, Meister in der Kunst der Polemik, zäh und con-

sequent in der Durchführung seiner Absichten, ein unerschrockener und unbeugsamer Charakter. Im März 1698
erschien sein Werk „A Short View of the Immorality and
Profaneness of the English Stage, together with the Sense
of Antiquity upon this Argument". Congreve war darin
gewaltig zerzaust worden. Ein Jahr lang sprach und schrieb
man in London über nichts anderes als über dieses Thema.
Pro und contra wurden alle möglichen Argumente beige-
bracht. (Näheres darüber im zweiten Theile nach Gosses
sehr ausführlichem Berichte.) Die angegriffenen Dichter,
Dennis, Filmer, Vanbrugh, vielleicht auch Wycherley, ver-
theidigten sich; Dryden schwieg. Congreve, der Beherr-
scher der Bühne, auf den alles mit Spannung blickte, gieng
nur gezwungen und mit Widerwillen an die Abwehr und
war dann in seinen vier Monate nach dem „Short View"
erschienenen „Amendments of Mr. Collier's False and Imperfect Quotations" so grob, er gieng so übermäßig weit in
der Vertheidigung, dass er sich blamierte und der Sache
unendlich schadete. Ein Compromiss zwischen den gegneri-
schen Ansichten, die ja beide einseitig waren, hätte das
englische Lustspiel erhalten und beleben können, Congreves
ungeschickte Vertheidigung erleichterte einer Partei den
Sieg, unter deren Ägide überhaupt kein Lustspiel, ja kein
Theater gedeihen kann. So ist der große Lustspieldichter
wie durch eine Ironie des Schicksals zugleich mit einer
der Todtengräber des englischen Lustspiels geworden. Persönlich war der Dichter tief gekränkt durch diesen und andere heftige Angriffe. Noch unangenehmer musste es ihn
berühren, als er sah, dass Collier auch auf das Theater-
publicum stark einwirkte. Er als einer der Theilhaber und,
wie es scheint, „manager" des „Lincoln's Inn Fields"-Theaters
musste im Namen des Königs die Schauspieler auffordern,
ungeziemende Ausdrücke auf der Bühne nicht zu gebrauchen, er musste den „Double Dealer" in revidierter Form
auf die Bretter bringen. Dazu kam wiederum eine Ver-
schlechterung seines Gesundheitszustandes; im November
musste er die Bäder von Barnet besuchen, um sich von seiner
Gicht etwas Ruhe zu verschaffen. Er war also durch und
durch verbittert und vergrämt. In dieser Stimmung schrieb
er sein letztes, von vielen und von ihm selbst für sein

bestes gehaltenes Lustspiel „The Way of the World", welches in der ersten Woche des März 1700 aufgeführt wurde. Das Stück erzielte nur geringen Beifall, und das soll — so erzählt eine ganz uncontrolierbare und sehr unwahrscheinliche Tradition — den Dichter so sehr in Wuth gebracht haben, dass er auf die Bühne stürzte und das Publicum wegen seines geringen Verständnisses und seiner Apathie gehörig ausmachte. Dabei soll er gesagt haben, er sei entschlossen, sich dem Urtheile eines unwissenden Publicums nicht mehr auszusetzen. Ob er diese Äußerung gethan hat, wissen wir nicht; wenn es wirklich der Fall war, dann hat er Wort gehalten. Er hat kein Lustspiel mehr geschrieben, er lebte überhaupt von der Zeit an fern von dem literarischen Treiben, er wollte nur als „gentleman", nicht als Dichter gelten.[1])

Mit dem alten Dryden, an dessen Leichenbegängnis im Mai 1700 sich auch Congreve betheiligte, begrub man zugleich den Dichter Congreve. Was er nachher noch geleistet während der 29 Jahre, die er unter körperlichen Leiden mannigfacher Art noch dahinbrachte, ist kaum nennenswert. Seine dichterische Thätigkeit fällt in die Zeit von 1693 bis 1700: als junger Mann zwischen 23 und 30 Jahren hat er sich den Dichterkranz verdient. Man muss zugeben, dass ein so rasches Steigen und ein so plötzliches Versinken in der Literaturgeschichte zu den Seltenheiten gehören. „Two kinds of ambition early took possession of his mind ... he longed to be a great writer. He longed to be a man of fashion," sagt Macaulay (Com. Dram. etc., p. 179). Im Jahre 1700 gewinnt der „man of fashion" entschieden das Übergewicht. Was seither im Leben Congreves sich Nennenswertes ereignet hat, lässt sich kurz zusammenfassen, erstens weil ja das Leben, das er jetzt führte, naturgemäß an äußeren Geschehnissen nicht reich sein konnte, zweitens aber, weil wir über diese Zeit nur mangelhaft unterrichtet sind.

Die einzige Auslandsreise, die er je gemacht hat, nämlich Dover—Calais—St.-Omer—Brüssel—Antwerpen—Gel-

---

[1]) Als ihn nämlich Voltaire wenige Jahre vor seinem Tode besuchte, soll er ihm dies gesagt haben, worauf Voltaire erwiderte, er hätte ihn gar nicht besucht, wenn er nichts anderes wäre als ein „gentleman".

dern—Rotterdam (dies die bekannten Stationen) fällt in den Herbst des Jahres 1700. Über seine weiteren Lebensumstände geben allerdings nur spärliche Auskunft die sogenannten Keally-Briefe, eine Sammlung von 43 Briefen Congreves an seinen irischen Freund Josef Keally (1700 bis 1712), und später Swifts „Journal to Stella".

Im März 1701 schrieb Congreve ein Maskenspiel „The Judgment of Paris" als Text für vier Componisten, die ihre Kunst daran versuchen sollten. (Es war nämlich ein Musikpreis für den besten Componisten ausgesetzt worden.) Die Compositionen wurden im „Dorset Garden"-Theater an vier aufeinanderfolgenden Tagen aufgeführt, und John Eccles trug den Preis davon. Der Wert des Librettos wird am besten mit Gosse ausgedrückt durch die Worte: „A poor threadbare stuff".

Eine der hübschesten, weil durch wahres Gefühl belebten lyrischen Dichtungen Congreves, ist seine Cäcilien-Ode, die für den 22. November 1701 geschrieben wurde. Die große Zahl der Cäcilien-Oden in der englischen Literatur besonders aus dieser Zeit erklärt sich daraus, dass von 1687 bis 1703 alljährlich und späterhin auch noch gelegentlich am Tage dieser Schutzpatronin der Musik musikalische Unterhaltungen veranstaltet wurden, für welche ein dazu ausersehener Dichter die Ode schrieb. Im Februar 1704 ist Congreve in Gemeinschaft mit Vanbrugh, und Walsh beschäftigt, Molières „Monsieur de Pourceaugnac" zu übersetzen, respective zu bearbeiten. Das Ganze scheint auf eine Persiflage angelegt gewesen zu sein, worauf auch der Nebentitel „Squire Trelooby" hindeutet, doch wissen wir darüber nichts Näheres. Das Stück ist erhalten und wurde auch aufgeführt. Aus diesem Jahre wissen wir nur noch, dass er ins Bad nach Bath reisen musste. Im folgenden Jahre eröffnete Vanbrugh das neue Haymarket Theatre oder eigentlich „Queen's Theatre in the Haymarket" unter der gemeinsamen Direction von Congreve und Vanbrugh. Damals war jener wohl nicht mehr „manager" des Lincoln's Inn Fields-Theaters. („Vanbrugh had become manager of L. J. F. Th. in the winter of 1704," sagt Gosse, S. 133.)

Aber auch die Stelle im Haymarket Theater scheint er noch im Jahre 1705 niedergelegt zu haben, wie er denn

in diesem Jahre alle seine Beziehungen zum Theater löste.
Der Grund dazu war sein schlechter Gesundheitszustand.
Die Gicht hatte nämlich sein ganzes „System" ergriffen
und begann nunmehr sogar sein Augenlicht zu trüben.
Dafür bekam er im December 1705 einen sehr einträglichen
Posten zu seinem früheren, nämlich den eines „Commis-
sioner of Wine Licenses". Nun erst war Congreve ein gut
situierter Mann.

Von den Gelegenheitsgedichten dieses Jahres ist das
eine: „The Tears of Amaryllis", ein Idyll auf den Tod des
Marquis von Blandford, poetisch völlig wertlos mit seiner
allegorisierenden Rococo-Landschaftsmalerei, seinen affectierten und übertriebenen Gefühlsergüssen, kurz mit der
ganzen Unnatur gelehrter Lyrik, während das andere, eine
Ode „On Mrs. Arabella Hunt Singing", wenigstens in der
Schilderung der Wirkung und Kraft der Musik glücklich
und wirkungsvoll ist. In Bezug auf die Form ist diese
letzte Dichtung noch das, was die Engländer „a Pindaric"
nannten. „Das Charakteristische der Cowley'schen Nach-
dichtungen und Nachahmungen der Oden Pindars besteht
darin," sagt Schipper in seinem „Grundriss der englischen
Metrik", S. 368, „dass er, soweit es sich um den Inhalt
derselben handelt, diesen nur in ganz allgemeiner Weise ...
wiedergab, hinsichtlich der Form aber die im Original
vorliegende strophische Gliederung jener Gedichte, wonach
zwei einander gleiche Strophengebilde, die Strophe und
die Gegenstrophe, nebst einer von diesen im Bau abwei-
chenden sogenannten Epode, in dieser Reihenfolge von
Anfang bis zu Ende der Ode wiederkehren, in keiner Hinsicht von ihm befolgt oder auch nur nachgeahmt wurde."
Schon im folgenden Jahre erkannte der jetzt ganz seinen
Freunden und Büchern lebende Congreve nach eingehender
Beschäftigung mit dem griechischen Odendichter, wie ober-
flächlich Cowley die Alten studiert hatte. Er erkannte,
dass die Ode keineswegs so formlos sei, wie man bisher
angenommen hatte, und entwickelte in einem kurzen,
aber lichtvollen Discurse, der einer Pindarischen Ode an
die Königin vorangieng, die richtigen Ansichten über die
gesetzmäßige Form dieser lyrischen Dichtungsart. Diesen
Essay könnte man seine einzige verdienstliche That auf

dem Gebiete der Lyrik nennen. Alsbald verschwanden diese „horrid or ridiculous caricatures" aus der englischen Dichtung, oder sie gaben sich wenigstens nicht mehr für „regular Pindarics". Was Congreve selbst als Dichter von regelmäßigen Oden geleistet hat, — seine früheren „Pindarics" waren formlose Schöpfungen nach Cowley — ist ganz unbedeutend. Gosse will allerdings in William Collins Oden den Einfluss der Congreveschen „Pindarics" von 1706 „To Queen Mary" und „To Godolphin" gefunden haben. Im Jahre 1707 verlor Congreve seine Stelle als „Commissioner of Hackney Coaches", fand aber im folgenden Jahre Ersatz durch eine Erbschaft von 1000 Pfund. Mit seiner Gesundheit gieng es immer schlechter: am 26. October 1710 schreibt Swift an Stella: „I was to-day to visit Congreve, who is almost blind with cataracts growing on his eyes; and his case is, that he must wait two or three years, until the cataracts are riper, and till he is quite up, and then he must have them couched; and besides he is never rid of the gout, yet he looks young and fresh, and is as cheerful as ever." Congreve ist also krank, dabei aber lustig und guter Dinge und treibt sich in Cafés mit seinen Freunden herum. Und deren hatte er nicht wenige; er war nach den übereinstimmenden Berichten aller nicht nur ein ausnehmend liebenswürdiger und angenehmer Gesellschafter, sondern auch ein warmherziger, liebevoller und ergebener Freund. Ein Beweis dafür ist der Umstand, dass er seit seinem Bekanntwerden in London mit allen literarischen Größen, ob sie nun alt oder jung, ob Whigs oder Tories, ob Anhänger oder Gegner seiner künstlerischen Meinungen waren, stets auf dem besten Fuße stand, dass seine freundschaftlichen Beziehungen niemals irgend eine Trübung erfuhren, dass er gleich befreundet war mit Männern, die einander gegenseitig spinnefeind waren. Dryden, Southerne, Swift, Vanbrugh, Walsh, Addison, Steele, Prior, Rowe, Pope u. a. waren theils zugleich, theils nacheinander seine Freunde.

Im December 1710 erschien die erste Ausgabe seiner Werke, die Tonson in drei Bänden veröffentlichte. Bei dieser Gelegenheit seien die wichtigsten Ausgaben der Gesammtwerke oder der dramatischen Dichtungen Congreves in chronologischer Folge angeführt. Bis zum Jahre 1774 erschienen sieben Gesammtausgaben, fünf in London (1710, 1719—1720, 1730, 1753, 1774), eine in Dublin (1773) und eine in Birmingham (1761). In Dublin erschienen in den Jahren 1729—1731 die Dramen, 1773 erschien eine Ausgabe derselben in London, welche dadurch wichtig ist, dass darin die Abhandlung Congreves über den Humor in der Komödie und die sehr seltenen, aber für die Chronologie der Stücke wichtigen „Amendments etc." abgedruckt sind. Am bekanntesten ist die Ausgabe der Dramen von Leigh Hunt (zugleich mit denen von Wycherley, Vanbrugh und Farquhar), London 1849, auf deren wertvolle Einleitung wir bereits hingewiesen haben. In neuester Zeit (1887) wurden in der bestbekannten „Mermaid Series" die Dramen unseres Dichters von Alexander Charles Ewald herausgegeben. Uns lagen ein Londoner Text aus dem Jahre 1753 und der von Leigh Hunt vor. In zahlreichen Ausgaben wurden überdies einzelne Dramen veröffentlicht.

In der ersten Gesammtausgabe finden wir zum erstenmale eine dreiactige Oper „Semele", „a long-drawn insipidity".[1]) Ob sie jemals aufgeführt wurde, wissen wir nicht, jedenfalls nicht, als sie veröffentlicht wurde. (John Eccles und später Händel haben die Musik dazu geschrieben.) Im Jahre 1711 schrieb Congreve den einzigen von ihm herrührenden Artikel im „Tatler" zu Gunsten eines jungen Mannes, namens Harrison, von dem sich Swift viel versprach. Der Beitrag war nach Gosse, S. 163 eine kleine heraldische Geschichte. Um diese Zeit erfolgte der Sturz der whigistischen Partei, als deren Anhänger Congreve zu betrachten ist. Sein Gönner Lord Halifax verschwand damit ebenfalls von der politischen Bildfläche, aber nicht ohne für den von ihm stets begünstigten Dichter vorher bei den neuen Machthabern ein gutes Wort eingelegt zu haben. Nun hatte sich Congreve in politischer Beziehung niemals zu weit vorgewagt, er war ein ruhiger und gemäßigter Mann, daher behielt er auch unter den Tories seine Stellen. Bekannt ist die überall citierte Antwort Harleys auf Halifax' Verwendung:

„Non obtusa adeo gestamus pectora Poeni
Nec tam aversos equos Tyria sol jungit ab urbe." (Virgil.)

---

[1]) Gosse, S. 162.

Als seine Freunde, die Whigs, im Jahre 1714 wieder zur Macht gelangten, gab er seine Stelle bei den „Wine Licenses" auf, erhielt aber dafür die viel einträglichere eines „Searcher of the Customs" und im nächsten Jahre überdies die eines „Secretary of Jamaica". Nun hatte er ein wirklich reiches Einkommen, denn diese Stellen allein trugen jährlich 1200 Pfund. Im Mai 1716 starb sein alter Gönner Lord Halifax. Im Jahre 1717 gab Congreve dem Advocaten Giles Jacob einige Notizen über sein Leben, welche dieser in sein „Poetical Register" aufgenommen hat. Diese dürftigen und ungenauen Notizen bilden den Kern aller folgenden Biographien. Ein Beweis der Achtung, deren sich Congreve erfreute, liegt darin, dass ihm Pope im Jahre 1720 seine Iliade dedicierte, wobei nachtragsweise zu erwähnen ist, dass Congreve im Jahre 1793, gleich nach seiner Bekanntschaft mit Dryden, auf des letzteren dringenden Wunsch hin sich an eine Übersetzung der Iliade machte, jedoch nur die Klage Priams an der Leiche Hektors zustande brachte. Voltaire besuchte den berühmten Lustspieldichter. Aber alle Anerkennung der Welt, alle Liebe und Freundschaft, die ihm von den verschiedensten Seiten entgegengebracht wurde, vermochte das Umsichgreifen der verheerenden Krankheit nicht aufzuhalten. Ein letztes Aufflackern seines Dichtergeistes ist die „Epistle to Lord Cobham (Richard Temple)", die erst 1730 veröffentlicht wurde.

Er fand treue Pflege im Hause der Herzogin von Marlborough, über deren Verhältnis zu ihm noch gelegentlich seines Testamentes zu sprechen sein wird; ja, sie begleitete ihn sogar im Frühling 1728 nach Bath, zugleich mit Gay, welcher den ganzen Sommer und Herbst hindurch an der Seite des Kranken weilte und zahlreiche Bulletins über dessen Befinden an Pope und Swift sandte. Als Congreve endlich im Spätherbste zurückkehrte, begegnete ihm auf der Rückreise ein Unfall, der seine Auflösung noch beschleunigte. Er wurde nämlich vom Wagen geschleudert und erlitt innerliche Verletzungen. Von nun an klagte er fortwährend über Seitenschmerzen und starb endlich am 19. Jänner 1729 um 5 Uhr morgens an einem Sonntag. Das Leichenbegängnis am folgenden Sonntag war äußerst prunkvoll und feierlich. Das Leichentuch wurde gehalten vom Herzog von Bridgewater, dem Grafen von Godolphin (dem Gatten der Herzogin von Marlborough, welche das Leichenbegängnis veranstaltete), Lord Cobham und Lord Wilmington. Er wurde in „Westminster Abbey" beigesetzt, wo die Herzogin von Marlborough ihm ein Denkmal er- richten ließ.

Die Inschrift auf dem Grabdenkmal ist folgende:

„Mr. William Congreve died Jan. the 19 th, 1728 (old style), aged fifty-six (unrichtig!) and was buried near this place; to whose most valuable memory this monument is set up by Henrietta, Duchess of Marlborough, as a mark how deeply she remembers the happiness and honour she enjoyed in the sincere friendship of so worthy and honest a man, whose virtue, candour, and wit gained him the love and esteem of the present age, and whose writings will be the admiration of the future."

Als ein schöner Nachruf an den verstorbenen Freund seien hier Swifts Worte wiedergegeben:

„This renews the grief for the death of our friend Mr. Congreve, whom I loved from my youth, and who, surely, beside his other talents, was a very agreeable com- panion. He had the misfortune to squander away a very good constitution in his younger days; and I think a man of sense and merit like him is bound in conscience to pre- serve his health for the sake of his friends, as well as of himself. Upon his own account I could not much desire the continuance of his life, under so much pain and so many infirmities. Years have not yet hardened me, and I have an addition of weight on my spirits since we lost him, though I saw him seldom, and possibly, if he had lived on, should never have seen him more."

In seinem Testamente, welches Congreve in richtiger Er- kenntnis seines hoffnungslosen Zustandes schon am 26. Fe- bruar 1725 aufsetzte, machte er zur Universalerbin seines Vermögens die schon mehrmals erwähnte Herzogin Henriette von Marlborough, während er der berühmten Schauspielerin Mrs. Bracegirdle nur 200 Pfund vermachte, wahrlich sehr wenig, wenn man damit vergleicht, was er im ganzen hinterlassen hat, nämlich 10.000 Pfund. Weitere 200 Pfund

vermachte er einer Mrs. Jellat. Diese Testamentsbestim-
mungen sind von allen Biographen in scharfer Weise glossiert
worden; Johnson meint, er hätte das Geld seiner Familie
hinterlassen sollen, welche damals in großer Noth war; Leigh
Hunt and Young plaidieren für Mrs. Bracegirdle: darin
stimmen aber alle überein, dass die Herzogin von Marlborough dieses Geld am allerwenigsten brauchte. Wenn
Leigh Hunt sagt, der Dichter habe damit „all the dinners
he had eaten and the wine he had drunk at her expense"
bezahlen wollen, so kann das nur als schlechter, geschmack-
loser Witz, nicht aber als ernste Begründung eines so auf-
fallenden Schrittes betrachtet werden. Bei dieser Gelegenheit ist es gewiss nicht unpassend, die Beziehungen unseres
Dichters zu den Frauen näher zu prüfen. Zeitlebens ist er
Junggeselle geblieben, aber zeitlebens hat er auch die Gunst
der Frauen genossen, wie selten ein anderer. Wir wissen
über die Jahre, während welcher er als gesunder, kräftiger
und lebensfroher junger Mann das Leben genoss und als
glänzendes Gestirn am Himmel der Komödiendichtung
strahlte, fast nichts, was sich auf seine Liebesaffairen bezieht; wir werden aber darum nicht zweifeln, dass er damals,
ein leichtlebiger Schmetterling, von Blume zu Blume flatterte
und ihm Liebesglück in reichstem Maße zutheil wurde.
Ein tieferes Gefühl, eine leidenschaftliche Liebe werden wir
in all diesen schnell geknüpften und ebenso schnell wieder
gelösten Verbindungen nicht suchen dürfen. Nur zwei Frauen
spielen in seinem Leben und in der Geschichte seines Herzens eine bedeutendere Rolle, Mrs. Bracegirdle und Henriette
von Marlborough. Man spricht unserem Dichter gemeiniglich
Tiefe und Wärme des Gefühls ab, und doch wird es einem
schwer, ihn für einen gefühllosen „wit" zu halten, wenn man
liest, wie er Jahre lang in trautem Verkehr mit der gefeierten
Bühnenkünstlerin stand, die, wenn auch gerade keine Schönheit, doch durch die Anmuth und Natürlichkeit ihres Wesens
und dabei, was damals sehr selten anzutreffen war, durch
ihre stolze und keusche Tugendhaftigkeit die ganze Londoner Lebewelt zu ihren allerdings nie erhörten Bewunderern zählte. Er verehrte sie wie eine Göttin, für sie schrieb
er jene Mädchenrollen, die durch ihre Reinheit und Anmuth
so wohlthuend von den übrigen Charakteren abstechen, in

ihr huldigte der als Wüstling verschrieene Dichter der hehren
Tugend des Weibes. Wie weit das Verhältnis gediehen ist,
darüber gehen die Meinungen auseinander. Jedenfalls be-
vorzugte ihn die berühmte Schauspielerin vor allen andern,
sie fand Vergnügen an seiner witzigen Unterhaltung, sie
sah ihn gern bei sich, sie war von wahrer und aufrichtiger
Zuneigung für ihn erfüllt.

Ob sie nur seine Freundin, ob sie ihm mehr war, ob
er sie nicht gar heimlich geheiratet hat — alle diese Be-
hauptungen kann man nämlich lesen —, kann uns ganz
gleichgiltig sein; unbedingt haben wir es hier mit einer
ernsteren und tieferen Neigung des Dichters zu thun. Plötzlich erfolgte ein Bruch. Dr. Young spricht sich in „Spence's
Anecdotes" sehr ungenau darüber aus:

„Congreve was very intimate for years with Mrs. Bracegirdle, and lived in the same street, his house very near
hers, until his acquaintance with the young Duchess of
Marlborough. He then quitted the house."

Sollte es wirklich nur die neue Bekanntschaft mit der
Herzogin gewesen sein, welche ihn seiner durch Jahre ver-
ehrten Mrs. Bracegirdle abwendig machte? Das erscheint
kaum glaublich. Es muss etwas anderes zwischen den beiden
Liebenden vorgefallen sein, worüber Vermuthungen zu
äußern müßig wäre, da wir keine festen Anhaltspunkte
haben. Wir werden vielleicht nicht fehlgehen, wenn wir annehmen, er habe bei der Herzogin für den erlittenen Verlust
zunächst nur Trost gesucht. Ganz eigenartig ist das Verhältnis
zu dieser letzteren. Henriette war die Tochter des berühmten
Generals aus dem spanischen Erbfolgekriege, des Herzogs
von Marlborough, und als Erbin ihres Vaters im Besitze
eines enormen Vermögens. Ihr Gatte war ein Graf Godolphin, ein ganz unbedeutender Mann, der ins Haus der Peers
nur kam, um zu schlafen.[1]) Congreve wurde täglicher Gast
an ihrem Tische, half bei der Leitung ihrer Concerte, wurde
einmal während seiner Krankheit in ihrem Hause gepflegt,
ein Jahr vor seinem Tode von ihr nach Bath begleitet,
kurz, von ihrer Seite liegen alle Anzeichen dafür vor, dass
sie dem körperlich gebrochenen, blinden Dichter die liebe-

---

[1]) Macaulay, S. 197.

volle Zärtlichkeit einer Gattin entgegenbrachte. Ja wenn man glauben darf was Davies in seinen „Dramatic Miscellanies" berichtet, nämlich dass sie nach seinem Tode eine Elfenbeinfigur, einen Automaten mit den Zügen Congreves (nach andern eine Wachsstatue in Lebensgröße), machen ließ, der in Congreves Kleidern bei Tische saß und so construiert war, dass er mechanisch nickte, wenn sie zu ihm sprach, und dessen Füße wie die des armen gichtigen Dichters in Tücher gehüllt waren, möchten wir, falls dieser Bericht auf Wahrheit beruht, dann nicht mit Thackeray (S. 60) von grenzenloser Bewunderung sprechen, nein, darin kann man nur eine krankhafte Überspanntheit erblicken. Inwieweit man unter solchen Verhältnissen von Liebenden sprechen kann, und wie man die pietäts- und rücksichtslose Äußerung der alten Herzogin Sarah auffassen soll, welche nach der Lectüre des früher citierten Epitaphs meinte: „I know not what ‚pleasure‘ she might have had in his company, but J am sure it was no ‚honour‘," ist bei der Dürftig·· keit der Quellen nicht zu entscheiden. Jedenfalls war der kranke Dichter der jungen und vornehmen Herzogin für ihre aufopfernde Liebe unendlich dankbar, — Schwerkranke sind gegen derartige Beweise der Sorgfalt und Liebe niemals unempfindlich — und wenn dies auch sein Testament nicht befriedigend erklärt, so ist doch damit wenigstens der Ansatz zu einer Erklärung gegeben. Vielleicht gehört dieses Verhältnis in die Reihe der psychopathischen Vorgänge und könnte vom Psychiater am besten erklärt werden.

Mit all seinen Fehlern und Schwächen ist Congreve gewiss eine sympathische Erscheinung; ein eleganter, witziger und geistreicher Lebemann, ein liebenswürdiger und angenehmer Gesellschafter, ein treuer, warmherziger und hingebungsvoller Freund, trotz seiner zahlreichen Galanterien auch tieferen und wahren Gefühles in der Liebe fähig, ein ruhiger und besonnener Politiker, ein tief und gründlich gebildeter „scholar", erregt er gleich bei seinem ersten Auftreten allgemeines Aufsehen. Wie er als Mensch eine sympathische und allseits beliebte Persönlichkeit war, so eroberte er sich auch als Dichter im Sturme die Sympathien und die Bewunderung aller und galt im jugendlichen Alter von 25 Jahren schon als Herr und Meister im Reiche der

Dichtkunst. Wenn nun auch dieses Lob übertrieben war, da er, wie wir gesehen haben, als Tragödiendichter in den ausgetretenen Geleisen des „heroic play" in der alten Weise forttrottet und als Lyriker nur selten wahre Herzenstöne hören lässt, wenn er auch über keine gewaltige Phantasie verfügt und von tiefer Leidenschaft in seinen Werken wenig zu spüren ist, so ist er doch einer der größten Lustspieldichter der Engländer, ja vielleicht nächst Shakespeare der größte. Als solchen wollen wir ihn im II. Theile dieser Arbeit näher betrachten.

William Congreve als Lustspieldichter.

Ehe noch der Einfluss der Renaissance sich in England
geltend machte, blühte daselbst bereits die derbe Volkskomödie in den mit Vorliebe gespielten und mit großem Beifall
aufgenommenen „Moralities" (zuerst selbständig vorkommend
im Anfange der Regierung Heinrich VI. etwa um 1422)[1])
und „Interludes". Man wirft häufig diese beiden Dichtungs-
gattungen durcheinander, ja, nach manchen Literarhistorikern[2]) sind „Morality" und „Interlude" nur verschiedene
Bezeichnungen für dieselbe Sache. Wenn sich nun auch
in manchen Fällen keine strenge Unterscheidung durch-
führen lässt, so können doch nur eigentlich die „Interludes",
welche den französischen „Sottisen" und „Farcen" (Entremets)
entsprechen, als die Anfänge des englischen Lustspieles bezeichnet werden, während die „Moralities" oder „Moral Plays"
im engeren Sinne mit den französischen „Moralités" zu vergleichen sind und im ganzen allegorische Darstellung mit
mehr ernstem Inhalte verbinden. Die „Interludes" finden in
den deutschen Fastnachtsspielen ihr Seitenstück. „Als das
unterscheidende Merkmal der ‚Interludes' von den ‚Moral
Plays' kann die Autonomie des komischen Elementes an-
gesehen werden," sagt Koch, Shakespeare, S. 219. Diese
Stücke sind derb und kräftig, voll sprudelnden Witzes,
glücklich in der Darstellung komischer Situationen, keck
und sicher in der Führung der Handlung, ohne besondere
Rücksichtnahme auf Wahrscheinlichkeit und psychologische
Motivierung einzig und allein bestrebt zu unterhalten,
wozu die einfach kindlichen Mittel hinreichten, deren Anwendung den Besitzern von Puppentheatern heutzutage bei
den Kleinen zu großartigem Erfolge verhilft. Es galt, die
Schau- und Lachlust des naiven Publicums zu befriedigen,

---

[1]) Koch, Shakespeare, S. 219.
[2]) Z. B. Engel, S. 117 uff.

und das gelang, indem man den Teufel, das Laster als solches (Vice) oder einzelne Laster und Tugenden personificierte und gegeneinander agieren ließ, wobei man aber allmählich die Allegorie beiseite schob und statt der „Cowardice" z. B. deren bekannten Vertreter Thersites[1]) auf die Bühne brachte. Das ist nun ein nicht zu unterschätzender Fortschritt, indem dadurch das Individuum an die Stelle der Gattung tritt und so die dürre, todte Allegorie allmählich der individualisierenden Charakterisierung der Personen weichen muss. Dadurch kommt erst warmes, frisch pulsierendes Leben auf die Bühne, dadurch, dass wir Menschen von Fleisch und Blut, mit denselben Neigungen und Leidenschaften wie wir, auf den Brettern handeln oder leiden sehen, erwacht erst das menschliche Interesse in unserer Brust. So weit waren die Engländer gekommen, als die Renaissance einsetzte. Auch diese predigte den Individualismus, die Bethätigung und freie Entwicklung des eigenen Ich, und wollte die vielhundertjährigen Bande zerreißen, welche die Menschheit des Mittelalters beengt hatten. So treffen das englische Lustspiel und die Renaissancebestrebungen gerade an einem sehr wichtigen Punkte zusammen, wobei allerdings keineswegs übersehen werden darf, dass der dunkle Drang nach Befreiung des Individuums schon vor der Bekanntschaft mit den Alten nach demselben Ziele hinarbeitete, dieses Hindrängen nach dem Individuellen im Lustspiele also zum Theil auch als Folge der Renaissancebestrebungen vor der eigentlichen Renaissance betrachtet werden kann. Ein Beweis des frischen Lebens und der gewaltigen Kraft dieser „Interludes" aus der letzten Zeit liegt in dem Hineinzerren des Politischen durch Heinrich VIII. Wenn auch das „kühne Hineingreifen ins volle Menschenleben" hier nicht aus innerem Drange, sondern auf allerhöchsten Befehl, und noch dazu bald im katholischen, dann wieder im protestantischen Sinne erfolgt, so ist doch immerhin der erste Schritt zur gegenseitigen befruchtenden Durchdringung von Kunst und Leben gethan.

Der Einfluss der Renaissance auf das englische Lustspiel liegt aber nicht allein in dem bisher Gesagten. Das

---

[1]) Koch, Shakespeare, S. 221.

zweite große Princip der Renaissance ist der Satz von der
Entwicklung, ihr größter Fortschritt die Erkenntnis des
Historischen: nichts ist ewig, absolut und unveränderlich,
überall in der Natur und im Leben der Menschheit waltet
das Princip der Entwicklung. Diese Erkenntnis drang freilich
nur langsam durch, und selbst Shakespeare steht da noch
oft auf dem Standpunkte des Mittelalters. Aber die Bekanntschaft mit den römischen Lustspieldichtern, wie Plautus
und Terenz, zeigt a l s b a l d ihre segensreichen Folgen im
Aufbau der Handlung, in Exposition, Eintheilung in Acte und
Scenen, Prolog und Epilog, in der Sprache u. s. w. Dabei
geht jedoch das Volksthümliche keineswegs verloren. Das
unterscheidet eben die englische Literatur-Entwicklung vornehmlich von der französischen, dass diese von dem Beginne
der Renaissance-Periode an mit der alten nationalen Richtung
fast vollständig brach, während der besonnene und von
nationalem Selbstbewusstsein erfüllte Engländer die fremden
Einflüsse in sich aufnahm, sie seinem Wesen assimilierte
und so die Continuität der nationalen Entwicklung nicht
störte. Besonders für das Lustspiel trifft dies vollinhaltlich zu.
Nikolaus Udalls „Ralph Roister Doister" (um 1540) und Bischof
John Stills „Gammer Gurton's Needle" (um 1566) waren
trotz der antikisierenden Form echt englische, derbe Komödien. Neben den Römern studierte man auch die Italiener,
bei denen einzig und allein in Europa die Volkskomödie
einen ununterbrochenen Zusammenhang mit den komischen
Charakteren des altitalienischen Lustspieles gewahrt hatte.[1]
Dort stand die „Commedia dell'.arte" in Blüte, welche durch
jahrhundertelange Tradition feste Lustspielcharaktere aus-
gebildet hatte, so dass die Aufgabe individualisierender
Charakterisierung für den Dichter fast ganz wegfiel. Das
war für das englische Lustspiel ein Nachtheil, ein Rück-
schritt zu den kaum überwundenen Typen, und wir stehen
hier vor der keineswegs vereinzelten Erscheinung, dass die
Bekanntschaft mit den alten und romanischen Literaturen
anfangs das gerade Gegentheil von dem bewirkte, was sie
bewirken sollte.

Anderseits erweitert die an verwickelten und interes-

---

[1] Koch, Shakespeare, S. 206.

santen Handlungen oft nur zü reiche italienische Komödien-
literatur den beschränkten Horizont des englischen Lustspieles und führt zur Entwicklung der Intriguenkomödie,
der „comedy of incident". Wenn nun noch erwähnt wird,
dass neben den antiken und italienischen Mustern auch die
Spanier besonders nach der Richtung der Vermischung des
Tragischen mit dem Komischen hin als Vorbilder vielfach benützt wurden, und dass Gascoigne mit seinen „Supposes"(1566)
sowie namentlich John Lyly (1554—1606) durch seine allego-
risch-pastorale Komödie „The Woman in the Moone" (etwa
1584) dem Lustspiele die Prosa eroberten und Geist und Witz
zu Haupterfordernissen desselben machten, so haben wir das
Wenige erschöpft, was vor Shakespeare von Wichtigkeit ist.

Shakespeare hat vor allem die „comedy· of character"
gepflegt; was er in dieser geleistet hat, hier des näheren zu
erörtern, verbietet die Rücksicht auf den Umfang dieser Vor-
geschichte des Lustspiels. Als großer schöpferischer Genius
hat er, fußend auf der eigenen scharfen Beobachtung des
Lebens und all seiner Verhältnisse wie auf einer jedenfalls vielseitigen Bildung, erfüllt von jenem weltbefreienden
Humor, der von der Höhe einer geläuterten Moral herab
für die Schwächen und Fehler der Menschen das ausgelassen
fröhliche Lachen des alles verzeihenden, weil alles begreifenden · Philosophen hat, nicht die galligen Ergüsse
eines verbitterten Puritanerherzens, — auf diesen Grund-
lagen hat er Gestalten geschaffen, die lebenswahr und
darum wirksam sind für alle Zeiten. Das Charakterlustspiel
hat er auf eine Höhe gehoben, die es nach ihm nicht wieder
erreicht hat, wobei allerdings bemerkt werden muss, dass
es bei Shakespeare oft schwer ist, seine Stücke in eine der
zwei Gruppen (Charakterkomödie oder Intriguenstück) ein-
zureihen; manche könnten ebenso gut als „comedies of incident" betrachtet werden, die ersten sind eigentlich nur solche.
Originell in dem Sinne, dass er sich die Fabeln seiner Lustspiele selbst erfunden hätte, war er nicht, und man verzichtet
gern auf diesen übrigens sehr fragwürdigen Vorzug, wenn
man sieht, mit welcher psychologischen und dramaturgischen
Meisterschaft er seine vorzüglichste Lustspielquelle, die italienischen Novellensammlungen, bearbeitete. Einmal (in „The
Merry Wives of Windsor") hat sich der Dichter in einer

Gattung des Lustspiels versucht, die damals noch nicht gepflegt wurde, nämlich in der „comedy of manners". Doch
schon sein Freund Ben Jonson (1573—1637) neigte ganz entschieden dieser Richtung zu und hat auch im bürgerlichen
Lustspiele die größten Erfolge erzielt. („Every Man in his
Humour", „Every Man out of his Humour" etc.) An dichterischer Kraft weit hinter Shakespeare zurückstehend, in der
Charakteristik schemenhaft, in Form und Sprache zu stark von
den Alten beeinflusst, in der Tendenz lehrhaft, bezeichnet er
immerhin einen Fortschritt durch seine getreuen realistischen
Schilderungen des Lebens und durch scharfe, aber meist von
Verbitterung eingegebene Satire. Die folgenden Dichter Beau-
mont, Fletcher, Massinger, Marston, Middleton etc. führten mit
größerem oder geringerem Können das Lustspiel auf den einmal eingeschlagenen Bahnen weiter; dasselbe wurde unter
ihren Händen immer derber, ja es begann bereits jene sittliche
Verwilderung sich bemerkbar zu machen, die in der Restaurationsperiode ihren Höhepunkt erreichte. Die Satire wurde
immer schärfer und persönlicher, die Sprache immer roher.
In dem Streben nach Realismus vergaß man allgemach
die hohe und ewige Aufgabe der Kunst, das allgemein
Menschliche und allgemein Giltige zu künstlerischem Ausdruck zu bringen. Dabei muss man aber anerkennen, dass
das Zeitalter Elisabeths und Jakobs I. auf dem Gebiete des
Lustspiels eine rege Thätigkeit entfaltete, und bei natur-
gemäßer Entwicklung wäre wohl auch auf diese Décadence
wieder eine Blüte gefolgt. Da vernichtete der kunstfeind-
liche und dem Leben entfremdete Puritanismus die üppig
emporgeschossenen Saaten. Am 2. September 1642 wurde
dem Theater durch das Verbot der theatralischen Aufführungen recht eigentlich die Lebensluft entzogen.

Als Karl II. im Jahre 1660 unter dem Jubel der Bevölke-
rung wieder seinen Einzug in London hielt, da regte sich die
langeverhaltene Lebens- und Schaffenslust aufs neue unter
den dramatischen Schriftstellern, und unter dem Schutze
des theaterliebenden Fürsten sowie unter dem nunmehr
allmächtig werdenden französischen Einflusse begann man
nun wieder für das Theater zu schreiben. Besonders nach-
haltig war der Einfluss Molières auf die Lustspieldichter
der Zeit, daneben aber wirkte immer noch das Beispiel der

alten Dramatiker, besonders Shakespeares, nach und be-
wahrte auch diesmal das Lustspiel davor, dass es seinen
eigentlichen Nährboden, das nationale Leben, verlasse. Das
nationale Leben, besonders in den Hofkreisen, bot aber
damals ein sehr unerfreuliches Bild. Die entsetzlichste Sittenlosigkeit, der frechste Cynismus hatten platzgegriffen, und
was das Leben zeigte, spiegelte die Bühne nur zu getreu
wieder. Zwei Dinge kommen also bei einer Untersuchung
des Restaurations-Lustspieles vor allen andern in Betracht:
Die Abhängigkeit von den Franzosen, besonders von Molière,
und die Sittenlosigkeit. Dryden und Wycherley sind als die
unmittelbaren Vorgänger unseres Dichters anzusehen. Als
der junge Congreve in London eintraf, war ersterer ein
bejahrter Mann, dem alle neidlos die Würde des Altmeisters
der zeitgenössischen Poesie zugestanden. Wycherley hatte
sich ausgeschrieben. Seine Stücke „Love in a Wood", 1672,
„The Gentleman Dancing-Master", 1673, „The Country-Wife",
1675, und „The Plain-Dealer", 1677, hatten besonders durch
ihre zügellose Frechheit, nebenbei aber auch durch die nicht
zu leugnende scharfe und lebendige Charakteristik und den
raschen Fortschritt der Handlung großen Beifall gefunden,
an welchen der Erfolg der später aufgeführten Lustspiele
Drydens „Limberham", 1678, und „Amphitryon", 1690,
nicht hinanreichte; sprach sich doch Dryden selbst die
Fröhlichkeit des wahren Humors ab. Da trat William Congreve in die Öffentlichkeit.

William Congreve wird, besonders seit der schon erwähnten Ausgabe Leigh Hunts, überall in Verbindung mit
Wycherley, Farquhar und Vanbrugh genannt, und zwar
gewöhnlich in der Weise, dass ersterer als sein Vorgänger
den ersten Platz in der Reihenfolge einnimmt, die beiden
letzteren als Congreves Nachfolger diesem, dem Zweitgenannten, nachgesetzt werden. Sie alle waren bedeutende
Lustspieldichter und mehr oder weniger Zeitgenossen. Die
Entwicklung des Lustspiels führt von Dryden über Wycherley zu Congreve, Farquhar und Vanbrugh, von der „old
coarse tradition of Restoration comedy with its violent
demarcation of character, its fantastic jargon, and its vul-
garly emphatic incident" (Gosse, S. 41) zu „the Gallic
lightness and elegance" (Gosse S. 41). Wenn aber auch in

künstlerischer Beziehung die Späteren über Wycherley
hinauskommen, in einem gleichen alle vier Dichter einander
doch ganz besonders, und das wird auch von allen Literarhistorikern als das sie von andern Unterscheidende hervorgehoben: in der Unmoralität ihrer Dichtung. In dieser Beziehung sind die Lustspiele dieser Dichter von wenigen übertroffen worden. Die Darstellung der Geschlechtsbeziehungen
zwischen Mann und Weib gibt wohl den besten Prüfstein
für die Höhe oder Tiefe der ethischen Auffassung eines
Dichters ab. Wenn nun, wie bei unseren Dichtern, der Ehebruch als etwas ganz Gewöhnliches, als eine nothwendige
Auffrischung und Belebung der stets in den düstersten
Farben geschilderten Ehe hingestellt wird; wenn der Dichter
seine ganze Kunst aufbietet, um den Gatten durch tölpel-
haftes Benehmen, durch Schwerfälligkeit und Borniertheit
in Reden und Handeln, durch altväterische Anschauungen
in den Augen des Publicums lächerlich zu machen, während
der Ehebrecher als vollendeter „wit“ und „gentleman“ die
Herzen aller bezaubert; wenn ferner nicht etwa die All-
gewalt der Leidenschaft das Motiv für den Bruch der ehe-
lichen Treue bildet, weil die Menschen in diesen Lustspielen im allgemeinen sehr wenig Gefühl verrathen, sei es,
dass es ihnen wirklich abgeht, sei es, dass es ihnen unzeit-
gemäß, unmodern erscheint, Gefühl zu zeigen; wenn vielmehr
ganz wie im französischen Ehebruchsdrama durch das Liebes-
getändel mit einem Hausfreunde nur einer Mode gehuldigt
wird, nur der Drang zur Unterhaltung befriedigt werden
soll; wenn endlich jenseits des Canals dieses bei den Franzosen vermöge ihres Nationalcharakters immerhin nach außen
gefällig gleißende, sich in taktvollen und liebenswürdigen
Formen bewegende Verhältnis entsprechend dem derbsinnlichen Charakter des Engländers, der freieren und un-
gezwungeneren, dabei aber keineswegs gefälligeren und
graziöseren Art seines Ausdruckes, in seiner ganzen unverhüllten Frechheit und Schamlosigkeit uns vor Augen
geführt wird; wenn der Mangel jeglichen moralischen Gefühles nicht wenigstens zu verhüllen gesucht wird, worin
ja in letzter Linie doch noch eine Ahnung von der ethischen
Aufgabe der Kunst gefunden werden kann; wenn im Gegen-
theile dieser Mangel mit cynischer Ostentation als Vorzug

gepriesen wird: dann muss man Engels (Literaturgeschichte, S. 244) Urtheil zustimmen: „Es ist einfach gemein, roh, viehisch-unanständig."

Allerdings lässt sich, genau genommen, auch in Bezug auf diesen Punkt zwischen den vier Dichtern doch ein Unterschied constatieren. Uneingeschränkt passt das im Früheren Gesagte auf Wycherley, bei Congreve ist wenigstens in Bezug auf die Form das Streben nach französischer Eleganz bemerkbar, Vanbrugh und Farquhar bemühen sich zum mindesten, moralisch zu sein; doch wenn man in fast allen Literaturgeschichten die beiden letzteren in moralischer Beziehung weit über Wycherley und Congreve stellt, so lässt man sich zu sehr durch die Vorreden dieser Dichter imponieren und prüft ihre Stücke nicht genau. Anderseits geht man von einer vorgefassten Meinung aus, indem man glaubt, Colliers Schrift gegen die Unmoralität der Bühne habe in so kurzer Zeit einen völligen Umschwung herbeigeführt. Das einzige Zugeständnis, das z. B. Vanbrugh der neuen Moral macht, besteht darin, dass am Schlusse Sitte, Natur und Wahrheit siegen, aber nicht etwa, weil der Gang der Handlung und die Entwicklung der Charaktere dazu hindrängt, sondern weil es nach den neuen Anschauungen gefordert wird. „Nachdem sich das Laster durch fünf Acte hat gut sein lassen, wartet am Schlusse eine gewisse poetische Gerechtigkeit der Tugend bei Tische auf," sagt Engel. Es ist ja richtig, dass der schnelle Übergang des englischen Lustspiels von der zügellosesten Ausschweifung zu sentimentalem Moralisieren und endlich zu trockener Langweiligkeit „überraschend genug" (Hettner, S. 128) ist, aber Farquhar und Vanbrugh haben dabei nicht die Vermittlerrolle gespielt, die müssen wir Cibber und Steele zuerkennen.

Über das Unsittliche in den Stücken dieser Dichter ist viel geschrieben worden. Am bekanntesten ist, was Macaulay a. a. O., S. 148 uff., darüber sagt. „Es ist nicht leicht, in diesem Punkte zu streng zu sein," meint er, und doch war er es. Wer in so lichtvoller Weise den Einfluss des Puritanismus auf die Entwicklung Englands geschildert, wer wie er von der Richtigkeit des Satzes durchdrungen ist: „They were, to a great extent the creatures of their age" (Macaulay a. a. O., S. 155), sollte den

historischen Standpunkt einnehmen und diese Dichter als
Kinder ihrer Zeit zu erklären suchen, nicht den unverrück-
baren ästhetischen und ethischen Maßstab an ihre Werke
legen und sie verdammen, weil sie „associate vice with
those things which men value most and desire most, and
virtue with every thing ridiculous and degrading" (Macaulay
a. a. O., S. 149). Von unserem Standpunkte aus sind ja sowohl die Ethik jener Zeit, als auch der Ausdruck derselben
unbedingt verwerflich, doch darf man mit diesen Dichtern
nicht zu strenge ins Gericht gehen, weil sie sich über ihre
Zeit nicht zu erheben vermochten. Besonders Congreve
musste ja dafür büßen, in einer solchen Periode gelebt zu
haben, unter günstigeren Verhältnissen wäre er vielleicht
der Molière seines Volkes geworden. Leigh Hunt bemüht
sich, seine Schützlinge zu vertheidigen, und weist wiederum
zunächst auf die Verschiedenheit der Sitten in verschiedenen Zeitaltern hin, wobei er als Skeptiker unserem Zeitalter nicht ohneweiters den Vorzug einräumen möchte;
anderseits beruft er sich auf den durch vielfache Erfahrung
bestätigten Satz, dass die Leute, von einer gewissen Eitelkeit getrieben, schlechter zu erscheinen, als sie sind, oft
viel ärger reden, als sie handeln. Die Richtigkeit dieser
Beobachtung geben wir ohneweiters zu, aber auf unsere
Dramatiker lässt sie sich nicht anwenden. Dramen, in
welchen die Handlung zum größten Theil durch Reden
ersetzt wird, gibt es im Englischen wenige. Das englische
Naturell widerstrebt dem Molière'schen Drama zum Beispiel
so entschieden, dass alle Nachahmer des französischen Dichters instinctiv dessen Reden in Handlungen umgesetzt
haben. Die Personen unserer Dramatiker reden nicht nur
schlecht, d. h. unzweideutig gemein, aber geistreich, sondern
sie handeln auch schlecht. Voltaire hat richtiger geurtheilt
(Volt., Letters concerning the English Nation): „The language is everywhere that of men of fashion, but their actions are those of knaves, a proof that he was well acquainted with human nature, and frequented what we call
polite company." (Die Stelle findet sich in der französischen
Ausgabe nicht.) Charles Lambs Ansicht endlich (sein „Essay
on the artificial comedy of the last century" ist in Leigh
Hunts „Biographical and Critical Notices" eingefügt), dass

die Welt der Dramatiker eine Art Feenland sei, „a conventional world", in der unser Sitten- und Rechtscodex keine Geltung hätten, die so zu betrachten sei wie die Welt, in welcher die Kindermärchen spielen, ist von Macaulay gründlich widerlegt worden. Wenn die Dichter mit geflissentlichem Eifer und mit größter Genauigkeit die reale Welt um sich herum dargestellt haben, so dürfen sie keinen Anspruch darauf erheben, als Märchenerzähler von jeder Verantwortung absolviert zu werden. Sie haben ihre Welt geschildert, wie sie war, als getreue Beobachter und gute Zeichner; daran, dass sie so schlecht war, tragen nicht sie die Schuld; wie ihre Vorreden beweisen, waren sie sich ihrer Sittenlosigkeit ·gar nicht bewusst, das ganze Zeitalter litt an „moral insanity". Wer wollte da auf die Repräsentanten desselben den ersten Stein werfen?

Der Umstand, dass unser Dichter nicht von der Höhe einer geläuterten Moral herab die Welt und die Verhältnisse betrachtet, dass er sich in der Idee nicht über die so durchaus unbefriedigende Realität seines Zeitalters zu erheben vermag, hat für ihn aber auch noch einen gar schwerwiegenden Nachtheil, der von Macaulay wohl angedeutet, von keinem Kritiker aber gebürend hervorgehoben worden ist. Wer auf den Ruhm eines guten Lustspieldichters Anspruch erheben will, muss Humor besitzen. Das Wort ist natürlich nicht im Sinne des Volkes aufzufassen. „Humor ist", heißt es sehr bezeichnend in dem betreffenden Artikel des Meyer'schen Conversations-Lexikons (5. Auflage), „das Erhabene in der Komik. Wenn ich das Nichtige, Mangelhafte, Unvernünftige, der Idee Widerstreitende erkenne und es lächerlich mache, so ist das vorderhand nur komisch; erst wenn ich den Sieg der Idee auch wirklich zum Ausdruck bringe, sei es, indem ich mich in optimistischer Seelenruhe in meinem Glauben an die Überlegenheit der Idee behaupte (Humor im engeren Sinne), sei es, dass ich den äußeren Sieg des Nichtigen über das Ewige zähneknirschend als etwas Schädliches bekämpfe, in meinem Bewusstsein aber umso stärker von dem alleinigen Rechte der Idee überzeugt bin (satirischer Humor), sei es endlich, dass ich das Nichtige sich selbst vernichten und der Idee auch äußerlich zur Geltung verhelfen lasse (ironischer Humor), habe ich meinen Stoff mit ‚Humor' behandelt."

„Humour is always the result of a contrast ... The greatest contrast is that which exists between the ideal and real; it is humour which solves even this problem and hence deserves the name of poetry ... Wit lies in single thought, humour in description, in the juxtaposition of serious and ludicrous objects, not in any one of them exclusively, but in the general effect of the whole," sagt in demselben Sinne Dr. Lewis Scharf in seinen „Literary Impressions" (Aschersleben, 1881, S. 66 uff.). Diesen Humor besaß Shakespeare; Congreve fehlt derselbe, eben weil er nicht von der Höhe der Idee, von der Warte einer geläuterten Moral ·die Dinge betrachtet, und als echter Dichter deren Gegensatz zu der ethischen Idee zu künstlerischem Ausdruck bringt, weil er nicht über, sondern mitten in den Ereignissen steht, und so hat er trotz all seines „witticism" den Endzweck des Lustspieles nicht erfüllt. Interessant ist es jedenfalls, bei dieser Gelegenheit auf des Dichters eigene Ansichten über den Humor hier näher einzugehen, Ansichten, die in einem am 10. Juli 1695 an Dennis geschickten und von diesem bald nachher veröffentlichten „Essay on Humour in Comedy" niedergelegt sind. Humor ist für ihn „a singular and unavoidable manner of doing or saying anything, peculiar and natural to one man only, by which his speech and actions are distinguished from those of other men". Wer erinnert sich da nicht sofort an Ben Jonsons Auffassung des „humour", ausgedrückt in dem Epilog zu „Every Man in his Humour":

„A humour is the bias of the mind
By which with violence 't is one way inclined
And in all changes that way bends the will."

So kommt Congreve zu dem uns fremdartig anmuthenden Satze, Weiber hätten keinen Humor, weil, wenn bei einem Weibe etwas Komisches oder Lächerliches sich zeige, es wenig mehr als „erworbene Narrheit" (acquired folly) sei. Anderseits findet er, dass der Humor in seinem Sinne ein speciell englisches Gewächs sei, das sonst nirgends so gut fortkomme, und nimmt sogar einen Anlauf, dies in ganz moderner Weise zu erklären, indem er es auf die Lebensweise der Engländer, besonders auf ihre reichliche Fleischkost, zurückführt. Der Lustspieldichter hat also nach seiner

Ansicht Leute auf die Bühne zu bringen, die mit irgend einer Lächerlichkeit behaftet sind, aber von Natur aus; darum wendet er sich mit aller Energie gegen die so-genannten „comedies of the day", welche, wie er es aus-drückt, „are stuffed with grotesque figures and farce-fools". Er mag keine „follies entirely abstracted from both humour and nature". Persönliche Defecte, auf den Körper und dessen Haltung bezügliche Eigenheiten, ja selbst Affec-tation will er auf der Bühne nicht dulden, — nach seinen Ansichten ist das auch ganz erklärlich. Er stellt sogar einen Unterschied zwischen „wit" und „humour" fest. Wenn eine Person „surprisingly and pleasantly" spricht, so ist das „wit", nicht „humour".

Alles in allem betrachtet, ist dieser Essay mehr eine Abhandlung über die Charaktere im Lustspiel als über den Humor. Von dem Wesen desselben hat der Dichter kaum eine dunkle Ahnung.

Ehe wir an die Betrachtung der einzelnen Lustspiele des Dichters schreiten, müssen wir noch eine wichtige Frage besprechen, nämlich das Verhältnis Congreves zu Molière. Dass dieser auf die englischen Lustspieldichter einen mäch-tigen Einfluss ausgeübt hat, unterliegt gar keinem Zweifel. Schon in der zweiten Hälfte des siebzehnten Jahrhunderts (Molière starb 1673) waren Übersetzungen, Bearbeitungen und Nachahmungen in Menge da. Ward sagt in seiner „History of Engl. Dram. Lit.", II, 477: „Molière was copied by our English dramatists more unscrupulously than prob-ably any other writer before or since." (Genaueres über dieses Thema findet man in Dr. Claas Humbert: Molière in England [Jahresbericht des Bielefelder Gymnasiums vom Jahre 1875]). Schon Dryden war bei Molière in die Schule gegangen, Wycherleys Abhängigkeit von dem Franzosen hat H. Krause in „Wycherley und seine französischen Quellen" untersucht, und für Congreve hat sich Benne-witz in „Congreve und Molière" derselben Aufgabe unter-zogen. Gegen die Art und Weise nun, in welcher Benne-witz dieses Verhältnis darstellt, müssen wir uns schon hier aufs entschiedenste wenden. Eine Abhängigkeit Con-greves von Molière hat bisher niemand in Abrede ge-stellt, noch wird es wohl in Zukunft jemand thun, aber die besonnene Kritik wird es auch nach der Bennewitz'-schen Schrift dabei bewenden lassen, „nur die auffallendste Fühlung der Congreve'schen Dramen mit dem französischen Theater" (Bennewitz, S. 152) zuzugestehen, sie wird mit Grisy (a. a. O., S. 293) sagen: „Congreve lui prenait ses modes, ses rubans, l'accent poli et quelque peu apprêté de ses salons, des formules de sa salutation" und die so ziemlich gleichlautenden Urtheile von Johnson, Ward, Taine, Hettner, Proelß, Gosse etc. auch fürderhin unterschreiben. Wir haben absolut keinen Anlass, uns mit Bennewitz die Thätigkeit des Dichters bei Abfassung oder, wie er sagt, Umgestaltung eines Stückes folgendermaßen vorzustellen: „In ein zum Vorbild genommenes Stück Molières baut er mit Meisterschaft eine Anzahl anderer, sei es im Gesammtriss, sei es in einzelnen Zügen. Bald verbindet er mehrere Charaktere zu einem, bald löst er einen in mehrere auf. Er bringt als Erzählung, was früher Handlung gewesen war, vertauscht Charaktere des einen mit der Handlung eines anderen Stückes und verknüpft die Charaktere der verschiedenen Stücke zu einem Spiel, um dann wieder die verschiedensten Handlungen zum Ausdruck eines Charakters zu vereinigen." Kann wirklich jemand glauben, dass der Dichter Congreve, ein junger, lebenslustiger Mann, der ein guter Beobachter war, und dem daher die Welt um ihn herum Stoff genug bot, — dass dieser Congreve in so handwerksmäßiger Weise seine Stücke aus Molière sich zusammenschnitt, dass die Molière'schen Lustspiele für ihn eine reichere Fundgrube waren als die englische Gesellschaft, dass er mit Willen und Absicht von vornherein als Plagiator auftrat, er, der in der Widmung zum „Double Dealer" ausdrücklich sagt: „I do not know, that I have borrowed one hint of it (the fable) anywhere?" So geistreich die Bennewitz'-sche Arbeit auch sein mag, so problematisch sind ihre Ergebnisse.

Der große auf seine Untersuchung gewendete Scharfsinn wird uns in der Vorstellung nicht irre machen, dass Congreve, ein gründlicher Kenner und Bewunderer des französischen Lustspieldichters, von vornherein bestrebt war, demselben nachzueifern, aber in selbständigen Schöpfungen seines Dichtergeistes, nicht in Umarbeitungen und Nachahmungen. Von bewusster Nachahmung kann in den seltensten Fällen die Rede sein. Congreve war so weit Dichter, dass er, selbst wenn er die Absicht gehabt hätte, nicht im Stande gewesen wäre, bloß zu copieren. Dass Ähnlichkeiten in den Charakteren und Handlungen in Menge da sind, kann nicht befremden, wenn man bedenkt, dass gewisse Lustspielcharaktere so alt sind wie die Bühne und fast jeden Dichter mächtig angezogen haben. Im übrigen stellt ja jedes Zeitalter die .Summe der Errungenschaften aller früheren Perioden und der seiner eigenen dar, nichts geht verloren. So hat Congreve auch Molière in sich aufgenommen und verarbeitet. Das thut seiner Originalität keinen Abbruch, darum werden wir uns ihn keineswegs als Plagiator vorstellen dürfen. Endlich hat Bennewitz ganz vergessen, eines Dichters Erwähnung zu thun, dessen Einfluss auf Congreve wohl zum mindesten ebenso groß war wie der Molières, nämlich Wycherleys, der übrigens auch schon stark von Molière beeinflusst erscheint. Im einzelnen wird sich bei Besprechung der einzelnen Stücke noch oft Gelegenheit bieten, auf Molière zurückzukommen. Nach. dem bisher Gesagten ist es wohl klar, welche Art des Lustspieles unserem Dichter besonders zusagen musste. Er eignet sich am besten für die Sittenkomödie: seine beiden ersten Stücke, von denen „The Old Bachelor" mehr Intriguen-, „The Double-Dealer" mehr Charakterstück ist, deuten auf diese Begabung hin, die beiden letzten, „Love for Love" und „The Way of the World" zeigen sie im hellsten Lichte.

Nach dieser allgemeinen Würdigung folge nun die specielle Besprechung der einzelnen Stücke.

The Old Bachelor.

Äußere Geschichte des Stückes.

Dieses Lustspiel brachte der Dichter im Jahre 1691 entweder ganz oder doch größtentheils fertig nach London mit. Entstanden ist es zwischen 1688 und 1691 während der Zeit zwischen Congreves Abreise von Dublin und seinem Eintreffen in London, wobei Gosses abweichende Ansicht über diese Phase in des Dichters Leben acceptiert erscheint (siehe Congreves Leben, I. Theil dieser Arbeit, S. 3 u. 4). In

seiner Erwiderung auf die Angriffe Colliers, in den bekannten „Amendments etc." hat Congreve über die Entstehung des „Alten Junggesellen" einige Aufschlüsse gegeben, welche von allen Biographen und Kritikern citiert
werden. „That comedy was written," sagt er da, „as several
know, some years before it was acted. When I wrote it,
I had little thoughts of the stage; but did it to amuse
myself in a slow recovery from a fit of sickness. Afterwards,
through my indiscretion, it was seen, and, in some little
time more, it was acted; and I, through the remainder of
my indiscretion, suffered myself to be drawn into the pro-
secution of a difficult and thankless study, and to be in-
volved in a perpetual war with knaves and fools."

Als Geburtsstätte unseres Dramas wird überall ein
Garten bezeichnet, entweder der von Stretton Hall oder der
von Aldermaston in Berkshire. Wo sich die „legend" von
dem Garten zuerst findet, konnten wir nicht entdecken,
jedenfalls ist sie nicht unwahrscheinlich. Congreve verließ
gegen Ende des Jahres 1688 Dublin, verbrachte die Zeit
bis zum März 1691 in Staffordshire, und zwar wahrscheinlich zum großen Theile als Kranker oder doch als Recon-
valescent. Es ist nicht einzusehen, warum man mit Johnson
(S. 21) an der Richtigkeit der vom Dichter gemachten Angaben zweifeln sollte, umsoweniger als auch sonst alles
zusammenstimmt. Als Entstehungszeit setzt Gosse den
Sommer oder Frühherbst 1690 an. Congreve sagt in seiner
„dedication": „Had it been acted when it was first written,
more might have been said in its behalf; ignorance of the
town and stage would then have been excuses in a young
writer, which now, almost four years experience will
scarcely allow of."

Diese „dedication" wurde im März 1693 geschrieben;
wir kämen demnach auf das Jahr 1689, und zwar wohl auf
die zweite Hälfte desselben, zurück. Warum Gosse gerade
Sommer oder Frühherbst 1690 annimmt, wissen wir nicht;
er selbst führt keine Gründe dafür an, sondern meint nur:
„We shall not be far wrong if we conjecture etc." Wollte
er dadurch vielleicht die Wahrheit des von Southerne
Dr. Birch erstatteten Berichtes retten, wonach nur zwei
Jahre zwischen der Abfassung und der Aufführung des

Stückes lagen? Alle vorhandenen Angaben weisen auf den
Sommer oder Herbst des Jahres 1689, und damit stimmt
auch die allgemeine Annahme, dass der Dichter bei Abfassung des Werkes neunzehn Jahre alt war. Über die
weiteren Schicksale des Stückes lesen wir in dem von
Southerne über seinen Freund gegebenen Berichte, der in
der Handschrift des Verfassers selbst im „British Museum"
liegt und in einem Appendix von Gosse in seiner Original-
form abgedruckt worden ist: „...Haveing little Acquaintance withe the traders in that way, his Cozens recommended him to a friend of theirs (wahrscheinlich Southerne
selbst), who was very usefull to him in the whole course
of his play, he engag'd Mr. Dryden in its favour, who upon
reading it sayd he never saw such a first play in his life,
but the Author not being acquainted with the stage or the
town, it would be pity to have it miscarry for want of a
little Assistance: the stuff was rich indeed, it wanted only
the fashionable cutt of the town. To help that Mr. Dryden,
Mr. Manwayring, and Mr. Southern red it with great care,
and Mr. Dryden putt it in the order it was playd, Mr. Southerne
obtaind of Mr. Thos: Davenant who then governd the Playhouse, that Mr. Congreve shoud have the privilege of the
Playhouse half a year before his play was playd, wh. I never
knew allowd any one before: it was playd with great success
that play made him many friends, etc." Im vorstehenden ist
so ziemlich alles gesagt, was wir wissen: durch Southerne
an Dryden empfohlen, wird unser Dichter von diesem freundlich aufgenommen, sein Stück, dessen Bedeutung allen so-
gleich klar wird, von Dryden, Maynwaring und Southerne
für die Bühne hergerichtet und dessen Aufführung an dem
damals einzigen Londoner Theater, dem Drury Lane- oder
Theatre Royal durchgesetzt. Für das der ersten Aufführung
vorangehende Halbjahr erhält der Dichter freien Eintritt
ins Theater, eine bis dahin nicht dagewesene Begünstigung.
Im Jänner 1693 wird „Der alte Junggesell" aufgeführt; der
Erfolg ist ein großartiger. Davies erzählt in seinen „Dramatic
Miscellanies", dass, als Mrs. Barry (dafür sollte Mrs. Leigh
stehen, siehe Gosse, S. 37), Mrs. Bracegirdle, Mrs. Mountfort
und Mrs. Bowman zum Schlusse zusammen auf der Bühne
erschienen, die Beifallsrufe und Applause des begeisterten

Publicums gar kein Ende nehmen wollten. Vierzehn Tage nacheinander wurde das Stück bei stets gefülltem Hause gespielt. Auch in Buchform wurde es sehr bald vergriffen, am 23. März 1693 wurde bereits die dritte Auflage veröffentlicht. Selbst die Kritik kam dem Dichter nicht nur mit Wohlwollen, sogar mit Begeisterung entgegen.

In der neben Leigh Hunt benützten älteren Ausgabe der Lustspiele Congreves (The Works of Mr. William Congreve: In Three Volumes. Consisting of his Plays and Poems. The Sixth Edition. London: Printed for J. and R. Tonson and S. Draper in the Strand. 1753.) — es ist dies die sechste Ausgabe der im Jahre 1710 erschienenen, von Tonson veröffentlichten ersten Gesammtausgabe (von uns im I. Theile dieser Arbeit, S. 20 uff., erwähnt) — in dieser älteren Ausgabe also finden wir nach einer nichtssagenden „Preface“ der Herausgeber eine hübsche bildliche Darstellung der Scene zwischen Heartwell und Sylvia. Er steht in der Thür, entschlossen wegzugehen, sie aber sitzt schluchzend, ihm halb abgekehrt, da. Er blickt auf die Weinende, ärgerlich, aber innerlich schon bezwungen; Geberde und Stellung lassen uns keinen Moment daran zweifeln, dass er bald zu ihren Füßen liegen wird. Auf dem Titelblatte stehen ein paar Verse aus Horatius, Epist. I, Lib. II:

„Quem tulit ad Scenam ventoso gloria Curru,
Exanimat lentus Spectator; sedulus inflat.
Sic leve, sic parvum est, animum quod laudis avarum
Subruit, aut reficit . . .“

Nun folgt die schon erwähnte „Dedication To the Right Honourable Charles Lord Clifford, of Lanesborough, etc. . . .“, ein schales Product der Schmeichelmanie jener Zeit, wichtig einzig und allein durch die früher benützte chronologische Bemerkung. Wenn wir's nicht schon von anderen Seiten wüssten, könnten wir auch wieder aus dieser Widmung erfahren, wie günstig das Stück von Publicum und Kritik aufgenommen wurde. Wenn Congreve endlich meint, dass er alle Fehler seines Stückes kenne, so denkt er offenbar nicht an den Hauptfehler, die Unsittlichkeit, ein weiterer Beweis dafür, dass unsere Anschauungsweise ihm ganz fremd war. Die sich anschließenden „Commendatory Verses“ finden sich auch schon in der Leigh Hunt'schen Ausgabe. Southerne ermuntert Congreve, kühner um die Natur zu werben, er sei gemacht, ihr Entführer zu werden. Wycherley habe seine Ruhe der Größe nicht opfern wollen, Ethere(d)ge sei in wildem Taumel zugrunde gegangen, Lee und Otway seien todt. Congreve sei der einzige, der die Erbschaft des alten Dryden anzutreten würdig sei. Zuletzt rühmt sich Southerne seiner Freundschaft mit unserem Dichter: „But my best Praise is, that I am your Friend." J. Marshs Verse sind ein begeisterter Hymnus auf Congreves allgewaltigen Dichterflug, auf seine Naturwahrheit, seine zugleich vom Safte der Jugend strotzende und von dem Gewichte der Jahre im gleichen erhaltene Dichtung, Bevil Higgons endlich rühmt den Witz des Dichters, der so reich, so freigebig verschwendet sei, dass man schon wieder etwas Neues verliere, wenn man das Alte zu lange belache oder beklatsche.

> „Thou shalt succeed, the Glory of the Stage,
> Adorn and entertain the coming Age,"

schließt der bewundernde Lobredner.

Das Stück selbst wurde in der üblichen Weise durch einen Prolog eröffnet, der vom Dichter selbst geschrieben ist und von der berühmten Mrs. Bracegirdle vorgetragen wurde. Dabei mag erwähnt werden, dass die Darstellung weiblicher Personen durch Schauspielerinnen erst unter Karl II. von Frankreich aus in England Eingang fand, und dass natürlich die Dichter jener Zeit dem Publicum einen besonders pikanten Genuss zu bereiten vermeinten, wenn sie jungen und schönen Weibern die unzüchtigsten und schamlosesten Reden in den Mund legten. Wenn aber Engel, S. 243, zur Bekräftigung dieser Thatsache sagt: „Man lese, wenn man sich nicht fürchtet, z. B. den Prolog zu dem ‚Alten Junggesellen' von Congreve und denke sich den von einem Mädchen vorgetragen!", so irrt er ganz entschieden. Dieser Prolog ist nämlich äußerst zahm. Man urtheile selbst: „Früher," sagt der Dichter,

> „Prologues were serious Speeches, before Plays;
> Grave solemn Things, as Graces are to Feasts;
> Where Poets begg'd a Blessing from their Guests.
> But now, no more like Suppliants we come;

A Play makes war, and Prologue is the Drum:
Arm'd with keen Satire, and with pointed Wit,
We threaten you who do for Judges sit,
To save our Plays, or else we'll damn your Pit."

Heute aber handle es sich um das erstgeborene Stück eines
jungen Autors, darum kehre der Prolog zu den höflichen
Formen der Vorzeit zurück und bitte bescheidentlich um
die Gunst des Publicums. Allerdings gibt die Schauspielerin
die Versicherung, der Dichter könne auch boshaft sein,
wenn er wolle, und die Scham werde er bald ausgewachsen
haben. Heute aber wolle sie für den Anfänger als weiblicher
Advocat plaidieren. Da vergisst sie, was sie zu sagen hat,
und nachdem sie ihr Malheur in einigen allerdings derben,
damals aber in der Conversation allgemein üblichen Ausdrücken, wie „hang me, the deuce take me, I shall be
hang'd" verwünscht hat, rennt sie davon.

Warum man sich da fürchten sollte, den Prolog zu
lesen, sehen wir nicht ein, den könnte man fast in einem
Nonnenkloster lesen. Er ist munter, launig und frei von
jeder Zote, ja die Wendung mit dem Vergessen und Davon-
laufen ist wohl eigens für die Schauspielerin erfunden, damit
diese die Anmuth ihrer Bewegungen vor dem Publicum
zeigen könne. Für eine kokette Schauspielerin ist ein solcher
Prolog sehr dankbar, das soll allerdings Mrs. Bracegirdle
nicht gewesen sein, dagegen rühmen alle ihre natürliche Anmuth, und das ist mehr. Oder sollte Engel den Prolog gemeint haben, der dem eben besprochenen in Tonsons Ausgabe
vorangeht? Dieser hat einen Lord Falkland zum Verfasser,
wurde aber nicht gesprochen. Gosse, S. 39, bezeichnet denselben als „very clever, but most indecent". Auch dieses
Urtheil scheint uns zu hart. Wohl ist viel von geschlechtlichen Beziehungen darin die Rede und der Vergleich, mit
dem er anhebt, nicht sehr delicat. Die Bühne ist eine Witwe,
welcher der Schriftsteller-Bräutigam nur schüchtern naht,
weiß er doch sehr wohl, dass sie sehr schwer zu befriedigen
ist, weil sie eine lange Erfahrung hinter sich hat, und dass
sie den „miserable sinner", der „ihre Flamme nicht löschen
kann", wüthend wegschleudert; auch die folgenden Anspielungen auf alte verliebte Männer und junge leidenschaftliche Weiber entsprechen unserem Geschmacke nicht.

Aber wenn man diesen Prolog mit anderen aus der Zeit vergleicht, so gehört er nicht zu den ärgsten. Immerhin mag Engel mit größerem Rechte diesen gemeint haben, oder er hat sich mit dem Prolog zum „Double Dealer" geirrt, der thatsächlich stärker aufträgt.

Endlich folgt der Theaterzettel, der für uns kein weiteres Interesse hat.

Analyse des Stückes.

Act I.

Bellmour und Vainlove begegnen einander. Der Theaterzettel gibt uns über den ersteren nur an „in Love with Belinda", von letzterem sagt er, was wir schon aus der Wahl des Namens errathen können, „capricious in his Love". Der Zuschauer hat zwei Lebemänner vor sich. Vainlove behauptet, Geschäfte zu haben, wobei er Briefe zeigt. Nun entspinnt sich eine philosophische Erörterung über „Geschäfte", welche uns die Lebensansichten der beiden jungen Leute deutlich enthüllt. „Business is the rub of life, perverts our aim, casts off the bias and leaves us wide and short of the intended mark." Dieses angestrebte Ziel ist das Vergnügen, welches Bellmour in launiger Rede über das von ihm verachtete Wissen stellt, da es ihn frei von Kummer und Sorgen in höheren Sphären weilen lasse. Nach dieser allgemeinen Einleitung, welche als „stimmender Accord" sehr glücklich gewählt ist, weil wir aus derselben uns sofort darüber klar werden, in welcher Gesellschaft wir uns bewegen werden, weiß der Dichter auf geschickte und ungezwungene Weise zur Handlung hinüberzuleiten. Vainlove ist ein an Liebe überreicher Mann, der überall Liebschaften anknüpft, aber zu flatterhaft ist, als dass er es irgendwo lange aushalten könnte. Solange es gilt, das Herz des Mädchens oder der Frau zu gewinnen, ist er der stürmischeste Liebhaber, wie er aber sein Ziel erreicht hat, ja eigentlich sobald er nur sieht, dass er es ohne Widerstand erreichen kann, bricht er ab. So will er jetzt auch der schönen Sylvia den Laufpass geben, die nach Bellmours Versicherung ihn (Vainlove) aufs wärmste liebt.

Und Bellmour muss es doch wissen; denn Vainlove wirft ihm vor: „Wie kannst du von ihrer Treue mir gegen-

über reden, „who hast had her?" Bellmour gibt dies zu:
„I by treach'ry had stol'n the bliss, but not her affectation."
Diese Auseinandersetzung sowie das sich daranschließende
Witzeln über jenes Muster von Treue, das man den Ehemännern empfehlen sollte, sind ganz und gar in dem
Tone gehalten, der damals auch in den besseren Kreisen
und im Verkehr mit Damen angeschlagen werden durfte.
(Führte doch eine Dame vom höchsten Range in einer
Theaterloge mit Congreve laut ein Gespräch, dass heutzutage kein Mann im traulichsten Zusammensein sich erlauben
würde [Hettner, S. 111, nach einem Berichte Walter Scotts
in seiner Swift-Biographie]; überbot doch Karls II. Maitresse,
die Herzogin von Cleveland, an frecher Ungeniertheit jede
niedrige Straßendirne, Beweis hiefür die in Leigh Hunts
„Biogr. and Crit. Not. XI", ausführlich wiedergegebene Art
ihres Bekanntwerdens mit Wycherley; wollte doch Madame
Pepys ihrem durch seine Tagebuchberichte aus jener Zeit
bekannten Gatten einst nachts, während er schlief, durch
eine etwas schmerzhafte Operation mit einer glühenden Feuer-
zange seine fernere Untreue unmöglich machen, was aber
noch rechtzeitig verhindert wurde [Hettner, S. 111] etc.)
Diese Stellvertretung in der Liebe (Sylvia hielt Bellmour
in jener Nacht bis zum letzten Augenblicke für Vainlove)
erinnert an ein ähnliches Abenteuer Don Juans, mit größter
sinnlicher Glut dargestellt im Lenau'schen Fragment in der
Scene zwischen der Herzogin Isabella, die ihren Antonio
erwartet, und Don Juan (in Meyers Ausgabe, II. Band, S. 446
und 447), und an den Plan zur Rettung Claudios und zur
gleichzeitigen Wahrung der Jungfräulichkeit Isabellens in
„Measure for Measure", nach welchem Mariana in der Verkleidung Isabellens sich dem Statthalter preisgibt; übrigens
kommt ein solches Quiproquo auch in „All's well that ends
well" vor.

Doch auf Sylvia sind die beiden Freunde nur zufällig
zu sprechen gekommen. Ebenso scheinbar zufällig erfahren wir, dass ein griesgrämiger alter Weiberfeind, eben
der alte Junggeselle, der dem Stücke den Namen gegeben
hat, auf dem Theaterzettel mit den Worten: „A surly old
Batchelor, pretending to slight Women" charakterisiert,
sich um die schöne Sylvia bewirbt, und die beiden Lebe-

männer freuen sich schon im voraus auf die unausbleib-
lichen komischen Scenen, die sich daraus ergeben müssen.
Ein zweiter Brief, durch welchen Vainlove seinen in den
heiteren Höhen des Epikuräismus schwebenden Freund auf
die Erde zurückzuführen beabsichtigt, stammt von Laetitia, der jungen Gattin des alten Banquiers Fondlewife.
„It is an appointment for me this evening; Fondlewife
will be out of town this evening and talks of sending for
Mr. Spintext to keep me company, but I'll take care he
shall not be at home,“ schreibt die junge Lady. Spintext
ist ein „Fanatic one-ey'd Parson“. Da ist es begreiflich,
dass Frau Laetitia, schon durch den Namen als Freundin
heiteren Lebensgenusses gekennzeichnet, sich lieber mit
unserem Vainlove unterhielte. Am besten wäre es übrigens,
wenn er in der Tracht des puritanischen Priesters käme.
Nach den Grundsätzen, die Vainlove früher entwickelt hat,
können wir begreifen, dass er diese reife Frucht, welche
ihm jetzt ohne Mühe in den Schoß fällt, verschmäht: „Faith
I hate Love when 'tis forc'd upon a Man, as I do Wine.“
So will er denn die Fortführung des Abenteuers seinem
Freunde Bellmour überlassen, also wieder eine Art Stellvertretung in der Liebe, diesmal jedoch ohne Betrug. Bellmours Besorgnisse zerstreut er mit der cynischen Bemerkung:
„If the spirit of cuckoldom be once raised up in a woman,
the devil can't lay it, till she has done't.“ Endlich erfahren
wir noch, dass der alte Fondlewife ein recht unangenehmer
Patron sei, sehr zärtlich gegen sein Weibchen (Vergl. den
Namen), aber auch sehr eifersüchtig, dabei ein puritanischer
Zelot. Schließlich leiht sich Bellmour von Vainlove dessen
verschlagenen Diener Setter aus, damit ihn dieser unter-
stütze.

Diese eine Scene bereitet uns also auf zwei Handlungen
vor, die eine, welche man, nach dem Titel zu schließen,
für die Haupthandlung halten sollte, obwohl sie in Wirklichkeit nur verhältnismäßig wenig Raum im Stücke einnimmt,
die Affaire Heartwell-Sylvia, die andere bereits eingefädelte
spielt zwischen Bellmour-Laetitia-Fondlewife. Aber Congreve war ein Kind seiner Zeit, und zu den Erfordernissen
eines guten Lustspiels gehörte damals eine größere Zahl
von „plots“ und reiche Verwicklungen. So genügen unserem

Dichter die zwei erwähnten Handlungen noch lange nicht. Die Verhältnisse, von denen bisher die Rede war, sind nur leichter, galanter Natur, daneben aber lieben unsere Helden auch tiefer. Wenigstens scheint es nach ihren Reden so, oder halten sie es für Modesache, auch eine fixe „mistress" zu haben? Es klingt jedenfalls sehr ernst, wenn Bellmour sagt: „It lies convenient for us to pay our afternoon services to our mistresses. I find J am damnably in love, I'm so uneasy for not having seen B e l i n d a yesterday," worauf Vainlove ebenso ernst erwidert: „But I saw my A r a - m i n t a; yet am as impatient." In den folgenden Scenen dient der erste Act der Charakteristik der männlichen Personen, die Frauen treten in demselben überhaupt noch nicht auf, was Gosse, S. 36, als „a whetting of the popular expectation wherein was a signal artifice" betrachtet. Von einem Fortschritt der Handlung kann da kaum die Rede sein, auch die vorgeführten Charaktere sind nicht neu, aber der geistreiche und lebhafte Dialog, die französische Eleganz des Ausdruckes, das blendende Sprühfeuer von Witz waren auf der englischen Bühne eine ganz unbekannte Erscheinung, das hatten weder Dryden noch Wycherley verstanden. In der Führung des Dialogs ist Congreve Molières Schüler, und zwar ein Schüler, dessen sich der Meister nicht zu schämen braucht.

Eine ziemlich farblose Persönlichkeit ist Sharper, der sich zu Bellmour gesellt, nachdem Vainlove ihn verlassen hat. Er ist eine Art Vertrauter wie in der französischen Tragödie und Komödie. Diesmal soll er den armen Bellmour aus des Zweifels Qualen retten. „Soll ich dieses stolze, unbeständige, affectierte, geistreiche und hübsche Mädchen heiraten?" fragt sich dieser. Sharper meint, er solle das Mädchen ganz und gar aufgeben, aber der Reiz der Weiblichkeit und ebensosehr der einer Mitgift von 12.000 Pfund sind zu verführerisch. „Why upon second thoughts she does not appear to be so very affected neither," ist sein Schluss, und er ist zur Ehe halb entschlossen. Das Thema über die Weiber in etwas anderer Tonart fortzusetzen, tritt der Hauptheld Heartwell zu den beiden. Das Disputieren geht nun wieder los, wie es überhaupt den Dramatikern jener Zeit vorzugsweise darauf ankam, in lange hingezo-

genen Wortgefechten ihren, respective der Helden Geist
und Witz leuchten zu lassen, meist natürlich zum Schaden
des Dramas, dessen Handlung durch solche Dialoge wenig
gefördert wurde. Diese allgemeine Bemerkung passt in
ihrem letzten Theile auf Congreve nur in sehr eingeschränk-
tem Maße. Abgesehen von seinem letzten Lustspiele „The
Way of the World" hat er stets seine an Witz und Eleganz von keinem andern übertroffenen Dialoge doch den
Zwecken des Dramas in sehr geschickter Weise dienstbar
zu machen gewusst, und wenn nicht für die Handlung, so
doch wenigstens für die Charakteristik verwertet. Wenn
man ihn mit Dryden, Wycherley, Farquhar und Vanbrugh
vergleicht, sieht man ein, dass Hettner recht hat, wenn er
sagt: „Congreve war der einzige schöpferische Dichtergeist
seiner Zeit." Der Weiberfeind Heartwell beleuchtet mit ein
paar Worten treffend das eigenthümliche Compagnie-
verhältnis in der Liebe zwischen Bellmour und Vainlove.
„He does the drudgery in the mine and you stamp your
imagery on the gold." Die übliche Art der Liebeswerbung,
das „dressing, dancing, singing, sighing, whining, rhyming,
flattering, lying, grining, cringing" erscheint ihm als
„drudgery" der Liebe. Sein Standpunkt ist ein anderer.
Auf die Bemerkung Sharpers: „He hates the Sex" erwidert
er: „So I hate Physic too, yet I may love to take it for
my Health." Gewissermaßen als hygienische Cur benützt
er die Liebe wohl auch, aber sich in galante Verhältnisse
einlassen, das mag er ebensowenig wie heiraten: „I would
not be a cuckold to e'er an illustrious whore in England."
Das Publicum dachte dabei wie bei der folgenden gelungenen Persiflage des biederen Philisters, der sich geschmeichelt fühlt, wenn „seine Kinder von dem oder jenem
Herzog den oder jenen Zug haben," gewiss an die noch
nicht lange entschwundene Zeit der Maitressenwirtschaft
Karls II.

Dieser Heartwell erinnert an Molières „Misanthrope",
das Nähere darüber wie überhaupt über bestehende oder
von Bennewitz angenommene Verwandtschaft Molière'scher
und Congreve'scher Charaktere folgt in der Schlussbetrach-
tung nach der Analyse jedes Stückes.

Als hätten wir noch nicht genug „plots" angekündigt

oder zum Theil begonnen gefunden, bereitet uns der Dichter auf einen weiteren vor. Sir Joseph Wittoll und sein Freund Bluffe gehen vorüber, was den andern Gelegenheit bietet, uns diese Herren vorzustellen. Captain Bluffe ist ein verabschiedeter Krieger, der mit seiner Tapferkeit und seinen Kriegsthaten bei jeder Gelegenheit prahlt und durch sein Bramarbasieren besonders furchtsamen und friedlichen Bürgersleuten imponiert, die er auch ordentlich auszusaugen versteht. Wenn er aber seine Tugenden beweisen soll, zeigt er sich als windiger und feiger Geselle. In ihm erkennen wir unschwer den „miles gloriosus“ der lateinischen Komödie, eine Lustspielfigur, so alt wie die Bühne und in England von jeher seit den Kämpfen mit Frankreich nicht selten. „He wears the habit of a soldier which now-a-days as often clokes cowardise, as a black gown does atheism. (Nebenbei eine Anspielung auf ungläubige Priester.)“ Dieser Glücksritter hat sich den biederen, aber furchtsamen und geistig ziemlich beschränkten Sir Joseph Wittoll zu seinem Opfer ausersehen. Sharper hat das edle Paar kaum erblickt, als in seinem findigen Hirn alsbald der Gedanke auftaucht, sie zu übertölpeln und für ¦sich Geld herauszuschlagen, denn er steuert immer nur nach der Goldküste, der Liebe schöne Insel ist das Ziel der anderen. Das drücken die beiden Verszeilen aus, welche, wie bei Congreve und anderen Dichtern so häufig, den Actschluss bezeichnen. Sie lauten:

(You are bound) „For Love's fair Isle; I, for the golden Coast.
May each succeed in what he wishes most.“

Die fünf Handlungen des Stückes spielen demnach zwischen:

    I. Heartwell—Sylvia (Haupthandlung);
    II. Sharper—Wittoll—Bluffe;
    III. Bellmour—Laetitia—Fondlewife;
    IV. Bellmour—Belinda;
    V. Vainlove—Araminta.

Nach dieser eingehenden Analyse des ersten Actes können wir uns in Bezug auf den zweiten viel kürzer fassen. Übrigens verdient der erste Act nicht nur deshalb eine genauere Erörterung, weil er die Voraussetzungen zur Handlung gibt, sondern auch rein künstlerisch betrachtet am höchsten steht. Handlung dürfen wir allerdings in demselben nicht suchen; was in den folgenden Acten daran zu viel ist, ist hier zu wenig; auch das muss man Gosse zugeben, dass die Charaktere nicht neu sind, aber die Art und Weise, wie der Dichter zu charakterisieren versteht, wie er leicht und zwanglos in Rede und Gegenrede ein getreues Bild seiner Helden zu zeichnen weiß, ehe er sie in Action treten lässt, ist meisterhaft, auch da müssen wir an Molières Beispiel denken. Von dem Dialog, der gerade in diesem Acte sich am herrlichsten entfaltet, ist schon gesprochen worden. Der erste Act ist trotz der dürftigen Handlung jedenfalls der beste und das Muster einer einfachen, erschöpfenden und dabei ungezwungenen Exposition.

Act II.

Auch dieser Act lässt sich noch leicht überblicken. Zwei voneinander vollkommen unabhängige, vorläufig gar nicht ineinandergreifende Handlungen füllen ihn aus. Sharper folgt wie ein Raubthier dem edlen Sir Joseph Wittoll, nach einer Gelegenheit spähend, mit ihm bekannt zu werden und ihm etwas abzuzwacken. Ein Monolog des letzteren bietet diese Gelegenheit. Wittoll ist nämlich, wie übrigens auch schon Bellmour im ersten Acte Sharper mitgetheilt hat, die Nacht zuvor, als er allein über jenen Platz gieng, auf dem er jetzt seine Meditationen anstellt, von einigen „nightwalkers" angefallen worden, und nur Bellmours Eingreifen hat ihn vor der Ausplünderung gerettet. Bedankt hat sich der schmutzige Filz bei seinem Retter nicht, er ist merkwürdig schnell verschwunden. Nun, beim Anblick der Unglücksstätte, fasst ihn ein Schauer, wenn er daran denkt, was die „unmenschlichen Kannibalen" mit ihm gemacht hätten. Sharper hat sofort seinen Plan fertig. Er erinnert sich des Gespräches mit Bellmour und will, indem er sich für den Retter ausgibt, den ersehnten Profit herausschlagen. Er stellt sich, als suche er eine Geldbörse, die er in der Nacht vorher verloren habe, fährt Wittoll an, als dieser ihn anspricht, wirft ihm Undank vor, da der Arme ihn nicht zu kennen erklärt, und weiß durch seine barsche,

leidenschaftliche Weise und durch sein Fluchen den andern
so einzuschüchtern, dass dieser nun keinen Zweifel mehr
daran zu äußern wagt, dass er diesen Sharper wohl kenne
als seinen Retter von gestern nachts. Nun rückt der
schlaue Intriguant mit seinem Wunsche heraus; da er die
Börse, welche er während des Kampfes mit den Strolchen,
demnach im Dienste Wittolls, verloren habe, nunmehr nicht
wiederfinden könne, sei es doch nur recht und billig, dass
er zum mindesten schadlos gehalten werde. Zwar krümmt
und windet sich der alte Geizhals ganz gewaltig, aber vergebens. Er muss schließlich einen „letter of credit" an den
„Alderman" Fondlewife hergeben, bei dem er Geld deponiert
hat. So soll die Verbindung zwischen der zweiten und dritten
Handlung angebahnt werden. Lustiger wird die Scene noch,
als des Geprellten „back", der tapfere Capitän, auf dem
Plane erscheint. Der „Hector of Troy" glaubt an dem armen
Wittoll Spuren von ausgestandener Angst zu erblicken. Da
fährt er auf. Er, der Unerschrockene, der die Furcht nicht
kennt, will auch keinen andern feige sehen. Er greift an
sein Schwert, denn gegen Schwache und Wehrlose spielt er
stets den Bramarbas. Anders verhält er sich Sharper gegenüber. Er begrüßt ihn militärisch: „I honour you" und möchte
mit ihm fechten, oder er thut wenigstens so. Für ihn ist das
Fechten alles, das Fechten um des Fechtens willen, nicht
wie der in dieser Beziehung etwas altväterische Sharper
sagt, um dem Freunde, dem Lande oder der Religion zu
dienen. Dieses kurze Wechselgespräch erinnert an den Gegensatz der Ansichten zwischen Major Tellheim und Wacht-
meister Werner (Minna von Barnhelm, Act III, Scene VII),
nur hat Lessing einen würdigeren Mann die gute Sache
vertreten lassen. Hier fällt auf, was besonders Leigh Hunt
Congreve zum Vorwurf gemacht hat, dass nämlich alle seine
Personen in der Art ihres Ausdruckes immer wieder an den
gelehrten und stets witzig sein wollenden Dichter gemahnen
und nicht conform ihrem individuellen Charakter sprechen.
Aus Sharpers Munde klingen Sätze wie die obigen gar zu
sonderbar. Gleich hier sei jedoch bemerkt, dass Leigh Hunts
Ansicht sich hie und da bestätigt findet, im ganzen und
großen aber falsch ist, wie denn so ziemlich alles, was dieser
Kritiker über unseren Dichter sagt, nur sehr bedingt wahr

ist; man fühlt unschwer heraus, dass er unter den vier
behandelten Dichtern dem armen Congreve am wenigsten
hold ist. Nach dieser Fechtepisode beginnt Bluffe zu re-
nommieren. Der in seiner Bewunderung ganz verblendete
Wittoll stellt seinen tapferen Freund auf eine Stufe mit
Cannibal (so hat er den karthagischen Feldherrn umgetauft),
der bescheidene Capitän gibt daraufhin gnädig zu, dass
Hannibal für seine Zeit gewiss ein wackerer Kerl gewesen
sei, aber heute gebe es größere Generäle, das habe der
letzte Krieg in Flandern gezeigt. (Auf die flandrischen Kriege
wird überhaupt in der dramatischen Literatur jener Zeit
sehr häufig angespielt.) Die „Gazettes“, aus denen Wittoll
seine Kriegsberichte schöpfte, enthielten kein wahres Wort,
denn von ihm hätten diese schuftigen „Gazetteers“ nicht
ein einzigesmal geschrieben, und doch sei ein gewisser
Jemand, den er nicht nennen wolle, nicht nur Augenzeuge,
sondern sogar Hauptbetheiligter an allen Actionen gewesen.
Ja, Undank sei der Welt Lohn; er habe sich darum zurückgezogen wie einst Scipio. Nun sei er ruhig. Nur gegen
Wittoll braust er noch manchmal auf, wie z. B. in dieser
Scene, aber Sharper versöhnt sie. Von dem Geld ist vorderhand keine Rede, und die drei gehen auf Kosten des armen
Sir Joseph auf einen guten Trunk. Diese Scene, für den
Fortschritt der Handlung irrelevant, ist dennoch eine sehr
gelungene Charakterscene, wenn man allerdings auch zu-
geben muss, dass sie nichts Originelles bietet.

Die folgenden sieben Scenen des II. Actes sind zum
großen Theile den Frauen gewidmet. Araminta und Belinda
streiten miteinander über die Männer und die Liebe. Die
affectierte, gespreizte Tugendpuppe Belinda will nichts zur
Empfehlung „of that filthy, aukward, two legg'd creature
man“ gelten lassen, ihre Cousine spreche im Fieber, die
Liebe sei ja nichts als ein heißes Fieber. Diese Cousine
Araminta ist aber ein natürliches Mädchen, sie gibt sich,
wie sie ist, und macht dadurch einen sehr liebenswürdigen
Eindruck. Zu viel Gefühl besitzt sie nicht, das ist überhaupt ein Artikel, der sich bei den Personen der Restau-
rations-Lustspiele nur spärlich findet, aber sie kann doch
einem Manne herzlich gut sein, und ihr ganzes Handeln
ist vom moralischen Standpunkte unanfechtbar, wenn auch

nicht ihre, unserer Ansicht nach, für ein Mädchen zu freie
und derbe Ausdrucksweise. Aber selbst im Reden zeigt sie
eine gewisse Zurückhaltung, und was am wohlthuendsten
berührt, sie ist nicht etwa eine Philosophin, die sich
über ihre Zeit erhoben hat, vielmehr ein unverdorbenes
Mädchen, das den Impulsen ihres durchaus gesunden Na-
turells ohne Überlegung folgt und eben durch diese Naivetät
ihre sittliche Reinheit bewahrt. Sonderbarerweise haben
die Kritiker meist vergessen, diese Rolle sowie andere wenigstens ähnliche in Congreves Dramen hervorzuheben.
Einer schreibt den andern aus und sucht ihn an moralischer
Entrüstung womöglich noch zu übertreffen, wenn er die
abgedroschene Scene zwischen Miss Prue und Mr. Tattle
zum xtenmale wiederholt als Beweis für die entsetzlichen
Frauencharaktere Congreves. Taine hat bei seiner sehr un-
natürlichen Eintheilung der Rollen in natürliche und künst-
liche — Johnson hat mit seinem unglückseligen „artificial"
als Urtheil über unseren Dichter großes Unheil angerichtet
— für eine Araminta selbstverständlich keinen Platz, oder
zählt auch diese zu den feinen Weltdamen? Nach Bennewitz gewiss, der sie zu einem Abbilde der Célimène im „Misanthrope" macht. Congreves Leben bietet die Erklärung für
die Entstehung dieser Araminta-Charaktere. Wie sehr er auch
Lebemann sein mochte, eine Ahnung von der Nichtigkeit all
seiner Liebesverhältnisse hatte er doch, und er empfand
das Bedürfnis nach herzlicherem Verkehre. Dieses befriedigte
er zunächst durch treue Freundschaft mit den ersten Männern
der Zeit, dann durch sein schönes Verhältnis mit der Schauspielerin Bracegirdle; dass er ihr z. B. die „Weltdame Millamant" auf den Leib geschrieben hat, wissen wir aus
sicheren Quellen. Die Araminta hat der Jüngling aus der
Tiefe seines in Sehnsucht nach herzlichem Anschluss ver-
gehenden Herzens geschöpft, nicht einer Célimène nach-
gebildet. Wenn man schon unbedingt Vorbilder haben muss,
so möchten wir Araminta und Belinda lieber mit den un-
gleichen Schwestern in „Les femmes savantes", mit Henriette
und Armande vergleichen. Schlankweg bezeichnet die gerade Araminta die Threnodien Belindens als „gross affectation" und verschreibt ihr eine Dose Bellmour. Der Gegensatz zwischen dem psalmodierenden Klagetone der ob der

Schlechtigkeit der Welt verzweifelnden Belinda, die sich in das Gewand ihrer Tugend hüllt, und den neckischen und in ihrer Kürze meist treffenden Antworten des gesunden Naturkindes Araminta tritt scharf genug hervor. Belinda lässt sich von Betty eben Kappe und Pelz bringen und bestellt die Sänfte, da werden die beiden Liebhaber gemeldet. Belinda möchte gern bleiben, weil Bellmour da ist, der ihr ja doch nicht gleichgiltig ist. Eingestehen kann sie das aber nicht. Da hilft denn ein jesuitischer Kniff. Sie muss die leichtfertige Cousine bewachen, denn der Teufel lauert auf jede Gelegenheit. Sie bleibt also aus reiner Nächstenliebe, im Innern höchst ärgerlich darüber, dass sie heute so garstig aussehe. Die Unterhaltung zwischen den Liebespaaren ist natürlich nach dem Zuschnitt der Zeit ein geistreichelndes Disputieren, wobei es einer dem andern in möglichst weit hergeholten Vergleichen und Anspielungen zuvorzuthun sucht, ohne jeden wärmeren Gefühlshauch. Dieses Gespräch erinnert an die Unterhaltungen der Preciösen; Araminta betheiligt sich bezeichnenderweise sehr wenig an diesen dialectischen Klopffechtereien — wieder ein Beweis gegen die von Leigh Hunt ganz allgemein aufgestellte Behauptung von dem gelehrten Reden a l l e r Personen — sie findet, dass man ernst werde und so in Gefahr gerathe, langweilig zu werden, da muss Mr. Gavot, der Musikmeister, aushelfen, und zwar mit „the last new Song". Dieser besteht aus zwei Strophen zu je sechs Versen in der Reimstellung aabcbc (jambische und trochäische Verse mit vier Takten) und enthält die Lehren, welche

> „... to a ripe, consenting Maid
> Poor, old, repenting Delia said."

Sie lassen sich zusammenfassen in den Versen:

> „Never let him all discover,
> Never let him much obtain.
> Nothing's new besides our Faces
> Every Woman is the same."

Dieses frische, neckische, hübsche Liedchen stammt von Congreve selbst und gehört zu dem Besten, was er geschrieben hat. Auch eine Art stummer Pantomime, ein „dumbshow", aufgeführt von Bellmour, der, von Belinda zum

Schweigen verwiesen, durch Zeichen seine Liebe ausdrückt,
dient dazu, den Actschluss nach Art Molières bewegungs-
reich zu gestalten. Der Act schließt mit folgenden drei
Versen:

> „When Wit and Reason both have fail'd to move;
> Kind Looks and Actions (from Success) do prove,
> Ev'n Silence may be Eloquent in Love."

Act III.

Endlich tritt der Hauptheld Heartwell in Action. Congreve selbst fühlte, dass dieser Hauptcharakter seines Stückes
zu kalt und abgetragen sei (Prolog von Lord Falkland,
v. 15 uff.), und gönnte darum den Jungen größeren Spiel-
raum. Wir werden in der ersten Scene dieses Actes mit
Sylvia bekannt, welche mit ihrer intriguanten Dienerin Lucy
im Zwiegespräche ist. Sylvia gegenüber befindet man sich
in einer sehr schwierigen Lage. Was wir bisher über sie
gehört haben, stimmt nicht sehr günstig für sie. Sie ist
Vainloves verlassene Geliebte, der gewissenlose Bellmour
hat sie in schändlicher Weise betrogen, und das doppelt
kränkende Gefühl verschmähter Liebe und verlorener Ehre
macht sie zur Prostituierten oder mindestens zu etwas, was
nicht viel besser ist. Dabei sucht sie eine anständige Ver-
sorgung fürs Leben, es wird uns nicht recht klar, zu welchem
Zwecke, ob sie sich aus der unwürdigen Stellung befreien
will, oder ob sie ein ehrliches Aushängeschild für ihr Ge-
werbe zu gewinnen trachtet. Da kommt ihr die Liebeswerbung des alten Junggesellen gerade recht, den will sie
ködern. Lucy ermahnt sie, sich für den bevorstehenden
Besuch des Liebhabers zu rüsten, aber sie ist noch keine
vollendete Cocotte, dazu zeigt sie noch zu viel Gefühl. Congreve hat da die schwere Aufgabe auf sich genommen, die
Entwicklung dieser von Natur aus leichtsinnigen, aber keineswegs schlechten Person auf dem Wege zur Verworfenheit,
zur kalten, speculativen Buhlerin zu zeigen, eine Aufgabe,
die über seine Kräfte gieng. Vorderhand schwelgt sie noch
in Erinnerungen an Vainlove; dass dieser so gleichgiltig
ist, schmerzt sie tief, und sie sinnt als echtes Weib auf
Rache an ihm, besonders aber an Araminta, die ihr, wie
sie meint, den Geliebten abspenstig gemacht hat. Für die

Einflüsterungen Lucys ist sie daher sehr empfänglich. Rache an Araminta ist ihre Losung. So spielt die Handlung I wieder hinüber zu Handlung IV. Araminta ist spröde und zurückhaltend; das reizt Vainlove. Wenn sie nun ihren Widerstand aufgäbe und in einem zärtlichen Briefe Vainlove ihre Liebe und Hingebung verriethe, würde ihn sofort dieses Verhältnis anekeln. Diesen Brief will Lucy fabricieren. Nun gilt es aber, an Heartwell zu denken. Den kann Sylvia nur durch Verstellung gewinnen, die ihr noch ungewohnt ist, denn sie ist eine impulsive Natur im Guten wie im Bösen. Versucht muss es aber werden. Der arme Heartwell kämpft inzwischen „like an old lawyer between two fees or a young wench between pleasure and reputation", zwischen der Liebe, die in so späten Jahren in sein Herz eingezogen ist, und den eigenen Vernunftgründen, die ihm das Lächerliche der ganzen Situation vor Augen führen. Er darf seine Neigung nicht kundwerden lassen, um nicht dem Spotte seiner Freunde anheimzufallen, aber nicht darum spielt er sich als bitterer Weiberfeind auf, um seine Liebe nicht bloßzustellen, wie Bennewitz, p. 7, meint, sondern er glaubt wirklich, die Weiber zu hassen und über Liebesthorheiten hinaus zu sein, und muss nun zu seinem Ärger fühlen, dass sein Herz doch noch lieben kann. Er befindet sich in einem inneren Zwiespalt, aber an seiner Ehrlichkeit zu zweifeln, dazu ist gar kein Anlass vorhanden. Seine Sinnlichkeit ist doch nicht so kalter Art, wie er im ersten Acte gerühmt hat, voilà tout. In einem kurzen Monolog kommt dieser Kampf in seiner Brust trefflich zum Ausdruck, leider wird er von Bellmour und Vainlove belauscht. Während Heartwell zur Geliebten eilt, um, wie er sagt, „to run into the Danger to lose the Apprehension", macht Vainlove seinen Freund von einem zwischen ihm und Araminta ausgebrochenen Conflicte, der in einem geraubten Kusse seinen Grund hat, bekannt, und wir, die wir Sylvias und Lucys Anschlag mit dem Briefe kennen, ahnen, dass diese Kussaffaire in Verbindung mit dem Briefe zu allerhand Verwicklungen führen wird. Dass Lucy davon erfährt, wird sehr geschickt durch eine der im Französischen und auch bei Lessing so häufigen Dienerscenen vermittelt. Setter wird nämlich von der in-

triguanten Dienerin belauscht, während er, der so vielseitig
verwendete „pimp“, aus dieser seiner Brauchbarkeit für
seine Zukunft die besten Aussichten ableitet. Es kommt zu
einem ergötzlichen Streite zwischen beiden, umso ergötzlicher, als die maskierte Lucy von ihm nicht erkannt wird.
Sie spielt wegen eines Kusses und einiger nicht sehr feiner
Kosenamen, mit denen sie belegt worden ist, die Pikierte und
weiß den in sie verliebten Setter zur Enthüllung der Geheimnisse seines Herrn zu treiben. Dass der Dichter die
Handlung so verwickelt gestaltet, rächt sich besonders im
dritten Acte. Nachdem die beiden ersten Acte sehr wenig
Handlung gebracht haben, muss jetzt alles vor sich gehen,
und dadurch bekommt dieser Act etwas ungemein Zer-
fahrenes und Zerrissenes. Zunächst folgt die Fortsetzung
der zweiten Scene des zweiten Actes. Bluffe hat erfahren,
wie sein Freund geprellt worden ist, das thut ihm um
seinetwillen leid, da er allein das Privilegium zu besitzen
glaubt, Wittoll auszubeuten. Er will diesen zwingen, sein
Geld von Sharper zurückzufordern, was Wittoll mit einer
nur aus seiner Furcht vor Sharper zu erklärenden Energie
zu thun sich weigert. Sharper kommt dazu, und da er die
Situation alsbald durchblickt, behandelt er den tapferen
Capitän ganz „en canaille“, er schlägt und pufft ihn, was
dieser Held alles ruhig einsteckt. Erst nachdem sich Sharper
entfernt hat, ruft er Tod und Hölle an, will lieber sterben,
ehe er sich einen solchen Schimpf anthun lasse, es soll ein
Kriegsrath einberufen werden, um die Art der Rache zu
erwägen. Wie gelungen und wirksam auch diese zwei Scenen
sein mögen, wie ausgezeichnet in denselben auch die ganze
Erbärmlichkeit des „miles gloriosus“ zum Ausdrucke kommen
mag, in dem Ensemble sind sie doch störend. Endlich
kommt die Hauptscene des Stückes, die „scène à faire“, wie
ein geistreicher französischer Theaterkritiker (Sarcey) die
Scene nennt, um welche herum sich alles andere gruppiert,
und derentwillen oft das Stück entsteht. Heartwell lässt
vor seiner Geliebten Gesänge vortragen und Tänze aufführen. In seiner plumpen und ungeschlachten, man weiß
nicht, ob mehr protzenhaften oder cynischen Art verherrlicht er dann das Geld, durch das er tanzen und singen
lassen könne, durch das er auch, wie er in seiner cynischen

Anschauung von der Liebe meint, diese erkaufen könne.
Das steht nicht im Widerspruche mit seiner Verliebtheit.
Diese ist nämlich vorwiegend sinnlicher Natur. „Dieses
Weib muss ich haben," rufen seine aufgestachelten Sinne,
darum aber sieht er in ihr doch nur ein käufliches, vergnügungssüchtiges Wesen. Und gerade weil er für den
Gegenstand seiner sinnlichen Begierde keine Verehrung
hegt, ärgert er sich umsomehr über diese Wallungen des
Blutes, die ihn zum Narren machen und ihr zu Füßen hin-
werfen. Sie aber spielt ihr Debut sehr gut, die keusche
Jungfrau, die erröthet, wenn er sie so anschaut. Der Alte
wird so närrisch, dass er mit süßlich weinerlicher Stimme
gewiss zur höchlichen Belustigung des Publicums sich bis
zu einem „Kannst du mich lieben, Sylvia?" versteigt. Sie
zweifelt an seiner Liebe, er nennt ihr die Symptome: „Ich
bin melancholisch, wenn du abwesend bist, schaue wie ein
Esel aus, wenn du da bist, wache für dich, wenn du schläfst,
und träume sogar von dir, wenn ich wach bin, und, ‚last
not least', ich gebe dir mein Geld." Schlau setzt sie da ein.
Geld, das gibt man auch zu anderen Zwecken, und sie ist
doch tugendhaft, schon der Gedanke, dass er . . . „I won't
be a whore", und ehe er sich's versieht, hat sie an ihn die
Frage gestellt, ob er sie heiraten wolle. Das setzt nun einen
harten Kampf. Nein, das will er nicht. Mit gut gespielter
Unschuld — man glaubt sich in die Kinderstube versetzt
— fährt sie fort: „Nay, but if you love me, you must marry
me; what, don't I know my Father lov'd my Mother, and
was married to her?" „Ja, in alten Zeiten, da heiratheten die
Leute, wenn sie einander liebten, aber jetzt, mein Kind, ist
die Mode anders," belehrt sie der welterfahrene Mann, doch
alles bleibt erfolglos, sie wendet alle Weiberkünste an, entfernt sich, weint etc., bis sie ihn herumkriegt. Am Abend
noch soll die Trauung stattfinden, und nun er draußen ist,
lacht sie laut auf: „Ha, ha, ha, an old Fox trapt." Der Coup
ist gelungen. „Die Verstellung ist", sagt sie zu Lucy, „den
Weibern so natürlich wie das Schwimmen einem Neger."
Ohne vorangegangene Proben gelingt es sofort. Wir aber
sind etwas misstrauischer und wiederholen das schon früher
ausgesprochene Urtheil, dass dieses Meisterstück der Koketterie nach dem Vorangegangenen psychologisch unmög-

lich ist. Die Sylvia, wie wir sie von früher kennen, konnte das nicht zustande bringen. An und für sich aber ist die Scene ein Meisterstück.

Der dritte Act enthält also:

I. Heartwell—Sylvia (Haupthandlung) in zwei Partien: a) Scene I und II, b) Scene X und XI;

II. Wittoll—Bluffe—Sharper (Scene VII, VIII, IX).

Die anderen Scenen bereiten mehr oder weniger vor oder sind Verbindungsglieder.

Act IV.

Noch viel zerrissener ist der vierte Act. Der größte Theil desselben beschäftigt sich mit der schon im ersten Acte vorbereiteten Affairè Bellmour—Laetitia—Fondlewife. Da hat der Dichter seine Meisterschaft in der Charakteristik und Scenenführung gezeigt. Der alte Fondlewife enthüllt sich uns in dem Gespräche mit seinem Diener Barnaby und in dem folgenden kurzen Monologe, vor allem aber in der zweiten Scene im Gespräche mit seiner Frau als ein köstliches Original. Er ist ein alter Puritaner, der den ganzen biblischen Wortvorrath des Puritanismus sehr gut innehat und fortwährend verwertet. Mit Vorliebe spricht er in dem salbungsvollen, bilderreichen Tone der Prediger. Dabei ist er maßlos eifersüchtig, selbst vor dem alten, einäugigen Spintext, in dessen Gewande eben Bellmour aufzutreten sich anschickt, möchte er seine Frau am liebsten verborgen halten. Fühlt er doch, dass er alt und kraftlos, sie aber jung und kräftig ist, sodass ihr seine Liebe wohl nicht genügen kann. Dazu ist sie noch bezaubernd schön, das lockt die jungen Männer an, und der Teufel wacht immer. Aber liebt ihn denn sein Frauchen nicht? Ja, sie scheint sogar viel zu sehr in ihn verliebt zu sein nach ihrem ganzen Benehmen, und gerade das ist ihm verdächtig, weil es ihm unnatürlich vorkommt. Geradezu einzig ist die Scene zwischen den Ehegatten. Laetitia ist Meisterin in der Verstellungskunst, so liebevoll und zärtlich. Wie grausam ist es doch von ihm, auch nur an die Möglichkeit eines Betruges zu denken! „She would melt a heart of oak," gesteht der Alte selbst. Sie rührt ihn zu Thränen, er wird sie heute nicht verlassen; um an ihrer Seite das höchste Glück zu

genießen, um sie von seiner Liebe zu überzeugen, vernach-
lässigt er sogar die Geschäfte. Das hat sie nun eben nicht
beabsichtigt. Er sei also noch eifersüchtig, wenn er ihr
nicht traue, klagt sie, und sie erreicht ihren Zweck, er geht.
Wie Verliebte scheiden sie voneinander, nach ungezählten
Küssen gibt's noch eine schwere Menge von By's:

L. By Nykin.

F. By Cocky.

L. By Nykin.

F. By Cocky, by, by etc.

Die Situation ist so klar vorgezeichnet, dass man sich
die weitere Entwicklung ohneweiters denken kann: das maß-
lose Erstaunen und die Entrüstung Laetitias, als an Stelle
des erwarteten Vainlove Bellmour eintritt, die Versuche des
letzteren, sie zu trösten, welche, sehr sicher und sieges-
bewusst, dabei sehr liebenswürdig angestellt, überdies von
der Persönlichkeit des Liebhabers unterstützt, bald gelingen.
Ein Kuss besiegelt die Versöhnung, natürlich von ihr nur
gegeben, um sein Stillschweigen zu erkaufen. Dann bekommt
der Arme gerade zur richtigen Zeit eine Convulsion, einen
Anfall, und die edle Samariterin willfahrt seinem Wunsche:
„Let me lie down upon the bed" und pflegt ihn dann wahrscheinlich. Hier bricht der Dichter in gut berechneter Absicht wieder ab, — zum erstenmale hat er dies nach dem Ab-
schiede der Gattin gethan, aber die Fortsetzung folgte nach
Einschiebung einer einzigen Scene — in Scene XV kommt
die obligate Überraschung durch den Ehegatten, der einige
Geschäftspapiere in ihrem Cabinet vergessen hat, in welchem
sich eben Bellmour befindet. Zufällig kommt gerade Wittoll,
der sich fünfzig Pfund von seinem Depot holen will (Verbindung von Handlung II und III). Den kann das schlaue
Weib brauchen. Sie muss ihren Gatten für eine Weile entfernen, damit sie inzwischen den Liebhaber aus dem Cabinet
befreie und anderswo verstecke; dann holt ihr Gatte seine
Papiere aus dem Cabinette und geht wieder weg. Alles
ist dann gerettet. Während Fondlewife das Geld für
Wittoll sucht (er befindet sich in seinem Cabinette), be-
schwört sie eine Art Potipharscene herauf. Sie schreit auf,
stürzt wüthend auf Sir Joseph los und ruft um Hilfe. Ihrem
herzustürzenden Gatten erzählt sie in fliegender Hast, Wittoll

habe ihr einen Kuss rauben wollen, und bittet Fondlewife,
ihr den Frechen aus den Augen zu schaffen. Der unglückliche Banquier fällt über Sir Joseph her und jagt ihn unter
biblischen Kernflüchen aus dem Zimmer; anstatt ihm aber
zu folgen und ihn aus dem Hause zu werfen, was Laetitia
erwartet hat, schließt er nur die Thür und bleibt bei ihr. Das
Manöver ist also nicht geglückt, der Gatte fordert den
Schlüssel zu ihrem Cabinet. „Dort liegt der arme Mr. Spintext," lügt sie dreist darauf los, „der einen Kolikanfall bekommen hat." Da auch das den Alten nicht zurückschreckt,
tritt sie an die Thür des Cabinettes und spricht laut hinein:
„'Tis no Body but Mr. Fondlewife, Mr. Spintext, lie still on
your Stomach." So, hofft sie, werde ihr Gatte Bellmours
Gesicht nicht sehen. Alles ist gut gegangen, Fondlewife
kommt mit den Papieren zurück, da bemerkt er unglück-
seligerweise ein Buch, das Bellmour im Vorzimmer vergessen hat. Es ist leider kein Gebetbuch, worum Laetitia
den Himmel bittet: „Pray Heav'n it be a Prayer-Book",
sondern ein sehr verfängliches Werk („Ay, this is the Devil's Pater-Noster. Hold, let me see; The Innocent Adultery",
[eine von Scarrons „Novels"]). Nun wird Bellmour hervor-
gezerrt. Dieser gesteht ganz offen und unverschämt seine
Absicht ein, aber weiter sei es nicht gekommen, die Frau
habe von nichts gewusst, er habe sich eingeschlichen. Das
versöhnt den Gatten wieder mit seiner Laetitia, und Bellmour entfernt sich schleunigst.

Inzwischen ist der Brief Lucys an Vainlove gelangt
und hat seine Wirkung nicht verfehlt; wie der Empfänger
in der fünften Scene gesteht, ist es jetzt zwischen ihm und
Araminta aus. Die weitere Entwicklung bringt die achte
Scene, welche im St. James' Park, der Promenade der eleganten Welt, spielt. Belinda berichtet der ihr begegnenden
Araminta, wie sie einem Landedelmann mit Frau und zwei
Töchtern in Mrs. Snipwells Laden Beistand geleistet bei der
Toilettewahl, wobei die Londoner Modedame das altväterisch
unmoderne Wesen der von der Londoner „Cultur" nicht be-
leckten Provinzler, ihre Toilette und ihr Benehmen köstlich
satirisiert. Sogar vor Leigh Hunt hat diese Stelle Gnade
gefunden, besonders gut gefällt ihm der Dank, welchen das

naive Landmädchen seiner Beratherin in Form von „zwei
heißen Äpfeln, aus einer Unterrocktasche herausgezogen",
anbietet, und „the fat amber necklace" der Mutter bezeichnet er, ungezügelt im Lob wie im Tadel, als einen
genialen Zug. Der Dichter lässt sich in diesem seinem ersten
Stücke, wie man sieht, kein Thema entgehen, das für die
Zuschauer Interesse haben kann und die komische Wirkung
zu erhöhen geeignet ist. Die beiden Londoner Damen treffen
nun mit unseren Freunden Sir Joseph und Bluffe zusammen.
Ersteren hat der Wein gar unternehmungslustig gemacht;
er sieht zwei maskierte Damen (Sie haben schnell die
Masken vorgenommen); sofort will er, vom Madeira kühn
gemacht, sich ihnen anschließen, was auch Bluffe dagegen
einwenden mag. Belinda ist in Verzweiflung, da sie die beiden
auf sich zukommen sieht. Glücklicherweise erscheint in diesem
Momente Vainlove als Retter. Wie sie ihn kommen sehen,
gewinnen sie Muth, und Belinda weist Bluffe sehr derb ab. „Sie
stinken ja nach Brandy und Tabak wie ein Soldat," sagt sie ihm;
das macht auch Wittoll so perplex, dass er Araminten gegenüber sich nur zur Frage aufraffen kann, in welcher Richtung
der Wind gehe. Nun demaskieren sich die Damen, um Vainlove
dadurch an ihre Seite zu bringen, und die beiden komischen
Helden verschwinden, aber nicht ohne Feuer gefangen zu
haben. Auch das ist nicht zwecklos, wir ahnen sofort, dass
diese Liebe der beiden für die Lösung der Verwicklung entsprechend verwertet werden soll, und dass sie schließlich die
Betrogenen sein werden. Die von ihnen Geliebten werden sie
nicht bekommen, aber vielleicht andere, die auf diese Weise
doch an den Mann kommen und einen Unglücklichen befreien, welcher sie nur widerwillig genommen. Diese Verliebtheit des Ritters und seines „back" braucht der Dichter
für die letzte Scene. Während Belinda mit Sharper für den
göttlichen Cowley, den englischen Horaz, schwärmt und
daneben mit großer Meisterschaft alle Welt ausmacht (Diese
Scene wurde von allen übersehen, die Sharper als Diener
bezeichnen; mit einem Diener medisiert eine Weltdame
wie Belinda nicht auf öffentlicher Promenade, mit einem
solchen spricht sie nicht über Dichter), zankt sich Vainlove nach kaum erfolgter Versöhnung wieder mit Araminta,
weil er auf den Trumpf nicht verzichten kann, von dem

bewussten Briefe zu sprechen. Schließlich erhält sie diesen von Vainlove und liest ihn, nachdem er sich entfernt hat.

Act V.

Am schwächsten ist der fünfte Act. Es gibt überhaupt wenige Dichter, die einen guten Schlussact zu machen verstehen, und Molière, das „Vorbild" Congreves, gehört nicht zu diesen. Die Lösung überstürzt sich, ist unnatürlich, fehlt überhaupt, kurz, sehr selten befriedigt sie. Was soll man nun von einem jungen Dichter erwarten, der in seinem Erstlingswerke noch dazu der Mode der Zeit Rechnung trägt und sich so viel Handlung aufladet, dass die Lösung auch für einen Geübteren sehr schwer wäre? So sehr sich der Dichter bemüht, uns durch die vier ersten Acte auf das vorzubereiten, was jetzt kommen soll, wir werden doch überrascht, leider aber meist sehr peinlich. Dass das Missverständnis zwischen Vainlove und Araminta sich aufklärt, und dass Vainlove, nachdem er von dem Sachverhalt Kenntnis erhalten hat (Scene IV), bemüht ist, Araminta wiederzuversöhnen (Scene X), wobei diese allerdings nicht sofort nachgibt, aber schließlich doch seine Frau wird (Bennewitz' Behauptung, p. 12: „Auch Araminta verweigert, wie Célimène am Ende des Stückes, dem bisher an sie gefesselten Liebhaber die Hand", ist unrichtig; Araminta will nur warten, wie bei den andern das Experiment ausfallen wird, ihr behagt offenbar diese Massenverlobung und Buffonerie am Schlusse nicht, auch mag sie noch gewisse Zweifel an dem Charakter Vainloves hegen, die sich aber gewiss bald zu dessen Gunsten entscheiden werden), — das kommt uns nicht unerwartet. Auch dass Belinda vor Bellmour die Waffen streckt, überrascht uns nicht, und überdies ist die Art und Weise, wie sie dies thut, sehr unterhaltend. Sie fällt auch nicht einen Moment aus ihrer Rolle. Sie bleibt immer witzelnd und geistreich. Nur weil Bellmour ein so unbequemer Liebhaber ist, was erwarten lässt, dass er ein ruhiger und guter Ehemann sein werde, nimmt sie ihn. „Ja, die Männer heutzutage," fügt sie hinzu, „haben die Ehe zu einem französischen Gericht gemacht. Nach den Vorbereitungen, d. h. nach dem Hofmachen, zu schließen, würde man glauben, es komme etwas ganz Besonderes heraus, aber wenn es zum Essen kommt, ist alles nur Schaum, ja oft wird nur das, was schon ungezähltemale für andere Gesellschaften gewärmt worden ist, zuletzt der Gattin kalt serviert." Bellmour protestiert gegen eine solche Auffassung. Nach ihm ist die „Courtship" vor der Ehe wie die Musik im Theater vor dem lustigen Stücke. Sie repliciert, ihr erscheine sie vielmehr als der witzige Prolog zu einem langweiligen Stücke. Wenn das Gerechtigkeitsgefühl des modernen Zuschauers auch dadurch beleidigt werden mag, dass ein gewissenloser, intriguanter Lebemann, der vor kurzem erst einen Gatten betrogen hat, die, wenn auch affectierte, so doch immerhin nicht verderbte Belinda heimführen soll, so muss dem gegenüber wieder der historische Standpunkt hervorgekehrt werden. Den Zuschauern im Jahre 1693 flößte Bellmour sicherlich keinen moralischen Abscheu ein. Nur ist der Umschwung in den Ansichten Bellmours und Belindens über die Ehe gar zu schnell erfolgt; dass sie ihn nicht ungern sah, obwohl sie es nicht zugestehen wollte, wissen wir wohl. Was ist aber inzwischen vorgefallen, wodurch sie von ihrem stets betheuerten Abscheu gegen die Männer bis zur Ehezusage an Bellmour getrieben werden konnte? Nicht viel. Immerhin ist das wenigstens psychologisch erklärbar, wenn auch nicht erklärt. Äußerst geschmacklos ist aber die Lösung der Heartwell-Sylvia-Affaire. Bellmour, der in der Kleidung eines Priesters aus Laetitias Hause tritt, wird von Lucy geholt, um unser Paar zu trauen. Lucy und Bellmour verstehen sich. Er will nur eine Scheintrauung vornehmen (Er als Nichtpriester kann ja nicht giltig trauen, deswegen muss er es eben sein und kein wirklicher Priester), da er zu verhindern wünscht, dass Heartwell an eine „whore" gefesselt werde; Heartwell soll nur bis aufs Blut gequält werden. Einer späteren Ungiltigkeitserklärung der Ehe will Lucy aber nur dann zustimmen, wenn für ihre Herrin Ersatz geschafft werde. Die muss einen Mann bekommen. Bellmour wird ihr ihn verschaffen, ja sogar die Kammerzofe wird er verheiraten. Sylvia selbst, der Bellmour alles entdeckt, tröstet sich gar zu schnell. Überhaupt, so sympathisch ihr Auftreten im dritten Acte in ihren großen Scenen war, so gemein erscheint sie jetzt. Eine tiefe Kluft gähnt zwischen diesen Entwicklungsstadien, deren Überbrückung kaum ver-

sucht worden ist. Nun wird der arme Heartwell getraut
und dann so gequält, dass er erklärt, alles hergeben zu
wollen, wenn man ihn nur von seinem Weibe trenne. Sonderbarerweise betheiligen sich auch die beiden Damen Araminta
und Belinda an diesen Neckereien, besonders letztere weiß
ihn wüthend zu machen. Wie peinlich nun schon dieses
Verhalten berührt, noch unerquicklicher wird die Situation
durch Folgendes: Setter hat von Bellmour die Mission erhalten, für Sylvia und Lucy Männer zu suchen. Unglück-
seligerweise gehen ihn die in unsere Damen (eigentlich
beide in Araminta) verliebten Narren Wittoll und Bluffe
jeder einzeln um seine Hilfe in ihrer Liebesaffaire an.
Wittoll muss nun Sylvia heiraten, die natürlich als Araminta
maskiert erscheinen wird, und der seinem Erhalter ins
Kraut tretende Bluffe soll dafür mit Lucy bestraft werden,
wodurch Setter nebenbei ein seiner Geliebten gegebenes
Versprechen einlöst. So wird Heartwell wieder frei, und er
trägt seelenvergnügt die etwas dürftige Moral, „den arm-
seligen Denkspruch, der dem beleidigten sittlichen Gefühle
Genugthuung verschaffen soll" (Bennewitz, S. 29), vor:

> „What rugged Ways attend the Noon of Life!
> (Our Sun declines) and with what anxious Strife,
> What Pain we tug that galling Load, a Wife!"

Dieser Schluss ist possenhaft, die Schließung und Auflösung der Ehe Heartwell-Sylvia, die folgenden Komödien
zwischen Sylvia-Wittoll und Lucy-Bluffe, das Mitwirken
der beiden Damen: all das ist abstoßend und unwürdig
eines Stückes, das in den ersten vier Acten keineswegs
schlecht ist.

Schlussbetrachtung.

Charaktere und Handlung zu trennen, geht bei den
Congreve'schen Stücken nicht wohl an. Bei der vorangegangenen Analyse des Stückes ist so ziemlich alles, was
sich auf die Charaktere bezieht, zur Sprache gekommen:
es wurde hervorgehoben, dass es dem Dichter zwar nicht
gelungen ist, Sylvia — unzweifelhaft als ein etwas leichtsinniges, dabei impulsives und wärmerer Liebe fähiges
Mädchen gedacht, das durch den schlechten Ruf, in welchen
sie ihre Offenheit und ihr Liebhaber gebracht haben, mehr

aber noch durch das Gefühl verschmähter Liebe zur
speculativen Cocotte ohne jedes Bewusstsein persönlicher
Würde herabsinkt, — in dieser Entwicklung nach abwärts
zu zeigen, wie auch Größere an einer solchen Aufgabe gescheitert sind, dass aber die Hauptscenen im dritten Acte,
wo sie Heartwell ködert, sehr lebenswahr und naturgetreu
sind; es wurde ferner die von den meisten andern abweichende Auffassung Aramintas als eines natürlichen,
moralisch unverdorbenen, von den Lastern der Zeit nur
wenig berührten, wahren, wenn auch nicht sehr tiefen Gefühls fähigen Mädchens gegen andere Auffassungen vertheidigt. Der alte Weiberfeind Heartwell, den die Glut
einer spät erwachten Sinnlichkeit gegen seinen Willen
einem Weibe zu Füßen wirft, der sich sogar zur Heirat
zwingen lässt und nachher wieder um alles in der Welt
aus der Schlinge heraus möchte, was ihm endlich gelingt,
der leichtlebige, in der Liebe wetterwendische Vainlove,
der gewissenlose, intriguante Bellmour, der schlaue und
speculative Sharper, der zärtliche und eifersüchtige Puritaner
Fondlewife, seine lebenslustige und auf der Jagd nach
Liebesglück wenig scrupulöse Gattin Laetitia, die affectierte
Modepuppe Belinda, der „pimp" Setter und die kluge Lucy,
endlich der „Miles gloriosus" Bluffe und der biedere, aber
beschränkte Philister Wittoll: sie alle wurden bereits an
geeigneter Stelle charakterisiert.

Diese Charaktere können wohl auf Originalität im allgemeinen keinen Anspruch erheben, wie dies überhaupt in
Lustspielen selten genug vorzukommen pflegt, aber sie sind
meist trefflich gezeichnet und zeigen, dass der Dichter
trotz seiner Jugend ausgezeichnet zu beobachten verstand.
Es ist gewiss unrichtig, wenn Johnson sagt, dass man solch
ein Lustspiel ohne viel wirklichen Verkehr mit den Menschen
nur auf Grund eingehender Lectüre schreiben könne, wenn
auch nicht in Abrede gestellt werden soll, dass Molière,
besonders aber Wycherley, stark auf den jungen Dichter
eingewirkt haben. Für den „Old Bachelor" selbst Sganarelle
in „Mariage forcé" als Vorbild anzunehmen, wie es Bennewitz thut, dazu liegt umsoweniger ein Grund vor, als der
heiratslustige Alte eine keineswegs seltene Lustspielfigur ist,
die auch bei Molière noch in anderen Stücken vorkommt

und in der englischen Literatur stets mit Vorliebe benützt
wurde, als er weiter eine im Leben sehr häufige Erscheinung
ist, die Congreve wohl auch persönlich zu beobachten Gelegenheit hatte. Besonders der Umstand spricht aber gegen
eine systematische Nachahmung des Molière'schen Sganarelle, dass die Unterschiede zwischen diesem und Heartwell
die Ähnlichkeiten bei weitem überwiegen, wofür Bennewitz'
genaue Vergleichung den besten Beweis liefert. Dass ihm
Sganarelle wie andere heiratslustige Alte bei Molière vor-
geschwebt haben mögen, dass er vielleicht auch an den
„Misanthrope" dachte, soll keineswegs in Abrede gestellt
werden, aber von einer Nachahmung kann keine Rede sein.
Gosse, S. 42, sagt sehr richtig: „In the Old Bachelor there
is no positive evidence of the study of Molière, but the
direct influence of Wycherley is strongly marked." Thatsächlich erinnert Heartwell viel mehr an den „Plain Dealer"
des letztgenannten Dichters; aber auch Wycherley gegenüber kann nur von einer Einwirkung und Beeinflussung,
nicht aber von Nachahmung die Rede sein. Ähnliche Halb-
wahrheiten sind es, wenn Vainlove als Abbild Don Juans
nach der Seite des flatterhaften Liebhabers, Bellmour als
zweite Hälfte desselben, als gewissenloser Intriguant, Araminta als Célimène, Laetitia als Isabelle in „École des
maris". Angelica in „George Dandin" hingestellt werden.
Was nun die Composition betrifft, so hat der Dichter sich
offenbar bestrebt, nicht nur sein Publicum zu unterhalten
und durch glänzenden Dialog zu blenden, sondern auch
psychologisch zu motivieren, streng folgerichtig den Aufbau durchzuführen und nie über dem Dialog die Handlung
aus dem Auge zu verlieren. Ganz ist ihm dies nicht gelungen, weil er nach dem Dictum der damaligen dramaturgischen Gesetzgebung die Handlung zu verwickelt ge-
staltete und anderseits durch Molière und seine Neigung
zum Dialogisieren zu sehr an der raschen Abwicklung der
Handlung gehindert wurde. Aber jedenfalls muss man die
außerordentliche Geschicklichkeit bewundern, mit der er
die fünf Handlungen des Stückes miteinander zu verknüpfen
wusste. Das verräth bei einem jungen Manne ungewöhn-
liche Begabung für das Drama. Auf die Beziehungen zu
Molière in Bezug auf die Entlehnung der „plots" einzugehen,

ist hier umsoweniger nöthig, als jedem Leser, der Seite
15—25 des Bennewitz'schen Werkes genau studiert, die
Richtigkeit des hier schon oft Vorgebrachten, dass nur von
leisen Anklängen, nicht aber von Nachahmungen gesprochen
werden kann, ohneweiters klar wird. Das Glänzendste an
diesem Lustspiele ist, wie schon hervorgehoben wurde,
der Dialog. Im Lobe desselben sind alle Kritiker einig.
Dieser geist- und witzsprühende Dialog, in welchem Congreve unerreichter Meister ist, sicherte dem Stücke die
glänzende Aufnahme und macht es auch heute noch, wo
es auf keiner Bühne mehr gespielt wird, zu einer unter-
haltenden Lectüre. „His style is inimitable, nay perfect.
It is the highest model of comic dialogue. Every sentence
is replete with sense and satire, conveyed in the most
polished and pointed terms. Every page presents a shower
of brilliant conceits, is a tissue of epigrams in prose, is
a new triumph of wit, a new conquest over dulness. The
fire of artful raillery is nowhere else so well kept up. This
style, which he was almost the first to introduce, and which
he carried to the utmost pitch of classical refinement, ...“
sagt Hazlitt a. a. O., S. 89. Dazu sei noch bemerkt, dass
Congreve den Dialog nicht als solchen gepflegt hat, sondern stets mit den Erfordernissen der Handlung zu verknüpfen zum mindesten versucht hat, und wir können unser
Urtheil über dieses Jugendstück damit schließen, dass wir
mit besonderer Hervorhebung des eleganten und witzigen
Dialogs eine rühmende Anerkennung der scharfen Beobachtungsgabe des jungen Dichters für das ihn umgebende
Leben, der bei einem Jüngling außerordentlich frappieren-
den feinen Charakteristik und der bei der Verworrenheit
der Handlung nicht genug zu würdigenden Straffheit des
Aufbaues und der Composition verbinden, wogegen als
Mängel „the brutality of sentiments“ und die ungenügende
Lösung bezeichnet werden müssen. Dryden hatte recht,
als er den „Old Bachelor“ für ein bedeutendes Werk hielt,
und man muss ihm zustimmen, wenn er ihn als „das beste
erste Stück“ bezeichnet. Zum Schlusse möge noch Johnsons
Urtheil über das Stück angeführt werden, nicht als ob dasselbe auch nur in einem Punkte getheilt werden könnte,
sondern höchstens als Beweis dafür, wie man über den

armen Congreve urtheilte. Johnson gesteht selbst, dass er nicht eingehend von dessen Stücken reden könne, da schon viele Jahre vergangen seien, seit er sie „inspected". Und doch wagt er es zu schreiben: „If The Old Bachelor be more nearly examined, it will be found to be one of those comedies which may be made by a mind vigorous and acute, and furnished with comic characters by the perusal of other poets, without much actual commerce with mankind. The dialogue is one constant reciprocation of conceits, or clash of wit, in which nothing flows necessarily from the occasion, or is dictated by nature. The characters, both of men and women, are either fictitious and artificial, as those of Heartwell and the ladies; or easy and common as Wittoll, a tame idiot, Bluff, a swaggering coward, and Fondlewife, a jealous puritan; and the catastrophe arises from a mistake not very probably produced, by marrying a woman in a mask." (Die Unwahrscheinlichkeit der Lösung, besonders das Maskieren der Damen, wird schon in „Some Account of the English Stage from the Restoration in 1660 to 1830" tadelnd hervorgehoben.)

Allerdings macht er nach diesem Verdammungsurtheile dem Dichter doch wieder sein Compliment, indem er fortfährt: „Yet this gay comedy, when all these deductions are made, will still remain the work of very powerful and fertile faculties; the dialogue is quick and sparkling, the incidents such as seize the attention, and the wit so exuberant, that it o'er-informs the tenement." Da sich sehr wenige die Mühe genommen zu haben scheinen, Congreve zu lesen, sondern die meisten es viel bequemer fanden, ohne eigene Lectüre frühere Kritiker, besonders aber Johnson, auszuschreiben, ist diese in Bezug auf Dialog und Charakteristik falsche Kritik für unseren Dichter verhängnisvoll geworden, besonders die „artificial characters" spuken noch immer in den meisten Literaturgeschichten. Gerechter urtheilen Leigh Hunt und Macaulay, besonders zutreffend aber ist, was Rapp (Studien zum englischen Theater), S. 155, über unser Stück sagt: „Die Gesellschaft ist schlecht wie bei Otway und von einer ethischen Grundlage der Charaktere ist noch weniger die Rede. Aber das macht die Sache besser; denn dieser junge Poet hat nicht die stagnierende ekle Reflexion

Otways, sondern sanguinische Beweglichkeit; es ist ihm bloß um Intrigue und Situation zu thun, die Leute sprechen so lakonisch wie möglich (nicht also, wie Johnson meint, nur um witzigen Dialog), das Ganze könnte nur lebendig auf der Bühne den rechten Eindruck machen; es ist specifisch englische Lebendigkeit, wenn auch ohne Charakter. Der des Alten, dem eine Hure angehängt wird, ist übrigens kaum hervorstechend genug, um die Titelrolle abzugeben; eher der miles gloriosus, der sehr plautinisch gehalten ist und ein Kammermädchen heiraten muss. Die hervorstechendste und frechste Scene ist dagegen eine Ehebruchsscene der Kaufmannsfrau, die die Nebenhandlung bildet, mit einem als Puritaner verkleideten Cavalier; diese Scene ist mit classischer Frechheit gezeichnet, so dass man mit Abrechnung der Intrigue an Aristophanes denken könnte." Der „Alte Junggeselle" ist „an inferior play" (Macaulay a. a. O.), aber „inferior" nur im Verhältnis zu den späteren Leistungen des Dichters; an sich steht das Stück höher als jedes andere Erstlings- und gar manches Dichterwerk aus den reifen Jahren eines Poeten.

The Double-Dealer.

In den ersten Tagen des November 1693, also nicht einmal ein volles Jahr nach der ersten Aufführung des „Old Bachelor" (Jänner 1693), wurde am Theatre Royal das zweite Stück des Dichters „The Double-Dealer" gespielt. Veröffentlicht wurde das Stück am 4. December 1693 (London Gazette) mit dem Datum 1694 auf dem Titelblatte. Dies mag der Grund sein, weshalb Hettner sagt: „Im nächsten Jahre (1694) erschien ‚The Double-Dealer‘, ‚der Zweiächsler‘." Übrigens kann er dies auch Johnson entlehnt haben, welcher sagt: „Next year he gave another specimen of his abilities etc." Bennewitz schreibt gleichfalls: „The Double-Dealer, 1694." Leigh Hunt schließt sich der allgemeinen Ansicht an: „The Double-Dealer, which came out at the same house the year following." Macaulay folgt ihm: „In 1694, Congreve brought out the Double-Dealer." Rapp nimmt gleichfalls 1694 an: kurz, dieses Jahr wurde allgemein als dasjenige bezeichnet, in welchem

unser Stück erschien, wenn nicht aufgeführt wurde. Ma-
lones Notiz, nach welcher es im November 1693 aufgeführt
wurde, die Einreihung desselben unter die im Jahre 1693
aufgeführten Stücke in „Some Account of the English
Stage etc.", der angezogene Bericht der „London Gazette"
wurden gegenüber der auf dem Titelblatte gedruckten
Jahreszahl unberücksichtigt gelassen; auch entsprach es den
Kritikern und deren nicht zu hohen Begriffen von Congreves
dichterischer Kraft mehr, wenn sie ihn an dem Stücke
länger arbeiten lassen konnten. Es liegt jedoch kein Grund
vor, an 1694 festzuhalten, weshalb wir denn mit Gosse und
Körting für November (erste Aufführung) und December
(erstes Erscheinen in Buchform) 1693 uns entscheiden müssen.
Der „Double-Dealer" erlitt auf der Bühne ein ziemliches
Fiasco. Darin stimmen alle Angaben überein. In einem
Briefe an Walsh berichtet Dryden (Gosse, S. 49) über die
sehr geringe Befriedigung, die das Stück dem Publicum
gewährt, ja über scharfen Tadel, den es von vielen Seiten
erfahren hat. „It is much censured by the greater part of
the town," schreibt er. Dies ist vorzugsweise auf die kühne
Satire des Dichters zurückzuführen, welche selbst die An-
wesenden nicht schonte, so besonders die zu einer ersten
Aufführung gewöhnlich in Masken erscheinenden Damen.
„I find women," sagt Careless in dem Stücke (Act III,
Scene V), „are not the same bare-faced and in masks and
a vizor disguises their inclinations as much as their faces."
Darauf erwidert Mellefont, „the man of virtue and honour":
„'Tis a mistake, for women may most properly be said to
be unmasked when they wear vizors, for that secures them
from blushing, and being out of countenance and next to
being in the dark, or alone, they are most truly themselves
in a vizor-mask." Noch mehr schadete es aber dem Erfolge
des Stückes, dass zwei Charaktere wie Lady Touchwood und
Maskwell, besonders aber letzterer, die Hauptrollen darin
spielen. Maskwell, dieser „most appalling scoundrel in imagi-
native literature" (Gosse, S. 49), dieses moralische Ungeheuer
ohne jeden versöhnenden menschlichen Zug, Teufel in jedem
Worte und in jeder Handlung, der den Freund verräth und
auf dessen Kosten Liebesglück genießen will, mochte umso
größeren Abscheu wecken, als manche unter den Zuschauern

nicht ohne Grund annehmen mussten, der Dichter habe ihr Treiben carikieren wollen. Dass der überaus empfindliche Dichter, der durch den beispiellosen Erfolg des „Old Bachelor" sehr verwöhnt worden war, dieses Unglück nicht mit philosophischer Ergebung trug, ist erklärlich. In einer interessanten Dedications-Epistel an Charles Montague, einen der „Lords of the Treasury", den späteren Lord Halifax (seit 1700), den bekannten Protector unseres Dichters, sucht er sich gegen die Vorwürfe zu vertheidigen, die gegen ihn erhoben wurden. Gosse hatte die Dedication vor sich, die der ersten Ausgabe vorgedruckt wurde, und citiert einige Stellen aus derselben, welche Congreve später, als sich seine Wuth etwas gelegt hatte, ausließ. Er wendet sich darin mit schlecht verhehltem Ärger gegen die „illiterate critics" und gegen deren „impotent objections", erklärt, dass er vom Herzen eine bessere Aufnahme des Stückes gewünscht hätte, nicht so sehr in seinem Interesse, als weil er gern dazu beitrüge, die Bühne zu einer wahren Ergötzung und Unterhaltung für das Volk zu machen. Bitter beklagt er sich darüber, dass man dieses Stück, an welches er seine ganze Kraft gesetzt habe, verurtheile, während man dessen unvollkommenen Vorgänger so freundlich begrüßt habe.

Er gesteht direct zu, gegen jene Narren geschrieben zu haben, die sich jetzt ärgerten. In der uns vorliegenden Dedication verräth uns zunächst der Dichter, dass er versucht habe, „a true and regular comedy" zu schreiben. Dass er sich mit den Theorien der französischen Kunstkritiker befasst hat, ersehen wir nicht nur aus zahlreichen Anspielungen in seinen Stücken, sondern auch aus den sich an das eben verzeichnete Geständnis unmittelbar anschließenden Erklärungen einer regelmäßigen Komödie. Er geht von der Moral aus und erfindet zu dieser die Fabel (Rapp bezeichnet diesen Vorgang mit vollem Rechte als sehr bedenklich), begnügt sich diesmal mit einem einzigen „plot", um Verwirrung zu vermeiden und die drei Einheiten des Dramas zu bewahren: man sieht, dass Boileau einen mächtigen Einfluss auf ihn ausgeübt hat. Wenn er ausdrücklich hervorhebt: „I do not know that I have borrow'd one Hint of it anywhere", so will er anderseits wieder seine Originalität retten. Wie es mit dieser steht, wird sich später zeigen. Nach diesen Bemerkungen wendet er sich gegen seine Gegner. Ein im vorhergehenden nicht erwähnter Vorwurf bezog sich darauf, dass er in diesem Drama den Monolog verwendete, der von altersher allen realistischen oder naturalistischen Dichtern ein Greuel war. Seine Vertheidigung desselben ist eine sehr geschickte. Derjenige, welcher auf der Bühne einen Monolog hält, denkt laut, natürlich ist das nur dann zulässig, wenn Dinge seine Gedanken beschäftigen, die er keinem andern, nicht einmal einem Vertrauten, mittheilen kann, wie z. B. der Schurke seine Pläne, die wir aber doch erfahren müssen.

Der zweite Vorwurf wird daraus abgeleitet, dass Mellefont als „Gull", als Einfaltspinsel erscheine. Dem ist nicht so; es ist kein Beweis von Einfältigkeit, wenn man als ehrlicher und auch von andern Gutes denkender Mann von einem abgefeimten Schurken betrogen wird. Am meisten aber schmerzt es den Dichter, dass er einige Damen beleidigt hat. Außer den schon angeführten directen Anspielungen auf die anwesenden maskierten Damen waren sie auch darüber indigniert, dass in dem Stücke „some Women are Vicious and Affected". Bischof Collier hat später denselben Vorwurf gegen Congreve erhoben; unter den vier weiblichen Personen sind drei nach Collier zu verwerfen, Cynthia allein ist ausgenommen. Die Damen fertigt Congreve hier sehr scharf ab. Der komische Dichter muss die Fehler und Narrheiten der Menschheit schildern; nun gibt es aber zwei Geschlechter. Wenn er eines übergeht, ist sein Werk unvollkommen. Er würde den beleidigten Damen gerne bei Gelegenheit sein Compliment machen. In der Komödie geht das aber ebensowenig, wie dass eine Dame „be tickled by a surgeon, when he's letting her Blood". Die tugendhaften und vernünftigen Weiber gewinnen ja nur durch einen solchen Contrast und haben gar keinen Grund, beleidigt zu sein, die anderen aber thäten am besten, zu schweigen und ihren Ärger hinunterzuschlucken, um sich nicht zu verrathen. Solche Worte waren nicht geeignet, das beleidigte Publicum zu versöhnen. Besonders auffällig erscheint uns an den Congreve gemachten Vorwürfen lediglich der, welcher sich auf das Unmoralische und Affectierte in den Frauencharakteren bezieht. Wir

wissen ja, dass man es zu jener Zeit damit nicht so genau
nahm. Das lässt sich aber wohl daraus erklären, dass Lady
Touchwood nicht nur und gewiss auch nicht vorzugsweise
wegen ihrer Scrupellosigkeit in Bezug auf die Ehe und die
geschlechtlichen Beziehungen zwischen Mann und Weib,
sondern hauptsächlich wegen ihres intriguanten Wesens unsympathisch berührte; die anderen Weiber in den Komödien
jener Zeit sind sinnlich, oft ordinär im Verkehr mit dem
andern Geschlecht, wenig scrupulös, aber gewöhnlich nicht
aus Speculation, sondern weil sie glauben, das müsse nun
einmal so sein; es ist, könnte man sagen, eine unbewusste
Schlechtigkeit. Das bewusst Schlechte in Lady Touchwood mag abgestoßen haben (Sylvia im „Old Bachelor" ist
gegen sie ein Engel). Bei Lady Plyant ist kaum ein
Charakterzug zu constatieren, der den Damen der damaligen
Zeit ungewohnt gewesen wäre, vielleicht die sonderbare
Art, wie sie dem Gatten den Genuss seiner Gattenrechte
verkümmert. Affectiert ist Lady Froth; bei dieser mochte
die aus Frankreich herübergenommene Art der gelehrten
Affectation den englischen Theaterbesucherinnen damals
noch fremd sein. Selbst von den als Motto vorangestellten
Zeilen: „Interdum tamen, et vocem Comaedia tollit." (Hor.,
Ars Poet.), und „Huic equidem Consilio palmam do: hic
me magnifice effero, qui vim tantam in me et potestatem
habeam tantae astutiae, vera dicendo ut eos ambos fallam."
(Syr. in. Terent. Heautontimorumenos.), beweist der erste,
dass der Dichter gewillt war, in dieser Komödie die scharfe
Geißel der Satire zu schwingen, während das zweite Citat
uns angibt, welches Mittels sich sein Intriguant im Stücke
bedienen wird; er wird nämlich die Wahrheit sprechen und
so alle täuschen. Wenn man also für jedes von unserem
Dichter verwendete Motiv unbedingt eine Quelle haben
muss, so liegt sie ja hier vor in dem oben bezeichneten
Stücke des lateinischen Komödiendichters; das hätte Bennewitz berücksichtigen sollen, als er auch in diesem Motiv
wieder nur Molière'sches Eigenthum sah.

Eine reichliche Entschädigung für den ihm vom Volke
versagten Beifall mochte der Dichter in der begeisterten Anerkennung finden, welche die Besten seiner Zeit ihm zollten.
Nach der besprochenen „Dedication" findet sich in unserer

wie in Leigh Hunts Ausgabe das Gedicht oder die poetische Epistel Drydens „To my Dear Friend Mr. Congreve on his Comedy call'd The Double-Dealer". Diese herrlichen Verse sind gar oft citiert worden, sie haben nicht nur viel zum Dichterruhme Congreves beigetragen, der in denselben auf das überschwenglichste gepriesen wird, sondern sie sind auch für die Einsicht in die literar-historische Anschauungsweise jener Zeit von höchster Wichtigkeit. Dryden spricht von der Zeit Shakespeares und seiner unmittelbaren Nachfolger:

„Theirs was the Giant Race before the Flood."

Der Kraft jener Gigantenperiode, die urwüchsig ohne Kenntnis der Regeln aus dem Antrieb einer strotzenden Lebensfülle ihre Werke förderte, folgte Karls II. Dichterzeitalter, das zwar an Kunstverständnis und Geschicklichkeit dem früheren weit überlegen war, aber dessen Kraft und Stärke vermissen ließ. Da kam Congreve-Vitruvius und vereinigte in sich Fletchers „Easy Dialogue" und Johnsons „Strength of Judgment", Etheridges „Courtship", Southerns „Purity", Wicherleys „Satire, Wit, and Strength": alles das ist Congreve in harmonischer Fülle eigen, er ist der neidlos anerkannte und bewunderte Dichterfürst einer größeren Zeit, als es die Shakespeares war. Endlich tritt der alte Dryden dem jungen Dichter seinen Ehrenplatz auf dem Parnass der Dichtung in wehmuthsvoller Resignation ab und empfiehlt sich dem Wohlwollen des neuen Dichterfürsten.

Auch Swift begeisterte sich zu einem Gedichte, das, in der Form ungelenk, wie er denn überhaupt kein Meister der gebundenen Rede war, im Inhalt rückhaltslose Begeisterung athmet. Sogar die Königin Maria besuchte noch im November desselben Jahres das Theater, als der „Double-Dealer" aufgeführt wurde, und Congreve hatte die Genugthuung, bei dieser Gelegenheit ein junges schauspielerisches Talent, den später oft genannten Colley Cibber, durch seine Protection gefördert zu sehen. Im folgenden Jahre, das in des Dichters poetischer Production „almost a blank" ist, feierte das Stück seine Auferstehung auf der Bühne und erfreute sich bei dieser Gelegenheit des besonderen Beifalls der anwesenden Königin. Für diese Aufführung schrieb Congreve einen eigenen Prolog, der poetisch wenig bedeutend ist. Der dem Stücke vorgedruckte und von Mrs. Bracegirdle vorgetragene Prolog geht von einem angeblich bei den Mohren üblichen Verfahren aus, wonach man die neugebornen Kinder ins Wasser wirft, um zu erkennen, ob sie „truly got" sind oder nicht. Wenn sie schwimmen, werden sie anerkannt, wenn sie ertrinken, sind sie Bastarde. Ähnlich ist es bei Theaterstücken, die auch ihren Wert dadurch erweisen müssen, dass sie sich auf der Oberfläche erhalten. Im Anschlusse daran wird dann über „Cuckolds" und „Bastards" in der Weise der Zeit gewitzelt.

Analyse des Stückes.

Um die Einheit des Ortes zu retten, spielt das ganze Stück in „a Gallery in the Lord Touchwood's House, with Chambers adjoining".

Act I.

Die ersten fünf Scenen führen uns nur Männer vor. Wir sind wieder in lustiger Gesellschaft, in den anstoßenden Räumen wird nämlich ein Fest gefeiert. Careless und Mellefont haben sich zurückgezogen, um ernste Besprechungen zu pflegen, da werden sie durch den „pert Coxcomb" Brisk gestört. Das ist der rechte Typus eines geistreich sein wollenden, von sich eingenommenen „wit", der sich in der Gesellschaft sehr wohl fühlt, wo er seinen Witz leuchten lassen kann. Im Grunde ist er ein guter Kerl: „Faith 'tis a good-natur'd Coxcomb, and has very entertaining Follies." Ein eitler und hohlköpfiger „Elegant" des Londoner Salons, der aber nebenbei darauf erpicht ist, den Gebildeten, ja Gelehrten zu spielen: ein französischer Schöngeist jenseits des Canals, so lässt er sich kurz charakterisieren. Sein „Preciosenthum", möchte man sagen, tritt gleich anfangs zutage; er liebt es, in Metaphern zu sprechen. „Since thy Amputation from the Body of our Society — He! I think that 's pretty and metaphorical enough," sagt er zu Mellefont. Endlich verlässt er die beiden, aber erst nachdem sie ihm unter Schmeicheleien ziemlich deutlich den Laufpass gegeben haben. Nun kann der Dichter in der dritten Scene, nachdem die vorhergehenden zwei lediglich Zwecken der Charakteristik gedient haben, uns die Exposition des Stückes geben, die hier umso schwieriger ist, als Congreve zwar, den Regeln der Franzosen folgend, nur eine Handlung vorführt, dieselbe aber doch, um mit der nationalen Richtung nicht ganz zu brechen, möglichst „strong" (Dedication) machen will. Mellefont soll die schöne Cynthia, die Tochter Sir Paul Plyants aus dessen erster Ehe, heiraten, nun aber hegt Lady Touchwood, Mellefonts Tante, eine heftige Leidenschaft für den Neffen. Dieser hat sie bisher stets zurückgewiesen, wofür wir wohl nicht den von Careless angeführten Grund gelten lassen werden, dass Mellefont, der für den Fall der Kinderlosigkeit seines Onkels Lord Touchwood zu dessen Erben ausersehen ist, doch nicht so dumm sein werde, selbst den Concurrenten ins Leben zu setzen, der ihn aus seinem Erbe verdrängen soll. Mellefont ist ein gutmüthiger Junge, der nicht darauf aspiriert, Weiber zu verführen, aber durchaus kein speculativer Kopf, der stets seinen eigenen Vortheil im Auge hat und in der Wahl der Mittel, diesen zu erreichen, nicht scrupulös ist; nein, er hat noch Gewissen, und zwar mehr, als in jenen Zeiten üblich ist, er kennt auch noch warme Gefühle. Er liebt Cynthia aufrichtig, und wenn auch der Charakter nach der edleren Seite hin zu wenig herausgearbeitet ist, wie schon hier hervorgehoben sei, so wollte doch der Dichter nach seinem eigenen Geständnisse ihn nicht zu einem „Gull" machen (Dedication); ihm schwebte vielmehr das Bild eines ehrlichen und edlen Menschen vor, der allerdings etwas zu vertrauensselig ist, keineswegs aber wie Orgon im „Tartuffe" von Natur aus ein leichtgläubiger, dummer Tropf, der dem ersten besten Betrüger aufsitzt. Diese Vertrauensseligkeit spricht sich besonders darin aus, dass er die Warnungen des vorsichtigeren Careless, Maskwell nicht zu trauen, in den Wind schlägt. Er hat eben das Bedürfnis, einem Freunde voll und ganz zu vertrauen. Lady Touchwood hat er also abgewiesen, da ihm ein solches Verhältnis mit der Tante umsoweniger behagen kann, als er ja Cynthia aufrichtig liebt. Die Tante hat ihm an demselben Morgen eine furchtbare Scene gemacht, und nachdem sie alle Mittel erschöpft hatte, um ihn zu ködern, ewige Rache geschworen. Sie wird die Verbindung mit Cynthia, welche schon am nächsten Tage stattfinden soll, zu verhindern suchen, das weiß er wohl. Darum soll sie Maskwell bewachen, dass sie auf die Plyants keinen üblen Einfluss nehme, Careless soll Lady Plyant den ganzen Abend nicht aus den Augen lassen, und Cynthia übernimmt Sir Paul Plyant. Dass Maskwell mit Lady Touchwood selbst ein Verhältnis habe, will Mellefond dem Freunde natürlich nicht glauben. Lord Touchwood, Lord Froth und Syr Paul Plyant kommen die andern abholen. Bei dieser Gelegenheit werden wir nur mit Lord Froth näher bekannt. Der edle Lord, den Bennewitz merkwürdigerweise gar nicht charakterisiert, ist eine köstliche Figur. Er ist „a Man of Quality", hält sich für etwas ganz anderes als gewöhnliche Menschenkinder und sucht in jedem Worte und in jeder Miene sein Air zu wahren. Dadurch bekommt sein Wesen etwas Unnatürliches und Gespreiztes. „There is nothing more unbecoming to a Man of Quality, than to Laugh; 'tis such a v u l g a r Expression of the Passion! every Body can laugh. Then especially to laugh at the Jest of an inferior Person, or when any Body else of the same Quality does not laugh with one; ridiculous! To be pleased with what pleases the Croud!" lässt ihn der Dichter gleich anfangs sagen. Man denkt unwillkürlich an den „Bourgeois gentilhomme". Nicht einmal über die Witze in den Komödien lacht unser Held, um die Dichter nicht eingebildet zu machen, ja er bezwingt sich um dieses edlen Zweckes willen oft mit größter Mühe. Im Gespräche mit diesem Lord spielt natürlich Brisk alles aus, was er an vermeintlichem Witz besitzt. Der vernünftige, vorsichtige, weltkluge und als einziger im Stücke mit wirklichem Mutterwitz ausgestattete Careless tritt neben diesen beiden Gecken besonders sympathisch in den Vorder- oder eigentlich in den Hintergrund.

Die letzte Scene (VI.) des ersten Actes zeigt die beiden Hauptpersonen des Stückes, Maskwell und Lady Touchwood, die ja Mellefonts eigener Wille zusammengeführt hat, wie sie miteinander Abrechnung halten über die Vergangenheit und für die Zukunft Pläne schmieden. Diese Scene ist ein Meisterwerk des Dichters. In zwanglosem Gespräche erschließen sich uns die Seelen der beiden, wir lernen die Triebfedern ihres Handelns genau kennen. Lady Touchwood ist ein Weib von glühender Leidenschaftlichkeit. „Fire in

my Temper, Passions in my Soul, apt to ev'ry Provocation,"
so schildert sie sich selbst. Sie brannte in Liebe zu Mellefont, da gab es für sie keine moralischen noch gesetzlichen
Schranken. Er verstieß sie, Liebe und Verzweiflung loderten
iu ihrer Brust auf und entzündeten das Feuer der Rach-
sucht. Rache um jeden Preis! Maskwell kam ihr gerade in
den Wurf. Ihr Blut wallte noch von der aufgestachelten
Sinnlichkeit und wollte zur Ruhe kommen durch Befriedigung des Bedürfnisses, er war überdies ein geeignetes
Rachewerkzeug; wenn sie einen Sohn hatte, war der Verräther an ihrer Liebe auch noch materiell ruiniert und
musste ihr zu Füßen sinken. Diese Erwägungen, nicht klar
und ruhig gemacht, sondern wild durch ihr erhitztes Hirn
jagend, trieben sie Maskwell in die Arme. Aber jetzt, da
sie ihn so kalt und planmäßig seine Schurkereien ersinnen
sieht, da erfasst sie das Gefühl der Verachtung: „O I have
Excuses, thousands for my Faults, ... But a sedate, a
thinking Villain, whose black Blood runs temperately bad,
what Excuse can clear!" Dass nun Mellefont Cynthia
heiraten soll, das erfüllt sie mit Verzweiflung, das muss
abgewendet werden: „Yet my Soul knows I hate him too:
Let him but once be mine, and next immediate Ruin seize
him." Dafür weiß Maskwell Rath. Lady Plyant soll zu dem
Glauben gebracht werden, dass Mellefont s i e liebe, was
nicht schwer halten wird, da sie einfältig, leichtgläubig und
diesem auch sehr gut ist. Wir sind zwar momentan der
Ansicht der Lady, welche sagt: „But I don't see what you
can propose from such a trifling Design", aber Maskwell
beruhigt uns mit den obligaten Schlussversen des Actes:

> „One Minute gives Invention to destroy,
> What, to rebuild, will a whole Age employ."

Maskwell selbst tritt uns in dieser Scene in seiner ganzen
teuflischen Bosheit entgegen. Er ist wirklich „a sedate,
a thinking Villain, whose black Blood runs temperately
bad". Er gibt ohneweiters zu, dass er ein Schurke ist, dass
er seinen Freund verrathen, seinen Wohlthäter, den Lord
Touchwood, in seinem Eheglück betrogen hat; dass er die
Lady entehrt habe, leugnet er, denn niemand hat aus
seinem Munde etwas von ihren „schwachen Stunden"
erfahren, ein Beweis seiner cynischen Auffassung von

weiblicher Ehre. Ihren Anwürfen gegenüber bleibt er ruhig und beruhigt auch sie über seine weitere Treue und Anhänglichkeit mit dem Hinweis nicht auf seine Liebe oder Dankbarkeit, sondern wahrheitsgemäß auf die Nothwendigkeit: „You know I am your Creature, my Life and Fortune in your Power; to disoblige you brings me certain ruin." Er verhehlt sich durchaus nicht, dass sie Mellefont liebt, dass er nur ein Werkzeug in ihren Händen ist, aber was verschlägt ihm das, wenn er nur zum Ziele kommt? Dabei mag allerdings zugegeben werden, dass auch ihn eine gewisse Sinnlichkeit zu jenem Weibe trieb. Der Mann, von dem die Lady gestehen muss: „O Maskwell, in vain I do disguise me from thee, thou know'st me, know'st the very inmost Windings and Recesses of my Soul", ist durch seine planmäßige Bosheit und seinen kalten, aber scharfen und durchdringenden Verstand der Lady überlegen, um wie viel mehr dem armen Mellefont. Wer einem solchen Gauner aufsitzt, braucht keineswegs ein Tölpel zu sein.

Auch der erste Act dieses Stückes bietet eine meisterhafte Exposition und ist in der Charakteristik der Hauptpersonen sehr glücklich. Handlung ist nicht viel darin, gegenüber dem „Old Bachelor" ist aber der Fortschritt in dem planmäßigen Einfädeln der Intrigue sofort sichtbar.

Act II.

Wegen der Frauencharaktere in diesem Stücke wurde vielfach ein Geschrei erhoben, dass man glauben müsste, man habe es mit den abscheulichsten Creaturen auf Gottes Erdboden zu thun. Bei näherer Betrachtung ergibt sich, dass ein von glühender Leidenschaftlichkeit getriebenes, von ihrem Liebhaber verschmähtes und in dem Durst nach Rache sich über alle Schranken hinwegsetzendes Weib zwar nicht sympathisch, aber im Drama zu keiner Zeit selten ist, dass eine „Précieuse", einen Blaustrumpf auf die Bühne zu bringen, keinem Dichter verwehrt wurde, dass endlich ein dummes und verliebtes Frauenzimmer, welches den Gatten tyrannisiert und einem Liebhaber nicht unfreundlich entgegenkommt, wenigstens auf der Restaurationsbühne nicht erst von Congreve vorgeführt wurde. Wenn früher einmal der Versuch gemacht wurde, den Ärger

der maskierten Theaterbesucherinnen über die schlechten
oder affectierten Weiber auf der Bühne wenigstens theilweise zu erklären, so wurde damit eben nur eine Erklärung
einer befremdlichen Erscheinung angebahnt, aber nicht etwa
die erhobenen Vorwürfe als begründet anerkannt. Colliers
Bemerkung: „There are but four ladies in this Play and
three (!) of the biggest of them are Whores — a great
compliment to quality to tell them, there is not above a
quarter of them honest", ist in ihrer zelotischen und bor-
nierten Grobheit eine crasse Unrichtigkeit und Ungerechtig-
keit. Congreve selbst vertheidigt sich in diesem Punkte so
ungeschickt wie in allen andern. Was man auch über Lady
Touchwood und die erst später auftretende Lady Plyant
denken wird, von den zwei Weibern, die in der ersten Scene
des zweiten Actes auf den Brettern erscheinen, kann keine
als „Whore" bezeichnet werden. Es sind dies Lady Froth
und Cynthia. Cynthia nimmt selbst Collier aus, in Bezug
auf erstere wird man uns vielleicht die sechste und siebente
Scene des vierten Actes und einiges, was wir im fünften
Acte erfahren, entgegenhalten. Sie fängt nämlich wirklich
eine Liebelei mit Brisk an, die sich bis zu einer Umarmung
entwickelt, und betrügt ihren dazukommenden Gatten, nach
dessen Beruhigung sich beide in den Garten zurückziehen;
doch das ist so rein äußerliche Zuthat, dass der Charakter
der Lady Froth damit gar nicht übereinstimmt; es könnte,
allerdings mit Entgang eines komischen Effects, im Interesse
der Charakteristik sehr gut weggelassen werden. Lady Froth
ist ein nach England verpflanztes Gewächs aus Paris, eine
„Précieuse", „a charming young bluestocking, with her wit
and her pedantry, her affectation and her merry vitality"
(Gosse, S. 55). Sie schwärmt für die Poesie, sie schreibt
„Songs, Elegies, Satires, Encomiums, Panegyrics, Lampoons,
Plays, or Heroic poems"; eine Liebe ohne Dichten kann
sie sich gar nicht vorstellen. Die Erwähnung der Liebe
führt sie auf den Gatten, welchen sie als „Man of Quality",
dem nichts mehr fehle als „a blue Ribbon and a Star",
geradezu vergöttert, mit welchem sie, als er mit Mellefont
und Brisk in der zweiten Scene eintritt, in lächerlich ge-
zierter Weise Liebeständeleien beginnt. Cynthia, „one of
those gracious and honest maidens whom he liked to pre-

serve in the wild satiric garden of his drama, that his beloved Mrs. Bracegirdle might have a pure and impassioned part to play" (Gosse, S. 55), wird von der gelehrten Dame, die sogar Griechisch gelernt hat, mit einer gewissen mitleidigen Herablassung behandelt. Mellefont besitzt keine „distinguishing Quality", ihm fehlt das gewisse „Je-ne-sçay-quoi", er ist nur eine Mittelmäßigkeit, das gibt sie ihm in jener ausgesucht boshaften Weise zu verstehen, in welcher Höherstehende oft die ihnen Untergeordneten zu beleidigen pflegen. „Mr. Mellefont, don't you think Mr. Brisk has a World of Wit?" fragt sie z. B. Dieser Mr. Brisk hat es ihr überhaupt angethan; er dichtet auch, allerdings nur selten, dann aber „keen Jambics". So erzählt sie ihm denn von einem heroischen Gedicht, „Sillabub" genannt, in welchem sie ihre Liebe zu Lord Froth besingen will. Sie hat „Bossu, Rapin und Dacier upon Aristotle and Horace" gelesen, nun soll Mr. Brisk ihr Beirath sein. Wenn die erwähnten Scenen im vierten und fünften Acte aber nicht weggelassen werden, verschieben sie das Bild dieser Dame in dem Sinne, dass der Gegensatz zwischen der angenommenen Blaustrumpfbildung und dem natürlichen Temperament der Lebedame einmal drastisch hervorbricht. Cynthia ist der Lady Froth in ihrer einfachen Natürlichkeit weit überlegen und gibt ihr bisweilen treffende Antworten. Als sie in der dritten Scene mit Mellefont allein auf der Bühne bleibt, da hat das Vorangegangene in ihr nur den Eindruck zurückgelassen, dass, wenn zwei Narren einander heiraten, sie durch den Contrast nur umsomehr hervorstechen. Daran knüpft sich ein belangloses Witzeln über die Ehe, die mit einigen Spielen verglichen wird. Da gehen Musikanten über die Bühne — wir kennen schon aus dem „Old Bachelor" dieses Mittel — und bringen, angehalten und zum Spielen aufgefordert, ein Liedchen, bestehend aus zwei sechszeiligen Strophen in der Reimstellung aaaabb, welches einen Rath an Cynthia enthält: nicht durch Sprödethun die Zeit der Liebe verstreichen zu lassen. Das Lied heißt nicht viel. Inzwischen ist die erste Mine gesprungen. Lady Touchwood hatte schon in der letzten Scene des ersten Actes Maskwell mitgetheilt, dass sie mit Lady Plyant gesprochen habe; mit welchem Erfolge, das sehen wir jetzt. Das Ehepaar Plyant

kommt zu dem Brautpaar. Der alte Plyant ist das Prototyp
eines Pantoffelhelden. Jetzt kommt er wüthend herein-
gestürmt. Die Mittheilung seiner Gattin, dass Mellefont
dieser nachstelle, hat ihn in fürchterliche Wuth versetzt,
mit falsch angewendeten und verdrehten Fremdwörtern,
besonders lateinischen, die sowohl er als auch seine Ehe-
hälfte ungemein lieben, wirft er nur so herum; die Gattin
ist diesem Wuthausbruch gegenüber anfangs machtlos.
„Can't I govern you? What did I marry you for? Am I
not to be absolute and uncontrolable? Is it fit a Woman
of my Spirit, and Conduct should be contradicted in a
Matter of this Concern?“ ruft sie aus. Das nützt nichts.
„I'm not to be govern'd at all Times. When I am in Tran-
quillity, my Lady Plyant shall command Sir Paul,“ erwidert
er. Als sie aber meint, es sei ja nur i h r e Ehre verletzt
worden, und über die könne sie doch verfügen, wie sie
wolle, da fügt er sich, und die Lady geht jetzt auf den
den Sachverhalt nicht begreifenden Mellefont zu und hält
ihm Reden über das Verruchte seines Unterfangens, gespickt
mit kräftigen Verwünschungen und nicht sehr schmeichel-
haften zoologischen Vergleichen. Die Tochter wolle er
heiraten, um bequemer die Mutter haben zu können! Nein,
das gehe nicht an, die Tochter solle er nicht haben. Jetzt
ahnt Mellefont, woher der Streich kommt. Komisch und
ergötzlich sind die Betheuerungen ihrer Unschuld und
Reinheit und äußerst amüsant das Geständnis des Gatten,
dass er das Eheglück bei seiner Gattin noch nicht genossen
habe. Trotz all dieser Betheuerungen ahnen wir aber, dass
diese Frau nicht unnahbar sein wird, und der Dichter lässt
denn auch Sir Paul seine Tochter mit sich fortführen, sodass Mellefont und Lady Plyant allein miteinander auf der
Bühne bleiben.

Die fünfte Scene ist fast ausschließlich der Lady Plyant
gewidmet, Mellefont kommt nämlich gar nicht recht zu
Wort. Was wir schon in der früheren Scene geahnt haben,
dass diese sich so excessiv geberdende Tugendheldin nicht
unnahbar sein werde, wird hier in meisterhafter psychologi-
scher Entwicklung ausgeführt. Noch immer ist sie entrüstet
über die Verruchtheit des Anschlages, „to make the Daughter
the means of procuring the Mother“; es ist eine Barbarei,

ein so gutes, hübsches und liebevolles Geschöpf wie Cynthia
zu betrügen. Der Frevler vertheidige sich! Jetzt sind sie
doch allein, „Corum Nobus", wie die „gelehrte" Dame sagt
(also mitten in ihren Wuthausbrüchen der erste „Acquit").
Eine weitere indirecte Entschuldigung, ja Ermunterung des
Verbrechers liegt darin, dass sie ja nicht Cynthias „own
Mother" sei. Wenn sie aber, von ihrer Sinnlichkeit hingerissen, in den Avancen zu weit gegangen ist, da glaubt
sie es sich schuldig zu sein, diesen gewissermaßen gegen
ihren Willen von ihrer impulsiven Natur verschuldeten
Fehler durch ein tugendseliges Gefasel wieder wett-
zumachen: „O reflect upon the Horror of that, and then
the Guilt of deceiving every Body; marrying the Daughter,
only to make a Cuckold of the Father; and then seducing
me, debauching my Purity, and perverting me from the
Road of Virtue, in which I have trod thus long, and never
made one trip, not one faux pas. O consider it, what would
you have to answer for, if you should provoke me to
Frailty? Alas! Humanity is feeble, Heaven knows! very
feeble and unable to support itself." Immer wieder kommt
sie auf die menschliche Schwachheit zurück. Keiner weiß,
wie sich die Umstände zusammenfügen mögen; sie glaubt
wohl, auch der stärksten Versuchung widerstehen zu können,
aber es gibt nichts Sicheres im Leben. Diese Verführungsversuche seitens der Lady — als Verführungsversuche muss
man sie nämlich bezeichnen, wenn auch nicht die ausgesprochene Absicht hervortritt, sondern mehr der dunkle
Drang einer sinnlichen Natur, die nicht gewohnt und nicht
klug genug ist, sich zu zügeln — veranlassen Mellefont
endlich dazu, sich die Erlaubnis zu erbitten, eine Frage an
die Dame zu richten. Sie ist überzeugt, er wolle die Liebes-
gunst von ihr erbitten. Das bringt sie ganz außer sich. Er
soll fragen, sie wird nein sagen, doch nein, lieber nicht,
man kann sich ja auf sich nicht verlassen. Es ist doch
eine Sünde, und wenn es keine wäre, wie manche Herren
behaupten, ist noch immer ihre Ehre zu berücksichtigen.
Sie kann doch nicht die Tochter verheiraten „for the Con-
veniency of frequent Opportunities", nein, diese Heirat
muss verhindert werden. Daraufhin fällt Mellefont vor ihr
auf die Knie, um ihre Zustimmung zu seiner Vermählung

(mit Cynthia) zu sichern; sie fasst dies natürlich anders auf und spricht confuses Zeug zusammen, woraus nur so viel zu ersehen ist, dass sie ihm Cynthia nicht geben will, selbst aber keinen Widerstand mehr entgegensetzen wird, wenn er bei ihr Liebesglück genießen will. Da jemand kommt, flüchtet sie. Mellefont hält dann einen kurzen Monolog, — dessentwegen hätte sich der Dichter gar nicht zu entschuldigen brauchen — in welchem er dieses erste Manöver als „a shallow Artifice, unworthy of my Matchiavilian Aunt" bezeichnet. Derjenige, der die Lady in ihren Liebesanerbietungen gestört hat, war Maskwell, welcher jetzt auf Mellefont zukommt und ihn tröstet. Er bethört den armen Mellefont dadurch, dass er die Wahrheit spricht: „What d'ye think of my being employ'd in the Execution of all her Plots? Ha, ha, ha, by Heav'n, it's true; I have undertaken to break the Match, I have undertaken to make your Uncle disinherit you, to get you turn'd out of Doors and to . . . marry Cynthia myself." Aufrichtiger kann man thatsächlich nicht sein. Woher Congreve diesen Kunstgriff genommen hat, ob er ihn dem Syrus im vorerwähnten Lustspiel des Terenz (Heautontimorumenos) entlehnt, was wahrscheinlicher ist, wie schon das Motto dafür spricht, oder ob er, wie Bennewitz will, dieses Mittelchen dem „Tartuffe" abgelauscht hat, jedenfalls wendet er es mit sehr guter Wirkung an. Mellefont ist überzeugt, dass Maskwell sich nur deshalb in das Vertrauen der Lady Touchwood gestohlen hat, um ihm besser dienen zu können, und dass, während er scheinbar gegen den Freund arbeitet, sein letztes Ziel doch nur das Wohl desselben ist. Wozu die Komödie mit Lady Plyant gespielt wurde, ist bei einer solchen Auffassung allerdings nicht zu begreifen, während das Ganze als Mittel zum Zwecke der Verhinderung von Mellefonts Ehe mit Cynthia leicht verständlich wird. Über dieses Bedenken beruhigt ihn aber Maskwell mit der sehr seichten Erklärung, das sei zu seiner Unterhaltung arrangiert worden. Das ist eine jener Stellen, die dem armen Mellefont das Attribut eines Einfaltspinsels eingetragen haben; wie konnte er nur auf solch eine Erklärung hin sich beruhigen? Von seinen Plänen vertraut ihm Maskwell noch nichts an. An Neuem haben wir nur erfahren, dass er Cynthia liebt,

d. h. heiraten will mehr ihres Geldes, als ihrer Schönheit
wegen. Wenigstens können wir nicht recht an seine Liebe
glauben, wenn er auch in dem Monolog, der den zweiten
Act beschließt, von ihrer Schönheit phantasiert und von
der Macht der Liebe spricht, die alle anderen Bande zer-
reiße. Er fühlt offenbar das Bedürfnis, sich vor sich selbst
zu entschuldigen, denn der Freund, den er ins Unglück
stürzen will, mag ihn doch in gewissen Momenten er-
barmen. In seiner schwarzen Seele regt sich hie und da
doch das Mitleid, ohne dass aber solche momentane Gefühls-
regungen auf sein Handeln irgendwelchen Einfluss üben.
Auch in diesem Monolog setzt er sich über alle Scrupel
hinweg, indem er sich einzureden sucht, er liebe Cynthia,
Mellefont sei sein Rivale, und dieser Name sei eine „general
Acquittance“ und löse alle Freundschaftsbande. Dass es
aber nicht die Liebe, sondern sein materieller Vortheil ist,
der ihn zum Verräther an seinem Freunde macht, gesteht
nicht einmal dieser verruchte Bösewicht sich selbst ein.
Noch ein anderer Scrupel ist zu überwinden. Was sagt die
„Honesty“ zu seinem Vorgehen? „Honesty“, erwidert er
sich, „ist ein Feind, den die Menschen in ihrer eigenen
Brust tragen; wer niemanden betrügt, wird selbst betrogen.
Er hat dasselbe Gesicht, dieselben Worte und Accente,
wenn er spricht, was er denkt, als wenn er spricht, was
er nicht denkt. Mit Hilfe der Verstellung wird er jenen
hungrigen Gründling „Leichtgläubigkeit“ zum Anbeißen
bringen. Schließlich tröstet er sich damit, dass ja alle
Menschen, wenn sie nur genauer zusehen und sich nicht
täuschen wollten, im Grunde ihrer Seele Trug, Hinterlist
und Niedrigkeit fänden:

> „Why will Mankind be Fools, and be deceiv'd?
> And why are Friends' and Lovers' Oaths believ'd?
> When, each, who searches strictly his own mind,
> May so much Fraud and Power of Baseness find.“

Wenn der Dichter die Absicht gehabt hat, durch diesen
Monolog uns den Bösewicht menschlich näher zu bringen,
so hat er diese Absicht nicht erreicht. Der erste Theil
mochte ihr dienlich sein, seine Philosophie über „Honesty“
etc. kann uns ihn nicht sympathischer machen.

Der zweite Act hat uns, was den Fortschritt der

Handlung betrifft, nur jenes „shallow Artifice" gezeigt, durch welches Lady Plyant der Vermählung ihrer Tochter mit Mellefont feindlich gestimmt wird, oder eigentlich nicht einmal jenes „Artifice", sondern dessen komische Wirkung. Sonst wird nur vorbereitet. Das entspricht der Manier Congreves, die schon bei der Besprechung des „Old Bachelor" hervorgehoben wurde, sehr sorgfältig zu exponieren und zu charakterisieren, was zwei Acte lang dauert, während dieser zwei Acte aber die Handlung nur sehr wenig zu fördern. Das hat den Nachtheil, dass die folgenden Acte zu viel Handlung und Intrigue enthalten; wenigstens in den beiden ersten Dramen tritt dies auffallend hervor, trotzdem aber ist es unrichtig, wenn Leigh Hunt sagt, bei Congreve verliere man den Zusammenhang infolge der stark und vielfach ineinandergreifenden Intriguen und der mannigfaltigen Verwicklungen. Wer aufmerksam liest, findet, überall ein wohldurchdachtes Gefüge, das man vielleicht bisweilen anders, z. B. oft fester, gewünscht hätte, dessen Existenz zu bezweifeln und von einem regellosen Gewirr von Scenen zu sprechen, man jedoch bei Congreve viel weniger Ursache hat als bei Shakespeare. Zum Ersatze dafür, dass die Haupthandlung nur wenig vorgeschritten ist, hat uns der Dichter mit dem Ehepaar Froth und Brisk bekannt gemacht. Die Affaire Froth-Brisk könnte als Nebenhandlung bezeichnet werden; sie steht mit der Haupthandlung nur in sehr loser Beziehung, und es ist nicht wie im „Old Bachelor" der Versuch gemacht worden, eine innigere Verknüpfung herzustellen; sie ist rein dazu da, die komische Wirkung zu erhöhen. Maskwell-Lady Touchwood jedoch als besondere Handlung aufzufassen, wie es Bennewitz thut, geht darum nicht an, weil die Beziehungen zwischen den beiden aus der Haupthandlung fließen. Auch die später zu erwähnende Affaire Careless-Lady Plyant ist nur ein Zweig der Haupthandlung. Überhaupt ist das, was im Anfange gesagt wurde, dass nämlich nur ein „plot" vorliegt, aufrechtzuhalten. Während im „Old Bachelor" von vornherein mehrere „plots" da sind, welche der Dichter, so gut er es zustandebringt, miteinander verknüpft, ist der Vorgang hier der umgekehrte. Er geht von einer Haupthandlung aus, und aus diesem Stamme schießen dann mehrere Zweige hervor.

Act III.

Lady Plyant ist bereits gegen die Ehe Mellefont-Cynthia, damit natürlich auch Sir Paul Plyant. Nun gilt es noch, Lord Touchwood in gleichem Sinne zu beeinflussen, ja bei ihm muss noch weiter gegangen werden; da Mellefont sein vermuthlicher Erbe ist, muss er ihn enterben und davonjagen. Diese Action nimmt Lady Touchwood auf sich. Ihr Gatte, dessen Charakter sehr wenig scharf ausgeprägt ist, wenigstens hier noch nicht, — später, das sei gleich hier hervorgehoben, ergötzt er das Publicum besonders als Hahnrei, — glaubt nicht an die von Lady Plyant aufgeführte Komödie, er hält seinen Neffen einer solchen Denkweise nicht für fähig. Seine Gemahlin weiß durch ihre vielsagenden Blicke, durch ihr Räuspern, durch halbe Redensarten, versteckte und geheimnisvolle Andeutungen, kurz, durch äußerst geschicktes Manövrieren den Lord stutzig zu machen, dann lässt sie sich ein Geheimnis entreißen, dass nämlich Mellefont auch i h r e Tugend versucht habe, trotzdem sie doch seine Tante sei. Erst vor zwei Tagen habe er einen kühnen Angriff gewagt. Der eifersüchtige Gatte will in seiner grenzenlosen Erbitterung den unwürdigen Neffen sofort nackt aus dem Hause peitschen, doch Lady Touchwood schickt ihn zur Abkühlung seines erhitzten Blutes in sein Cabinet. Maskwell, der gelauscht hat, um im Nothfalle zuhilfe zu eilen, beglückwünscht die Intriguantin zu dem gelungenen Meisterstück. Sie berathen nun. Ehe die Gesellschaft aufbricht, muss alles erledigt sein, der Lord darf Mellefont nicht mehr sehen, damit dieser keine Gelegenheit habe, sich zu vertheidigen, dagegen soll die Lady seine Wuth erhöhen und dabei Maskwells Erwähnung thun als desjenigen, der bei jenem Angriffe Mellefonts auf ihre Ehre anwesend war und sein Möglichstes that, um diesen zur Vernunft zu bringen. Was er damit bezweckt, will er nicht sagen, natürlich, denn Lady Touchwood darf doch nicht wissen, dass er Cynthia liebt und durch die Protection des Lords sie zur Gattin bekommen zu können glaubt. Für 8 Uhr ladet sie Maskwell zu sich in ihr Cabinet ein, „to toy away an Hour in Mirth." In dem folgenden Monologe verräth uns Maskwell seinen Ekel und Überdruss an solchen Stunden der Lust. Diese Frau

reizt ihn so wenig, als wäre er ihr Gatte, er muss aber
„Ardour and Ecstasy" heucheln, damit sie nicht, durch
seine Kälte aufmerksam gemacht, auf sein Geheimnis mit
Cynthia komme. Er sieht Mellefont kommen, gedenkt des
Rendezvous um 8 Uhr, und plötzlich hat er eine Idee,
einen glücklichen Gedanken. „Well, this Double-Dealing is
a Jewel," ruft er aus. Er spielt mit allen, mit Mellefont,
mit Lady Touchwood etc. Ersterem theilt er nun mit, er
sei zum Rendezvous beschieden; wenn es gelinge, ihn
(Mellefont) von Cynthia loszureißen und zu enterben, so
sei nicht nur Cynthia sein (Maskwells) Preis — das weiß
ja schon Mellefont aus der siebenten Scene des zweiten
Actes — sondern gewissermaßen als Angeld auf dieses
Geschäft, „as an earnest to that bargain", soll er „full and
free Possession of the Person of your Aunt (Lady Touchwood)" haben. Er will hingehen, Mellefont soll ihn und
sie überraschen, er (Maskwell) wird durch einen geheimen
Ausgang entfliehen, und Mellefont hat nun die Tante ganz
in der Hand. Dafür, dass er über das Gesehene schweigen
wird, muss sie ihren Widerstand gegen seine Verheiratung
mit Cynthia aufgeben. So opfert sich Maskwell scheinbar
für den Freund auf; was der Dichter aber noch im Hinter-
halte hat, um nicht nur Lady Touchwood, sondern auch
Mellefont zu verderben, lässt er vorderhand nur ahnen.
Um uns aus der nicht gerade sehr gemüthlichen Stimmung
zu reißen, in welche uns die schwarzen Anschläge der
beiden Intriguanten versetzt haben, führt er uns nun wieder
heitere Scenen voll derber, aber herrlicher Komik vor.
Careless hat in der ersten Scene des ersten Actes von
Mellefont die Aufgabe zugewiesen bekommen, Lady Plyant
zu unterhalten, damit keine anderen Einflüsse auf sie wirken
können. Dass er diese Aufgabe nicht gut gelöst hat, oder
dass das Malheur schon geschehen war, als er an die Lösung
derselben schritt, wissen wir schon. Jetzt erzählt er Mellefont, wie Lady Plyant zuletzt immerfort von Tugend, Religion und Ehre gesprochen und hierauf von der neun-
jährigen Werbung ihres Gatten um ihre Hand erzählt habe,
„how he has lain for whole Nights together upon the Stairs,
before her Chamber Door; and that the first Favour he
receiv'd from her, was a Piece of an old Scarlet Petticoat

for a Stomacher, which since the Day of his Marriage, he has, out of a Piece of Gallantry, converted into a Night-Cap, and wears it still with much Solemnity on his Anniversary Wedding-Night." Köstlich ist, wie er daraufhin des armen Sir Paul Ehefreuden, besonders aber Eheleiden, schildert: „On that night (Jahrestag der Hochzeit) he creeps in at the Bed's Feet like a gull'd Bassa that has marry'd a Relation of the Grand Signior, and that Night he has his Arms at Liberty. Did not she tell you at what a Distance she keeps him? he has confess'd to me that but at some certain times, that is I suppose when she apprehends being with Child, he never has the Privilege of using the Familiarity of a Husband with a Wife. He was once given to scrambling with his Hands and sprawling in his Sleep; and ever since she has him swadled up in Blankets, and his Hands and Feet swath'd down and so put to Bed; and there he lies with a great Beard, like a Russian Bear upon a Drift of Snow." In derselben Scene, die ohnehin schon stark gepfeffert ist, bringt der Dichter die schon erwähnten Angriffe auf die Frauen, welche maskiert ins Theater kommen. Die Routine Mellefonts (dieser macht nämlich die Angriffe) in Liebeshändeln, seine Erfahrungssätze über die Weiber, scheinen uns seinem Charakter, wie er sonst dargestellt wird, nicht zu entsprechen, da spricht einmal der Dichter aus seinem Munde. Das Ehepaar Plyant kommt auf Careless zu, und beide thun ihr Möglichstes, um ihn recht artig und fein zu begrüßen. Dass sich beide auf ihre „Bildung" viel zugute thun, dass sie gern gewählt sprechen und Fremdwörter gebrauchen, hat sich schon des öfteren gezeigt. Diesmal erheitert besonders die Lady den Leser. Careless hat beiden ein Compliment gemacht, Sir Paul dankt dafür. „Wie kannst du nur glauben, dass dieses Compliment dir gegolten hat? Wie kommst du dazu zu antworten? Ich muss erröthen über deine Ignoranz," so kanzelt sie den Gatten vor einigen Fremden herunter, und er schweigt in gewohnter Demuth. Die Anrede, die Lady Plyant an Careless richtet, ist in der sinnlosen Häufung von Complimenten, mit den vielen Bücklingen etc. urdrollig: „Mr. Careless, if a Person that is wholly illiterate might be supposed to be capable of being qualified to make a

suitable Return to those Obligations which you are pleased
to confer upon one that is wholly incapable of being qua-
lify'd in all those Circumstances, I'm sure I shou'd rather
attempt it than any thing in the World etc." Das gegen-
seitige Becomplimentieren, die Aufzählung der Vorzüge des
Mr. Careless durch die Dame: „So well drest, so bonne
mine, so eloquent, so unaffected, so easy, so free, so parti-
cular, so agreeable, so gay, so graceful, so good Teeth, so
fine Shape, so fine Limbs, so fine Linen, and a very good
Skin", die Beschreibung, die Sir Paul von dem Glück seiner
Ehe gibt, bis auf das geheimnisvolle „if it were not for one
thing": all das macht diese Scene zu einer der wirksamsten.
Inzwischen bringt ein Knabe einen Brief und gibt ihn in
seiner Naivetät dem Ritter, da er an diesen adressiert ist.
Er sollte doch wissen, dass die Frau immer die Briefe
zuerst liest, das soll er nicht mehr thun, ermahnt ihn der
gute Pantoffelheld. Während die Herrin des Hauses den
Brief studiert, schüttet der Gatte all sein Leid in das mit-
fühlende Herz Careless' aus. Er hat Geld und Gut und eine
hübsche Tochter, aber er möchte einen Sohn haben. Zu alt
ist er nicht, seine Frau ist auch eine stattliche Dame, ja,
aber nur einmal im Jahre gönnt sie ihm das, was doch
sonst dem Gatten zusteht. Da verspricht Careless einzugreifen, und der alte Narr bittet ihn noch darum. „Indeed,
I should be mightily bound to you, if you could bring it
about, Mr. Careless," erwidert der Alte auf die Bemerkung
des andern: „We must have a Son some way or other."
Diese kaum mehr zweideutige Scene, — nur der dumme
Ehegatte ahnt nichts, — in welcher der Gatte selbst der
Frau den Verführer zuführt oder gewissermaßen einen
Hausfreund engagiert, ist allerdings bei uns auf der Bühne
unmöglich, mochte aber damals nur Beifall gefunden, keinen
sittlichen Anstoß erregt haben. Das Höchste an Unver-
frorenheit leisten aber Careless und Lady Plyant in der
folgenden Scene:

Careless:

Sir Paul, harkye, I'm reasoning the Matter you know;
Madam, — if your Ladyship please, we'll discourse of
this in the next Room.

Sir Paul Plyant:

O ho, I wish you good Success. I wish you good Success. Boy, tell my Lady, when she has done, I would speak with her below.

Auf diesen Theil der Scene, daneben auch auf Scene V im zweiten Acte stützt Collier sein Urtheil über Lady Plyant. Der erste Theil der neunten Scene erinnert an und geht vielleicht, was den Anstoß zu derselben betrifft, auf Wycherleys „Plain-Dealer" zurück, in welchem Stücke (Act II, Scene I) ebenfalls eine Kritik der Bekannten, besonders der Damen, gegeben wird. Olivia schildert ihre Freundinnen: „Milady Autumn? — Eine alte, neu aufgemalte Kutsche. — Ihre Tochter? — Erschrecklich hässlich, eine Sudelei in einem kostbaren Rahmen. — Und die widerliche Alte am oberen Ende der Tafel? — Bringt den alten griechischen Brauch wieder auf, beim Gastmahl in einem Todtenkopf zu servieren." Auch im Salon Célimènes und in den Preciösensalons hört man oft solche Kritiken, und Sheridan hat in seiner „School for Scandal" dasselbe Thema benützt. Congreve wird nicht so brutal wie Wycherley; in dem Gespräche, an welchem sich Lord Froth und Cynthia betheiligen, wird nur von dem keineswegs feinen Lachen der Damen gesprochen, ihr Medisieren übereinander hergenommen, aber all dies in sehr harmloser und, wie wir gestehen müssen, nicht zu geistreicher Weise. Besser wird es in der zehnten Scene. Zunächst liest Lady Froth ihrem Verehrer Brisk ein Gedicht vor, das von dem Kutscher Jehu — Collier machte Congreve den Vorwurf, dass er die Religion entweihte, indem er einen Kutscher Jehu nannte — und der Milchmagd Susanna handelt. Das Gedicht lautet:

„For as the Sun shines ev'ry Day,
So, of our Coachman I may say,
He shows his drunken fiery Face,
Just as the Sun does, more or less.
And when at Night his Labour's done,
Then too, like Heavn's Charioteer the Sun
Into the Dairy he descends,
And there his Whipping and his Driving,
There he's secure from Danger of a Bilk,
His Fare is paid him, and he sets in Milk."

Über dieses großartige Product werden kritische Bemerkungen ausgetauscht, die dem Gedichte ebenbürtig sind. Dieser Theil der Scene ist köstlich, und Gosse, S. 54, hat nicht unrecht, wenn er Congreve darin über die ihm wahrscheinlich vorschwebende Scene aus dem „Misanthrope" zwischen Oronte und Philinte stellt. Die Scene ist bei Congreve kürzer und wirksamer, das Gedicht „more funny" als „L'Espoir". Bennewitz weist ferner auf die zweite Scene des dritten Actes in „Les femmes savantes" hin, wo Trissotin in einem Epigramm eine amaranthfarbene Kutsche verherrlicht, und thatsächlich ist da die Beziehung noch augenfälliger (Kutsche bei Molière und Kutscher bei Congreve). Trotz der nicht in Abrede zu stellenden Anlehnung an Molière ist aber unser Dichter in der Durchführung ganz selbständig. Nach diesem literarischen Intermezzo nimmt die Bekanntenkritik ihren Fortgang; jetzt erst wird sie interessant. Zuerst wird Lady Toothless vorgenommen, die immer Tabak kaut wie „an old Ewe". Dann werden die Zähne dieser Dame, ihr Lachen etc. einer eingehenden und bissigen Kritik unterzogen; hierauf kommen sie auf eine Dame zu sprechen, welche die Schminke mit einer Mauerkelle auflegt, dabei einen großen Bart hat, der durch die Schminke hindurch sich aufsträubt, sodass sie mit Kalk und Haar gepflastert scheint. Mr. Brisk hat ein Gedicht, „a sort of an Epigram, or rather an Epigrammatic Sonnet" auf sie gemacht, in welchem man aber von dem „salt", das nach Brisks Ansicht darin sein soll, nichts entdecken kann. Um uns Lady Froth in einer weiteren komischen Situation zu zeigen, lässt der Dichter das Töchterlein derselben, „poor little Sapho", mit seiner Amme angerückt kommen. Wie in allem ist Lady Froth auch in ihrer Mutterliebe überspannt und excentrisch, zum sechsten- oder siebentenmale — darüber sind die Gatten nicht einig — muss das arme Kind zur Mutter geschleppt werden, damit diese es sehen und küssen könne. Sie liebt ihr Kind, aber sie manifestiert dies in derselben lächerlichen Weise wie alles andere.

Cynthia, welche allein zurückbleibt, stellt über die Weggegangenen ihre Betrachtungen an. Diese Leute mögen Narren sein bei all ihrem Witz, ihrer feinen Conversation,

ihrem Range und ihrer Erziehung, aber sie sind in ihrer
Narrheit glücklich, sie genügen sich selbst:

„If Happiness in Self-content is plac'd,
The Wise are Wretched, and Fools only Bless'd."

Ein Überblick über den dritten Act zeigt uns in der
Haupthandlung wieder keinen zu raschen Fortschritt. Die
Sache ist bis zum Rendezvous gediehen, den zweiten längeren Theil des Actes füllen die überaus wirksamen Plyant-
und Froth-Affairen aus. Man fühlt, dass der Dichter die
Haupthandlung zu dürftig fand, um mit derselben fünf
Acte auszufüllen, und dass er in dem Bestreben, diese
Lücke durch komische Episoden auszufüllen, noch unterstützt wurde durch das sich geltend machende Bedürfnis,
den düsteren Scenen des Verrathes der Freundschaft auch
etwas Heiteres zur Seite zu stellen.

Act IV.

Wenn der dritte Act zuerst die Haupthandlung gebracht
und dann mit den komischen Episoden Plyant und Froth
uns bis zum Schlusse unterhalten hat, ist der Aufbau des
vierten Actes gerade umgekehrt. Die ersten elf Scenen
beschäftigen sich mit der Familie Plyant und Froth (V,
VI, VII), dann kommen die Rendezvousscenen. Dabei ließ
sich der Dichter offenbar von der Erwägung leiten, dass
nach dem Rendezvous und dessen vielfachen Überraschungen
alles schnell dem Ende zudrängen müsse und Episoden
nachher nicht mehr am Platze seien. Darum hat er diese
vorangestellt und dem Zuschauer durch köstliche Scenen
das Warten auf den Hauptcoup Maskwells angenehm gemacht. Wenn Mellefont und Cynthia zusammenkommen
(Scene I), so wird das gewöhnlich nicht sehr unterhaltend
(Act II, Scene III). Es wird wieder über die Ehe gewitzelt — diesmal ist sie das Ziel eines Wettrennens —,
von einer Entführung gesprochen, ohne dass es einem der
beiden damit ernst wäre; Cynthia verspricht, keinen andern
zu heiraten, und fordert ihn auf, seine Sache bei Lady
Touchwood gut zu machen.

Sehr ergötzlich ist die zweite Scene zwischen Careless
und Lady Plyant. Wir haben die beiden verlassen, als sie
sich in das nächste Zimmer begaben, damit Careless der

Lady dort den Standpunkt auseinandersetze. Welchen
moralischen Abscheu auch das Spiel Careless' erwecken
muss — dieser Careless ist ja sonst dem Freunde gegenüber
ein wackerer Kerl, berührt auch in anderer Beziehung nicht
unsympathisch; wie er aber gegen Sir Paul und Lady
Plyant handelt, müsste er uns abstoßend erscheinen — ein
Umstand lässt seine Handlungsweise in milderem Lichte
erscheinen: er will seinem Freunde Mellefont einen Dienst
erweisen, nämlich Lady Plyant für die Ehe Mellefont-
Cynthia gewinnen, was nach dem gelungenen Schachzuge
Lady Touchwoods nicht zu leicht ist. Dass er dabei mit
den Ehegatten als muthwilliger und nicht sehr sittenstrenger
Lebemann sein Spiel trieb, ist erklärlich. Die Lady hat die
Anspielungen Careless' ebenso wenig verstanden wie ihr
dummer Gatte. Nehmen wir an, die beiden befinden sich
jetzt in dem „next room“! Careless beginnt, den glühenden
Liebhaber zu spielen, zu seufzen und in kläglichem Tone
seine Liebe zu betheuern. Ihm selbst kommt diese Rolle
sehr lächerlich vor. „Wenn sie nicht bald nachgibt, bin ich
mit meinem ‚Cant‘ am Ende,“ sagt er leise. Sie gibt zwar
bald nach, aber es ist doch schon zu spät, denn eben kommt
Sir Paul daher. Careless hat eben noch Zeit, ihr ungesehen
ein Briefchen zuzustecken, dann verschwindet er. Sir Paul
hat sich inzwischen angestrengt, Cynthia davon zu überzeugen, dass der Eid, den sie geleistet haben will, nur
Mellefont zu heiraten, null und nichtig sei, da er jetzt diese
Ehe nicht mehr zugeben könne. Da überrascht ihn seine
Gattin mit dem Ausspruche, diese Ehe müsse geschlossen
werden. Die vermeintliche Liebe Mellefonts zu ihr, ein
Manöver der Lady Touchwood, hat sie zur Gegnerin der
Verbindung desselben mit ihrer Tochter gemacht, Careless'
Gegencoup, dessen Einfluss auf die Änderung ihrer Willens-
meinung sie ohneweiters zugibt, hat sie davon überzeugt,
dass Mellefont ihr nur Hochachtung entgegenbringe, er
kann also ihre Stieftochter Cynthia heiraten. Der gehorsame
Gatte fügt sich natürlich sofort dem Willen der Haus-
tyrannin und nimmt mit innigem Danke für Careless die
ihm so selten gewährten Liebkosungen der Gattin entgegen,
welche natürlich nur den Zweck haben, jeden in ihm etwa
aufkeimenden Verdacht über ihre Beziehungen zu Careless

zu unterdrücken. Cynthia durchblickt die Einfalt des Vaters und die Motive der Stiefmutter, hat aber selbstverständlich keinen Anlass einzugreifen, da für sie alles aufs beste steht. Die unglückselige Neugierde der Lady schafft eine neue Verwicklung. Sie muss ihres Verehrers Brief lesen und leiht sich, um dies ungestörter thun zu können, den kurz vorher angelangten Brief des Verwalters von dem Gatten aus: „So, now I can read my own Letter under the Cover of this," sagt sie. Während Sir Paul mit seiner Tochter jene Reden führt, von denen Leigh Hunt (S. 37) meint: „No decent person could hear them with patience between father and child", — er gibt seinem Wunsche Ausdruck, dass er nach neun Monaten Großvater eines „brave chopping Boy" sei, der ihm aus dem Gesicht geschnitten sein, besonders das schmachtende linke Auge aufweisen solle, durch welches das Haus Plyant sich ebenso auszeichne, wie das Haus Österreich durch eine dicke Lippe, dass die Tochter in der „Nicety" nicht der Mutter nachgerathe, lauter Dinge, die, zwischen dem Vater und der zu vermählenden Tochter besprochen, mit Berücksichtigung der damaligen Verhältnisse nicht unziemlich, höchstens hier etwas zu derb ausgedrückt erscheinen können, — während dieser Zeit liest die Lady den Brief, gibt aber dann irrthümlicherweise dem Gatten diesen statt des anderen zurück. In der achten Scene klagt sie Careless ihr Leid. Schon sieht sie auch den Gatten mit dem Brief in der Hand auf sie zukommen. Dieser ahnt endlich, wie wir aus seinem Monolog (Scene IX) ersehen, den wahren Zusammenhang und jammert über die Treulosigkeit der Freunde und Weiber; er wird aber durch einen geschickten Kniff seiner Gattin (Scene X), welche sich darüber gekränkt stellt, dass der Ehemann ihre Treue durch seinen Freund wolle auf die Probe stellen lassen, getäuscht. Was sie weiter über die Art der Probe phantasiert, die sie mit ihrem Gatten vornehmen wollte, ist nicht recht klar: „Yet to make Trial of you, pretended to like that Monster of Iniquity, Careless, and found out that Contrivance to let you see this Letter." Sir Paul erwidert, Careless habe seine „Commission" überschritten, er hätte nur durch Reden die Gattin für den Gatten günstiger stimmen sollen; der dazukommende Careless entschuldigt sich dem Gatten gegenüber dahin, er habe vorgeben müssen, selbst die Lady zu lieben, um so ihre Schüchternheit zu besiegen und sie für Sir Paul zu gewinnen, sie habe aber nichts davon wissen wollen: kurz, alles löst sich in Wohlgefallen auf, „this Difficulty's over." Der Ehemann bleibt der Geprellte, wie Fondlewife im „Old Bachelor".

Die Scenen V, VI und VII zeigen uns Brisk als Eroberer im Reiche der Liebe. Er stellt sich träumend, als er Lady Froth kommen sieht. Er stößt ihren Namen seufzend hervor, thut ganz erstaunt, als sie ihn darauf aufmerksam macht, gesteht ihr seine Liebe, wird erhört, es folgt eine Umarmung. Lord Froth kommt dazwischen, das bietet dem schlauen Weibe Gelegenheit, ihre Geistesgegenwart an den Tag zu legen. Sie stellt sich, als ob sie mit Brisk einen Tanz einübe, und wieder lässt sich ein Gatte betrügen.

Auf diese zwei Fälle von versuchtem Ehebruch, der nun einmal zum eisernen Bestand der Restaurations- und Orangekomödie gehört, bei unserem Dichter aber wenigstens recht drollig gestaltet wird, folgt das ernste Hauptspiel. Mellefont stiehlt sich auf den Rath Maskwells in das Zimmer der Lady Touchwood, ehe diese noch darin ist, und Maskwell geht an die Ausführung seines „After-Game that shall turn the Tables". Der Mann, den er bearbeiten muss, und den er schon durch Lady Touchwood für sich hat gewinnen lassen, indem diese beauftragt wurde, ihn als ihren Retter bei dem seitens Mellefonts auf sie versuchten Sittlichkeitsattentate hinzustellen (Act III, Scene I), ist Lord Touchwood. Das Gespräch zwischen den beiden (Scene XII) geht von dem erwähnten Attentat aus; der Lord macht Maskwell Vorwürfe über sein Schweigen in einer so ernsten Angelegenheit, was dieser mit seiner Freundschaft für Mellefont entschuldigt. Die Liebeswuth des letzteren steigt, wie wir hören, und der Lord will einen „augenscheinlichen Beweis". Diese Forderung erscheint uns sehr unwahrscheinlich. Worin soll dieser Beweis bestehen? Höchstens darin, dass er Zeuge einer Scene zwischen Mellefont und Lady Touchwood wird. Das herbeizuführen, ist nicht so leicht. Kann er denn annehmen, dass Mellefont wie ein brünstiger Stier sich in jedem Momente auf den Gegenstand seiner

Liebe wird stürzen wollen? Ferner spricht der Lord viel
zu ruhig und zu kalt, als dass wir annehmen könnten, er
überlege nicht, was er sage. Lord Touchwood muss das in
diesem Momente sehr sonderbare Ansinnen nur darum stellen,
weil Maskwell, resp. der Dichter ihn zu dem schon bestimmten Rendezvous braucht. Diese Scene ist in ihrer
Unwahrscheinlichkeit schlechte Theatermache. Der Lord
braucht es dem Intriguanten nicht gar so lächerlich einfach
zu machen. Maskwell bestellt ihn für acht Uhr in dasselbe
Vorgemach des Schlafzimmers der Lady, in welchem diese
Unterredung stattfindet. Alles wickelt sich hierauf programm-
mäßig ab. Nach den ersten Küssen zwischen Maskwell und
der Lady springt Mellefont hervor, Maskwell läuft davon.
Die gefangene Dame wüthet anfangs, angesichts der Ruhe
Mellefonts aber gewinnt auch sie ihre Überlegenheit wieder,
und indem sie die bereuende und büßende Magdalena spielt
und in den demüthigsten Worten um Vergebung fleht, dabei natürlich jeden Widerstand gegen ihres nunmehrigen
Schicksalshüters Verbindung mit Cynthia fallen zu lassen
verspricht, gewinnt sie diesen. „Er hat", sagt er in dem
Schlussmonolog des Actes (Scene XXI), „the Fruit of all
his Industry grown full and ripe, ready to drop into his
Mouth, and just when he holds out his Hand to gather
it, there comes a sudden Whirl wind, tears up Tree and
all, and bears away the very Root and Foundation of his
Hopes". Dieser Wirbelwind, der die Wurzel seiner Hoffnung
ausreißt, ist das Erscheinen des durch Maskwell heimlich
hereingeführten Lords. Dieser muss natürlich glauben,
Mellefont unternehme wieder einen Angriff auf die Ehre
seiner Frau, und dies umsomehr, als letztere in meister-
haftem Spiele der Verstellung, nachdem sie des Gatten
ansichtig geworden ist, die gekränkte Unschuld und die
Entrüstung über den versuchten „Incest" zum Ausdrucke
bringt. Dass Mellefont nicht zu Wort kommt, dafür weiß
sie ebenfalls zu sorgen, und so steht der arme Narr am
Schlusse wieder als der Gefoppte da. Noch immer hat er
keinen Verdacht gegen Maskwell. Er schiebt alles der
„precious Aunt" in die Schuhe und meint, mit einem
Weibe werde nur der Teufel oder wieder ein Weib
fertig:

„Women like Flames have a destroying pow'r,
Ne'er to be quench'd, till they themselves devour."

Dieser Act lässt an übersichtlicher Gliederung nichts
zu wünschen übrig; die Composition ist nur insofern zu
bemängeln, als gar nicht der Versuch gemacht wurde, die
Affaire Brisk-Froth, wenn sie auch nur als komische Episode gedacht ist, mit der Haupthandlung in Verbindung
zu bringen. Man könnte einwenden, der gemeinsame Boden,
aus dem alle Verwicklungen hervorwüchsen, sei eben das
Fest an jenem Abende. Das ist aber, besonders wenn eine
Episode so breiten Raum einnimmt, doch keine genügende
Verbindung mit dem andern. Anderseits zeigt uns das
breite und behagliche Ausmalen dieser Situationen, wie
auch der Plyant-Scenen, die allerdings durch die Careless
zugetheilte Rolle mit der Haupthandlung zusammenhängen,
wenn auch die Briefgeschichte schon über das Nothwendige
hinausgeht, dass des Dichters Hauptstärke nicht in der
Charakter- oder Intriguen-, sondern in der Sittenkomödie
liegt. Als besonders bemerkenswert sei endlich hervorgehoben, dass dieser Act nichts anderes als Ehebruchs-
geschichten enthält, und zwar bringt er deren drei. Wie
geschickt auch variiert wird, so ist das schließlich doch
eintönig, ganz abgesehen von den Einwürfen, die von mo-
ralischem Standpunkte dagegen erhoben werden könnten.

Act V.

Dieser Act enthält dreiundzwanzig meist sehr kurze
Scenen, doch trotz des Intriguenreichthums kann man von
einem Gewirre nicht sprechen. Die Kunst des Dichters hat
sich gegenüber dem „Old Bachelor" hier bedeutend entwickelt. Maskwell hat vor allem Lady Touchwood und
Mellefont betrogen, aber keine dieser beiden Personen ahnt
etwas, noch weniger der ebenfalls hinters Licht geführte
Lord Touchwood.

Die dritte Scene erinnert thatsächlich an Molière. Wir
glauben Tartuffe und Orgon zu hören. Maskwell spricht zu
sich über die Schlechtigkeit der Welt, macht sich Scrupel
über seine Handlungsweise Mellefont gegenüber und gesteht
sich, dass er Cynthia liebe. Lord Touchwood musste ihn
hören — das hat der Schurke schlau berechnet — und, von

Bewunderung für die „unequall'd Virtue of that excellent Man" hingerissen, schenkt er ihm sein ganzes Vermögen, ja er will ihm auch Cynthia verschaffen, deren Vater ja auf das Geld sehe. Nach anfänglichem Sträuben nimmt Maskwell das Geschenk an mit der Betheuerung: „Then Witness Heav'n for me, this Wealth, and Honour was not of my seeking, nor would I build my Fortune on another's Ruin." (Da hat Bennewitz recht, wenn er diese Scene als eine an Molière deutlich anklingende bezeichnet.) Damit ist aber Maskwell noch nicht gedient. Wenn der Lord seine Absicht offen verkündet, dann wird Mellefont alles enthüllen, und auch die dadurch gewiss eifersüchtig gemachte Lady Touchwood würde auf Rache sinnen. Deshalb erfindet er noch einen „plot". Mellefont gegenüber wagt er es nochmals mit der unverhüllten Wahrheit hervorzutreten, um ihn so zu betrügen; Cynthia wird eingeredet, sie werde Mellefont heiraten, dadurch ist sie für den Plan gewonnen. Ein Wagen wird nachts unten warten, da werden nun Maskwell und Cynthia einsteigen und überdies ein Mann, der die Kleidung eines Pfarrers tragen wird. In dieser Kleidung soll Mellefont stecken, und zwar weil der Lord glauben muss, es sei der Pfarrer, der nach seinem Willen Maskwell und Cynthia trauen soll. Dass dies heimlich und in der Nacht geschehe, dazu beredet er den Lord umso leichter, als dieser ärgerlich geworden ist über den ihm unerklärlichen Widerstand, den seine Frau seinem Plane entgegensetzt, und er darum dessen Ausführung beschleunigen will. Saygrace, so heißt der Geistliche, der von Maskwell „en canaille" behandelt wird und als geldgieriger, verschlagener, heuchlerischer und geschwätziger Pfaffe gezeichnet ist, soll Mellefont die nöthigen Kleider bringen. Versammeln soll man sich im Zimmer des Geistlichen, in dem die Sache besprochen wird. (Nebenbei gesagt, wissen wir nicht, wieso im Hause des Lords ein Geistlichenzimmer ist. Hält sich derselbe einen Hausprediger?) So stellt Maskwell die Sache Mellefont und Cynthia dar. In Wahrheit will natürlich er selbst mit Cynthia und dem Priester im Wagen davon und sich mit dem Mädchen trauen lassen. Zu diesem Zwecke muss es aber Mellefont unmöglich gemacht werden, die ihm angeblich zugedachte Rolle zu spielen, anderseits muss

Cynthia über die Person des Entführers im unklaren bleiben,
bis sie im Wagen ist. Das erstere soll dadurch erreicht
werden, dass Maskwell dem Mädchen einen andern als den
verabredeten Rendezvousort angibt, nachdem sich Mellefont
entfernt hat, ohne natürlich diesen von dem geänderten
Übereinkommen zu verständigen, sodass Mellefont in ein
falsches Local kommen muss. Damit er aber selbst dorthin womöglich zu spät komme, muss Saygrace ihm den
Ärmel des Talars vernähen. Um das letztere zuwege zu
bringen, muss es am Zusammenkunftsorte dunkel sein, und
Saygrace, in welchem Cynthia den Bräutigam vermuthen
wird, darf kein Wort sprechen. Eine Gefahr droht noch
von der eifersüchtigen Lady. In einer theatralischen Scene
— sie tobt über Maskwells Untreue und will ihm einen
Dolch in die Brust stoßen, die er lächelnd entblößt, dann
weint sie und beruhigt sich endlich, da er so ruhig ist und
einer Erklärung harrt — wird auch diese Gefahr abgewendet, er macht ihr glaublich, dass er alles nur ihretwegen
ersonnen habe. Mellefont warte in Priesterkleidung in ihrem
„Dressing-Room“ auf Cynthia. Dass Cynthia anderswo beschäftigt sei, dafür habe er schon gesorgt. Die Lady möge
im Nachtgewande des Mädchens hinkommen, ihm Unterstützung seines Heiratsplanes zusagen, wenn er ihre Begierde befriedige, was er in Anbetracht seiner misslichen
Lage jedenfalls nicht verweigern werde, und wenn doch,
dann habe sie ja einen Dolch. Die ganze Erklärung ist nicht
sehr durchsichtig, dass sie darauf mit Gier eingeht, nicht
sehr wahrscheinlich. Er glaubt, die Lady beruhigt und
Mellefont eine weitere Beschäftigung gegeben zu haben,
bei welcher derselbe eventuell ganz verschwinden kann.
Dieses Gespräch ist aber belauscht worden. Careless hat
Unheil gewittert und Cynthia und Mellefont gewarnt; es
hat sich herausgestellt, dass letzterer von dem Wechsel
des Locals nicht verständigt worden ist, und während der
eben mit den Kleidern vorübergehende Saygrace hinter
der Scene weiter ausgeholt wird, sucht Cynthia den Lord
misstrauisch zu machen. Die beiden werden nun Zeugen
des vorerwähnten Gespräches. Der erste Schritt zur Entlarvung ist gethan. „Astonishment binds up my Rage!
Villany upon Villany! Heavn’s, what a long Track of dark

Deceit has this discover'd! I am confounded when I look
back, and want a Clue to guide me through the various
Mazes of unheard of Treachery," ruft der Lord aus. Um
sich zu überzeugen, ob sein Weib wirklich so schlecht sei,
eilt er zu Mellefont, legt die für diesen bestimmten Kleider
an, und als er seine Befürchtungen zur Wahrheit werden
sieht, da stürzt er in rasender Wuth seinem Weibe nach
auf die Bühne. In der letzten Scene sehen wir, wie Maskwell entlarvt wird; Mellefont und Cynthia werden ein Paar,
und Lord Touchwood spricht die Moral des Stückes:

> „Let secret Villany from hence be warn'd,
> Howe'er in private Mischiefs are conceiv'd,
> Torture and Shame attend their open Birth;
> Like Vipers in the Womb, base Treachery lies,
> Still gnawing that, whence first it did arise;
> No sooner born but the vile Parent dies."

Die andern Personen treten in diesem Acte fast ganz
in den Hintergrund. Zu erwähnen wären nur die Anspielungen auf die Astrologie von Seiten Brisks und Froths. Wir
erfahren, dass sich die beiden Damen mit ihren Liebhabern
inzwischen vergnügt haben. An Handlung bringt der fünfte
Act sehr viel, mehr als alle vorhergehenden. Die Katastrophe,
hier die Entlarvung Maskwells, ergibt sich in unserem
Stücke sehr natürlich. Er verstrickt sich in den Maschen
des eigenen Netzes, und gerade da er am klügsten zu
handeln glaubt, wird er durch einen Zufall (Lord Touchwood und Cynthia belauschen sein Gespräch mit der Lady)
auf seinen wahren Absichten ertappt. Dieser Zufall ist hier
nicht zu verwerfen, er wird zur Nothwendigkeit mit Rücksicht auf das zu complicierte Intriguenwerk, das unbedingt
zu einer Enthüllung führen muss, besonders wenn man bedenkt, dass die Handlung innerhalb weniger Stunden zwischen
den Mauern eines Hauses unter Leuten spielt, die fortwährend
miteinander verkehren. Dazu bedenke man, dass Careless
und zuletzt auch die kluge Cynthia als Gegenspieler ernstlich in Betracht kommen. Die Katastrophe entwickelt sich
folgerichtig aus der Handlung,[1]) ja man würde eine Wendung

---

[1]) Siehe Bennewitz, S. 28: „Entschiedener Fortschritt ist die (im
Old Bachelor) angebahnte Lösung der Verwicklung aus sich selbst,
wie sie bereits im Double-Dealer vollendet zum Ausdruck kommt."

zum Besseren viel früher erwarten; durch den scheinbaren
Sieg des Bösen bis kurz vor dem Ende wird die Spannung
erhöht. Welches das Los des „Double-Dealer" und der zugleich entlarvten Lady sein wird, erfahren wir nicht.

Der von Mrs. Mountford gesprochene Epilog vergleicht
den Dichter und sein Werk mit einem Angeklagten, die
Zuschauer mit „Judge and Jury and Executioner" und
schildert dann in launigen Worten, was die einzelnen für
verschiedene Wünsche haben, die der Dichter alle er-
füllen soll.

Schlussbetrachtung.

Wenn man bei Taine (Urtheil über Wycherley, Congreve,
Farquhar und Vanbrugh), S. 84, liest: „Die Dichter streben
nicht nach einer allgemeinen Idee und schreiten nicht auf
dem directesten Wege fort. Ihre Composition ist nicht gut,
der Stoff zu verwickelt. Die nebeneinander herlaufenden
Handlungen vermengen und verwickeln sich; man weiß
nicht mehr, wohin man geht, jeden Augenblick werden wir
von unserem Wege abgelenkt. Die Scenen sind ohne Zusammenhang. Ein überflüssiger Dialog zieht sich höchst
schleppend zwischen den Ereignissen hin. Sie wählen sich
einen Stoff und schreiben die Scenen, eine nach der
anderen, wie sie ihnen so in den Sinn kommen", so muss
man mit Bezug auf unser Stück gegen die Richtigkeit
dieser Sätze protestieren. Das Stück ist, was zunächst
den Stoff betrifft, in Bezug auf die Haupthandlung kein
Lustspiel. Johnson, S. 27, bemerkt richtig: „His comedies
have, in some degree, the operation of tragedies", während
wiederum die „Mourning Bride", seine einzige „Tragödie",
uns nicht als solche erscheint. Dieser Verrath am Freunde
und an der Geliebten ist darum so abscheulich, weil ihm
ganz der groteske Beigeschmack fehlt, den einem solchen
Stoffe zu geben, allerdings schwer möglich ist. Dass rück-
sichtlich der Haupthandlung Molières „Tartuffe" dem Dichter
vorschwebte, kann nicht in Abrede gestellt werden, doch
ist die Selbständigkeit und Originalität des Dichters, selbst
wenn man Bennewitz bei all seinen Vergleichen folgt, außer
Frage gestellt. Dass der Dichter gern und ohne Scrupel an

Motiven des Franzosen benützte, was ihm passend schien, wird ja zugegeben, nicht aber, dass er von vorneherein systematisch aus und nach Molière seine Stücke baute. Hätte Bennewitz einfach die Analogien aufgezeigt, so würde niemand etwas dagegen haben, nur gegen seine Methode muss sich die Polemik kehren.

Dass diese Haupthandlung kein Lustspiel machen werde, wusste der Dichter wohl, da er aber nach den französischen Kunstregeln nicht mehrere Nebenhandlungen einführen durfte, so bemühte er sich zum mindesten, aus der Haupthandlung komische Episoden zu entwickeln, wozu in der Affaire Plyant-Careless die für die Absichten Mellefonts wichtige Beziehung Careless' zu Madame Plyant sich leicht ausgestalten ließ. Die Froth-Brisk-Episode trägt offenbar französisches Gepräge, es sollte das Preciösenthum, die Blaustrumpfmanie an den Pranger gestellt werden, die aber auf englischem Boden natürlich ohne derbe Sinnlichkeit nicht auftreten kann. Diese Episode hängt nur ganz lose mit der Haupthandlung zusammen, fast nur der Theilnahme an dem Feste verdanken die an derselben Betheiligten ihre Rollen in dem Stücke, man bemerkt also ein Hinneigen zu der loseren und freieren Verknüpfung im Sittenlustspiel. Die Composition ist gut, das Stück ist in den ersten vier Acten sehr leicht übersichtlich, im fünften wohl etwas schwerer, aber überall tritt ein fester und genau eingehaltener Plan hervor. Von Unwahrscheinlichkeiten haben wir nur eine einzige entdecken können, nämlich im vierten Acte (Scene XIV) das Verlangen Lord Touchwoods (siehe S. 101). Man müsste denn so weit gehen, dem Dichter die Einhaltung der Einheiten des Ortes und der Zeit zum Vorwurfe zu machen und die Abwicklung so zahlreicher Intriguen am Vorabend des Hochzeitstages während eines Festes unter Leuten, die sich fortwährend untereinander bewegen, unwahrscheinlich zu finden. Das müsste allerdings zugestanden werden, aber daran sind die Franzosen schuld. Der Dichter hat sich ohnehin gewisse Freiheiten gestattet, indem er die anstoßenden Zimmer je nach Bedarf benützte, und hat sich im ganzen sehr bemüht, uns alles plausibel zu machen. Es ist eben eine tolle Fastnacht. Freilich die Interessen, um die es sich handelt,

sind keine sehr hohen. „Solche Dichter," sagt Rapp, S. 156,
„haben einen unglaublich engen Gesichtskreis; wenn man
ein Wort dafür will, kann man materiell sagen: Eine Erbschaft zu erschnappen oder abzuführen, ist etwa das Haupt-
motiv; Weiber werden in die Handlung nur eingeführt,
wo sie von Seiten der Sinnlichkeit zu fassen sind. Ehebruch
ist die allgemein vorausgesetzte Schwachheit. . . . Mit all
dem ist der Dichter sinnreich in der Combination seiner
Motive, wie uns ein Kartenspiel unterhalten kann, wo auch
immer die langweiligen dieselbigen Karten herauskommen,
als die immer neue Combination uns beschäftigt." Der Ehebruch spielt in diesem Stücke eine große Rolle. Der vierte
Act enthält nichts anderes „als drei verschiedene Ver-
führungen verheirateter Frauen" (Hettner, S. 119). Die
Katastrophe ist folgerichtig aus der Handlung entwickelt und
natürlich. Der Dialog ist fast überall den Charakteren und der
Handlung angemessen. Johnsons Behauptung: „His per-
sonages are a kind of intellectual gladiators", trifft hier nicht
zu, Congreve hat sich Mäßigung auferlegt, nur Mellefont
wird bisweilen sein Sprachrohr, sonst fällt niemand aus der
Rolle, und der Gang der Handlung wird niemals durch
zweckloses Reden aufgehalten. Dass der Dialog meisterhaft
ist, braucht kaum mehr hervorgehoben zu werden.

Die Charakteristik ist dem Dichter besonders gut gelungen bei Sir Paul und Lady Plyant, bei Lord Froth,
Brisk, Maskwell und Lady Touchwood, wenn die beiden
letzten Charaktere auch in ein Lustspiel nicht hineingehören.
Lady Froth ist als „Précieuse" sehr gut; ihr Liebesspiel
mit Brisk lässt sich, wie schon besprochen, verschieden
deuten, zur Vervollständigung der Charakteristik scheint
uns dieser Theil nicht zu gehören, eher dieselbe zu stören;
Lord Touchwood tritt im ersten Theile zu wenig hervor, im
zweiten schwankt er zwischen einem Orgon und einem
„Cuckold". Mellefont erscheint keineswegs als Einfaltspinsel,
manchmal aber, was wohl nicht beabsichtigt war, als „wit".
Wie der Dichter Cynthia charakterisieren sollte, um sie
von der übrigen Gesellschaft möglichst scharf zu scheiden,
hat er nicht recht gewusst. Sie ist ein liebenswürdiges,
offenes, natürliches und kluges Mädchen, das ihrem Liebhaber treu bleibt. Überhaupt weiß sich Congreve mit ehr-

lichen und guten Menschen nicht recht zu helfen, sie haben eben nichts Besonderes, sind „Mediocrities". „Dass Lord und Lady Froth von Lord und Lady Touchwood nicht scharf genug geschieden sind" (Gosse, S. 55), können wir nicht finden. Der „Double-Dealer" war eine kühne und scharfe Satire, und wenn sich der Dichter das vor Augen gehalten hätte, was, schon von Aristoteles aufgestellt, etwa 50 Jahre nach Congreves Tode von Lessing wiederholt wurde, man dürfe keine absolut bösen Charaktere auf die Bühne bringen (Wenn jemand unbewusst böse ist, so ist es keine absolute Schlechtigkeit, dies sei zu dem früher Gesagten bemerkt), wenn er nicht die Damen beleidigt hätte, wäre „The Double-Dealer" wohl gleich anfangs zu jener Anerkennung gelangt, zu der er sich später emporgearbeitet hat. Wurde doch das Stück sogar von Schröder bearbeitet und im Jahre 1771 unter dem Titel „Der Arglistige" aufgeführt.

Der „Double-Dealer" ist, um mit den Worten Macaulays, S. 180, zu schließen, „a comedy in which all the powers wich had produced the Old Bachelor showed themselves matured by time and improved by exercise".

Love for Love.

Die Geschichte dieses Lustspieles steht im Zusammenhange mit dem großen Theaterstreit von 1694 und 1695. Seit dem Jahre 1690 war das „Drury Lane"-Theater das einzige in London, und die Actionäre desselben, die „Patentees", hatten ein Monopol auf theatralische Aufführungen. Der Profit, den man bei jeder Vorstellung erzielte, wurde in zwanzig Theile getheilt, von denen zehn auf die „Patentees" und die übrigen zehn auf die Schauspieler entfielen, welch letztere nach Maßgabe ihrer Bedeutung und ihrer Rollen bezahlt wurden. Dabei ist noch anzumerken, dass einzelne Schauspieler selbst Actionäre waren. Das gute Verhältnis zwischen „Patentees" und Schauspielern erfuhr aber im Jahre 1694 eine Trübung. Cibber führt diese zum Theil darauf zurück, dass viele Antheile der „Patentees" an „money-making persons" verkauft wurden, welche vom Theater nichts verstanden und bei der Leitung desselben von der man sie nicht ausschließen konnte, nur auf möglichst große Dividenden bedacht waren, die Schauspieler aber in jeder Beziehung zu verkürzen suchten. Diese neuen Actionäre hießen „Adventurers". Der schon mehrfach citierte „Some Account of the English Stage etc." bezweifelt die volle Richtigkeit der von Cibber gemachten Angaben; nach diesem Werke hießen die Subscribenten auf die ursprünglichen Actien, die beim Baue des Theaters ausgegeben wurden, alle „Adventurers"; dass auf die von Cibber angegebene Art neue hinzugekommen seien, wird bezweifelt, weil nur auf seiner Autorität ruhend. Schließlich muss aber auch dort zugegeben werden, dass einige unter den „Patentees" „money-making persons" waren. Ob nun dies der Grund war, weshalb die Schauspieler verkürzt wurden; oder ob die Verluste, welche alle trafen, die mit dem Theater in Verbindung standen, und zwar durch das schmähliche Ende der „Indian Argosy" (Gosse, S. 62), an welcher sie sich auf Bettertons Anregung mit bedeutenden Summen betheiligt hatten (Die Flotte fiel an der Mündung des englischen Canals im Jahre 1692 den Franzosen in die Hände) — ob diese Verluste sie gegen Betterton und die Schauspieler verstimmten und ihre pecuniäre Lage wirklich precär gestalteten; ob endlich die großen Kosten, welche man auf die Ausstattung zweier Opern („The Prophetess" und „King Arthur") verwendet hatte, eine Restriction der Schauspielaufführungen und eine Herabminderung der Schauspielerhonorare nothwendig machten: jedenfalls kann diese Thatsache an sich nicht in Abrede gestellt werden. Die Mittel, welche sie in Anwendung brachten, um die verstimmten Schauspieler kirre zu machen, — sie nahmen z. B. Betterton einige seiner Glanzrollen und wiesen sie jungen und unbedeutenden Kräften zu — hatten zur Folge, dass das Publicum sich immer mehr zurückzog. Endlich wandte sich Betterton und sein Anhang an Lord Dorset, der damals „Lord Chamberlain" war. Dieser consultierte Rechtsgelehrte über die Frage des Monopols und erhielt die Antwort: „No patent for acting plays etc. could tie up the hands of a succeeding prince, from granting the like authority, where it might be proper to trust." Während man den Hof für die Sache zu interessieren suchte, starb die Königin am 28. December 1694, was einen kleinen Stillstand zur Folge hatte. Schon zu Beginn des Jahres 1695 wurden aber Betterton und einige andere erste Kräfte vom Könige in Audienz empfangen, und sie erhielten von ihm eine „royal license, to act elsewhere than in the Theatre Royal in ‚Drury Lane‘." Nun galt es, durch Subscription die zum Baue eines neuen Hauses nöthige Summe aufzubringen. Man gab Antheilscheine zu vierzig und zu zwanzig Guineas heraus, und das Capital war bald gezeichnet. Innerhalb der Mauern des Tennishofes von Lincoln's-Inn-Fields wurde der Bau aufgeführt, und am 30. April 1695 wurde das neue Theater eröffnet. Das Theater der „Patentees" hatte verzweifelte Anstrengungen gemacht, einige bessere Kräfte von Bettertons Seite abzuziehen. Bei Kynaston, Powell und Penkethsman war es ihnen gelungen, Colley, Cibber und Verbruggen waren geblieben und dadurch zu einer Bedeutung gekommen, von der sie sich früher nichts hätten träumen lassen. Trotzdem mussten sie von Weihnachten bis Ostern die Vorstellungen sistieren. Am Ostermontag eröffneten sie dieselben wieder mit Aphra Behns „Abdelazar" und hielten sich, so gut oder schlecht es eben gieng, neben dem neuen Theater. Im letzten Momente vor dessen Eröffnung kaperten sie ihm noch zwei Kräfte weg, nämlich Mrs. Mountford und Mr. Williams. Auf diese bezieht sich die Anspielung im Prolog von „Love for Love": „If in our larger Family we grieve One falling Adam, and one tempted Eve." Das erste Stück, welches im neuen Theater aufgeführt wurde, war eben „Love for Love." Dasselbe ist im Jahre 1694 entstanden und vollendet worden. Der Dichter hatte es bereits bei den „Patentees" eingereicht, und diese hatten es schon angenommen. Bevor aber der endgiltige Contract abgeschlossen und unterzeichnet wurde, nahm der Streit zwischen den „Patentees" und den Schauspielern unter Betterton größere Dimensionen an. Congreve zog nun die Entscheidung hin, bis er sah, auf wessen Seite sich der Sieg neigte. Dann nahm er für Betterton Partei und übergab diesem sein Stück. In der Absicht, den damals als ersten Dramatiker hochangesehenen Congreve dauernd an das neue Unternehmen zu fesseln, bot ihm die Direction einen Gewinstantheil, wofür er sich verpflichtete, ausschließlich für ihr Theater zu schreiben, und zwar wollte er, wenn es seine Gesundheit gestatte, jährlich ein Stück liefern. Das Lustspiel fand großen Beifall und wurde dreizehnmal nacheinander gespielt. Während des ganzen Jahres blieb es ein Hauptzugstück. Es ist das einzige von Congreves Stücken, das sich lebenskräftig erwiesen hat. Wenigstens im Jahre 1818, in welchem Hazlitts „Lectures" erschienen, wurde es noch mit großem Erfolge aufgeführt. Hazlitt gibt eine begeisterte Schilderung einer solchen Aufführung. In Buchform erschien es am 9. Mai 1695 („London Gazette") und brachte da eine kurze Vorrede an Lord Dorset, aus der wir nur erfahren, dass der Dichter das Stück wegen seiner Länge entschuldigen zu müssen glaubt. Ferner erzählt er, dass eine Scene im dritten Acte (wahrscheinlich zwischen Scandal und Foresight), „which not only helps the Design forward with less Precipitation, but also heightens the ridiculous Character of Foresight, which indeed seems to be maim'd without it", bei der Aufführung weggelassen wurde, wie auch „some Lines" außerdem. Der Prolog, welcher von Mr. Betterton gesprochen wurde, wendet sich an die Besucher und bittet um Unterstützung des neuen Unternehmens, spielt auf die schon erwähnte Fahnenflucht von Mrs. Mountford und Mr. Williams, sowie auf den unfruchtbaren Boden des alten Hauses an und geht dann zu dem Stücke über, das „Variety, Humour und Plot" bringe, damit jeder etwas habe, und auch der Satire nicht vergesse, welche allerdings milde sei und niemanden verletzen wolle; der Dichter bringe nur eine Person auf die Bühne, die „frankly speaks his Mind" (Das ist der auf dem Theaterzettel als „a free Speaker" charakterisierte Scandal). Congreve tritt, wie er Betterton sagen lässt, in die Fußstapfen Wycherleys:

„Since the Plain-Dealer's Scenes of Manly Rage,
Not one has dar'd to lash this crying Age.
This time, the Poet owns the bold Essay etc."

Analyse des Stückes.

Act I.

Der Held des Stückes tritt uns gleich in der ersten
Scene entgegen und enthüllt uns im Gespräche mit seinem
Diener Jeremy seinen Charakter. Es ist Valentine Legend,
ein junger Mann aus reichem Hause. Er hat in Cambridge
studiert und nachher in London ein gar zu freies Genussleben geführt. Der Verkehr mit den „wits“ und verschiedenen
Schmarotzern ist nicht ohne Einfluss auf seinen Charakter
und seine Börse geblieben, eine unerwiderte Liebe hat ihn
des letzten Halts beraubt. Diese letztere war eigentlich der
Grund, weshalb er, um seinen Ärger zu übertäuben, sich
in ein verschwenderisches Genussleben gestürzt hat. So ist
seine Vergnügungs- und Verschwendungssucht wohl viel
natürlicher erklärt, als wenn man mit Bennewitz annimmt:
„Seine Liebe zu einem vergnügungssüchtigen Mädchen
habe ihn (sowie außerdem ein luxuriöser Lebenswandel
und sein Umgang mit den „wits“) an den Bettelstab gebracht!“ Dass Angelica vergnügungssüchtig war, ist nämlich aus dem Stücke nicht zu ersehen. Darum schließen wir
uns der Auffassung Gosses, S. 71, an. Der Vater hat ihn
verstoßen und will ihn zu Gunsten des jüngeren Bruders
Ben enterben, der nach dreijähriger Abwesenheit von seinen
Seefahrten, welche er als Matrose gemacht hat, zurück-
kehren soll. Gesetzlich darf dies aber der Vater nicht thun;
wenn nicht der ältere Bruder freiwillig allen vermögens-
rechtlichen Ansprüchen entsagt, kann der jüngere nicht
Erbe werden. So stellt sich wenigstens die Sache in unserem
Stücke dar. Darum soll Valentine zu diesem Verzichte veranlasst werden. Dafür verspricht ihm der Vater eine Ab-
findungssumme von 4000 Pfund, von welchen er seine
Schulden zahlen könne, die für ihn sehr drückend sind. Aus
Ärger über die ungünstige Gestaltung seines Schicksals,
vielleicht auch aus Furcht vor seinen Gläubigern, und weil
er sich geniert, als armer Junker vor seinen ehemaligen
Freunden zu erscheinen, die ihm jetzt nicht viel Beachtung
schenken würden, hat er sich zu Hause eingeschlossen, studiert den Epiktet und fängt allerhand philosophische Grillen.
Weil er kein Geld hat, hasst er alle, die es haben, und

will sich über sie lustig machen. Von Angelica will er
keineswegs lassen, er will sie noch ungestümer verfolgen, um
vielleicht Mitleid für seine Liebe zu erzwingen. Was seine
Freunde betrifft, in deren Gesellschaft sein Herz durchaus
nicht verdorben worden ist, — er hat sich nur den leichten,
witzelnden Ton derselben zueigen gemacht, den Congreve
daher wieder in sein Stück einführen kann, — so betrauert
er deren Verlust sehr wenig. Er wird thun, was in diesen
Kreisen jetzt Mode ist, er wird ein Stück schreiben. In
launiger Weise macht sich der Dichter über jene Tröpfe
lustig, die, weil sie in der Gesellschaft ein paar Witze reißen
und ein paar leichte Verschen fabricieren können, sich für
große Dichter halten und im Stande zu sein glauben, ein Stück
zu schreiben, wenn sie den Dramatikern ein paar Äußerlichkeiten abgeguckt haben. Seinem Ärger über die Empfindlichkeit des Publicums gegenüber der Satire des Lustspieldichters,
eine Empfindlichkeit, die ihm den Erfolg des „Double-Dealer"
verdorben hatte, macht Congreve Luft, indem er den Diener,
(der allerdings zu gelehrt [Leigh Hunt] für seinen Stand
spricht, was er wenigstens zu entschuldigen sucht mit den
Worten: „I waited upon a Gentleman at Cambridge") entsetzt seinem Herrn von dieser verrückten Idee abrathen
lässt. Jeremy verlangt seinen Abschied, denn „to live, even
three Days, the Life of a Play, I no more expect it, than
to be canoniz'd for a Muse, after my Decease." Der Vater
wird unversöhnlich sein, der Bruder Ben wird Valentine
nicht anschauen, wenn er hören wird, dass er unter die
Dichter gegangen ist. Er ist ruiniert, kein Freund wird ihm
bleiben. Jeder muss ja fürchten, carikiert zu werden, oder
hält den Weltverbesserer für einen Narren. An allem ist
aber das vermaledeite Will'sche Café schuld. Daraufhin
gibt der Diener eine Schilderung der Gestalten, die man
in der Umgebung desselben sehen kann: „Yet I never see
it, but the Spirit of Famine appears to me, sometimes like
a decay'd Porter, worn out with Pimping, and carrying
Billet-doux and Songs; not like other Porters for Hire,
but for the Jest's sake. Now like a thin Chairman, melted
down to half his proportion, with carrying a Poet upon
Tick to visit some great Fortune; and his Fare to be paid
him like the Wager of Sin, either at the Day of Marriage

or the Day of Death; sometimes like a bilk'd Bookseller, with a meagre terrify'd Countenance, that looks as if he had written for himself, or were resolv'd to turn Author, and bring the rest of his Brethren into the same Condition. And lastly, in the Form of a worn-out Punk, with Verses in her Hand, which her Vanity had preferr'd to Settlements, without a whole Tatter to her Tail, but as ragged as one of the Muses etc." Valentines Freund Scandal,. der hierauf erscheint, theilt Jeremys Entsetzen. Er mag Kuppler, Quacksalber, Pfarrer, Advocat, „Stallion to an old Woman" werden, alles, nur kein Dichter, er habe schon Feinde genug. Ja wenn wir die Bühne von Athen wieder zurückzaubern könnten, wo eine offene, ehrliche Satire erlaubt war! Dieser Scandal ist ein sonderbarer Kauz! Dass er auf Wycherleys „Plain-Dealer" zurückgeht und auf Molières „Misanthrope" nur indirect zurückweist, insofern nämlich der „Plain-Dealer" selbst ein Abbild des Molière'schen Charakters ist, erscheint uns nach der Anlage dieses Charakters kaum zweifelhaft. Wenn der „Plain-Dealer" ein polternder, schimpfender Schiffscapitän ist, so ist Scandal ein Welt- und Lebemann, etwas klüger als die andern, der sich in seinen Reden absolut keinen Zwang auferlegt, ebensowenig wie in seinem Handeln.

Bennewitz hat recht, wenn er sagt: „Von der Tugend und Würde Alcestes, von dem Weltschmerz und Seelenpathos des Menschenhasses, von seinem großen Sinn ist bei den Engländern fast nichts übrig geblieben." Dass sowohl Wycherley als auch Congreve die Absicht gehabt haben mögen, die bestehenden rohen Sitten aufzudecken und gegen sie zu polemisieren, kann ja nicht genügen, wenn dieses Ziel aus Inhalt und Ton der Stücke nur schwer erkennbar ist. Daher ist die Beziehung zwischen dem alten Schiffscapitän und Scandal eine viel innigere, als die des letzteren zu Alceste. Scandal ist also „a free-speaker" und will außerdem immer streiten. Von Grundsätzen sprechen wir am besten gar nicht bei ihm. Während Scandal bei Valentine weilt, kommen Gläubiger, von denen besonders einer, der „Scrivener Trapland", sich nicht abweisen lassen will. Valentine, der trotz seiner misslichen Lage bei gutem Humor ist, scherzt mit Scandal über die Aufmerksamkeit seiner Gläubiger und

lässt Trapland eintreten. Vorher kommt aber eine Amme
mit einem seiner Kinder, allerdings nicht auf die Bühne.
Die wird schnell mit etwas Geld abgefertigt, die „bouncing
Margery". Die fünfte Scene mit Trapland geht unbestreit-
bar auf die dritte Scene des vierten Actes von Molières
„Don Juan" zurück. Die Idee, den Gläubiger durch ein
Übermaß von Liebenswürdigkeit nicht zu seiner Forderung
kommen zu lassen, ist hier verwertet, nur sind die Mittel,
durch welche dies erreicht wird, bei dem Franzosen und
bei dem Engländer verschiedene. Die Scene ist wirksamer
bei Molière, obwohl sie dort weniger derb ist. Don Juan
begrüßt dort Herrn Dimanche als seinen alten Freund,
schilt die Diener, dass sie keinen Sessel bringen, erklärt,
stehend nicht verhandeln zu können, erkundigt sich nach
dem Befinden nicht nur des Gläubigers, sondern auch seiner
Frau und seiner Kinder, ladet ihn zum Abendessen ein,
und als dieser erklärt, er müsse schleunigst wieder nach
Hause, missversteht er dies absichtlich und lässt ihn durch
Sganarelle hinausescortieren, er wirft ihn gewissermaßen
hinaus, ohne dass der durch die Liebenswürdigkeit und den
Wortschwall des Schuldners betäubte Dimanche auch nur
ein Wort von seiner Angelegenheit vorbringen konnte. Bei
Congreve empfängt Valentine Mr. Trapland ebenfalls als
alten Freund, bietet ihm aber nicht nur einen Sessel,
sondern auch „a Bottle of Sack and a Toast". Mr. Trapland geht jedoch darauf nicht ein, er beginnt alsbald von
den 1500 Pfund zu sprechen, die schon hübsch lange
stünden. Valentine unterbricht ihn immer wieder, wenn er
von der Unmöglichkeit, länger zu warten etc., zu sprechen
beginnt, und sucht ihn nicht nur durch Liebenswürdigkeiten,
sondern auch durch den Sect milder zu stimmen; darum
drängt er fortwährend zum Trinken. Scandal bringt einen
ganz anderen Ton hinein, er spricht von einer Witwe, zu
der Mr. Trapland in Beziehungen stehe, was Valentine sofort benützt, um auf das Wohl der Witwe zu trinken.
Scandal schildert die körperlichen Vorzüge derselben, da
beginnt endlich der Alte zu schmunzeln, und alles ist auf
dem besten Wege. Plötzlich tritt aber ein „Officer" zu der
Gruppe, — Trapland hat sich im Gegensatze zu Dimanche
gleich Polizei zum Arretieren der Schuldner mitgebracht —

und alles wäre vergebens gewesen, wenn nicht der „Steward"
käme. Der englische Gläubiger ist nicht so leicht zu behandeln wie Mr. Dimanche, und ihm gegenüber bleibt
Valentine nicht Sieger. Die von diesem angewendeten Mittel,
das versuchte Trunkenmachen und das Aufstacheln der
Sinnlichkeit des Alten, sind dem Franzosen fremd, gemein-
sam ist nur die äußerste Liebenswürdigkeit und der damit
verbundene Zweck. Mit diesem Vergleiche wollten wir nur
zeigen, wie selbst bei einer Scene, die nach Bennewitz sogar wörtliche Übereinstimmungen mit Molière enthalten soll,
also einer für seine Methode als Hauptstützpunkt dienenden
Scene, die Originalität des Engländers immerhin genugsam
gewahrt bleibt. Gerettet wird Valentine durch den Verwalter
seines Vaters, der ihm nochmals die schon erwähnten Bedingungen zur Annahme empfiehlt, unter welchen die
4000 Pfund zu haben sind. In seiner Bedrängnis muss
Valentine darauf eingehen. Außer den Gläubiger drängt
ihn auch der Wunsch, wieder hinauszukommen und Angelica zu sehen. Ob das gerade das richtige Mittel ist,
durch welches man ein reiches Mädchen gewinnt, das einem
bisher keine Hoffnungen gegeben hat, wenn man sein Geld
aus der Hand gibt, bezweifelt der skeptische Scandal. Für
die Handlung in jeder Beziehung belanglos, weder zur Vervollständigung der auch in diesem Stücke in den ersten
acht Scenen wunderbar gegebenen Exposition, noch zum
Fortschritte der Handlung selbst nothwendig sind die
folgenden Scenen des ersten Actes. Dies findet in der Entwicklung des Lustspieldichters Congreve seine Erklärung.
Von allem Anfang an drängte es ihn nach der Sittenkomödie hin, in dieser konnte er die eigenthümliche Art
seines Talentes am vollsten und schönsten zur Entfaltung
bringen. Der „Old Bachelor" kann als solche nicht gelten.
Da schwankt er zwischen Charakter- und Intriguen-Lust-
spiel, mehr zu letzterem hinneigend. Aber schon in diesem
Erstlingsdrama des jungen Dichters zeigt sich scharfe Beobachtung und entschiedenes Talent für Darstellung differen-
zierter Charaktere, die im bunt bewegten Treiben des ge-
selligen Lebens sich bethätigen und entfalten. Der „Double-
Dealer" lässt den Einfluss der französischen Kunstregeln
nicht verkennen, da wird der Dichter zum Theil von seiner

Bahn abgelenkt. Boileau erkennt („Art poétique") nur
das Charakter-Lustspiel an und will alles Possenhafte aus
demselben verbannt wissen. So hat sich denn Congreve auf
eine noch dazu zum Lustspiel schwer zu gebrauchende
Haupthandlung einschränken wollen, aber der innere Drang
war stärker als der äußere Zwang. Gerade dadurch, dass
er mit Rücksicht auf die zu wahrende Einheit des Ortes
und der Zeit die ganze Handlung an einem Abend in den
Gesellschaftsräumen eines Hauses sich abspielen lassen
musste, hat er den richtigen Tummelplatz für sein Talent
gefunden und durch die Episoden das Stück gerettet. Auf
breiterer Basis bewegt sich der Dichter in unserem Stücke.
Er hat die Freiheit der Bewegung wiedergewonnen; still-
schweigend — er hält diesmal in der Dedication keine
Vorlesungen über die Gesetze des Lustspieles — sagt er
sich von den Franzosen los und bemüht sich nur, möglichst
viel Leben in sein Stück hineinzubringen, möglichst viele
und verschiedenartige Charaktere sich entwickeln zu lassen.
Auch sein Thema wird ein bedeutenderes, nicht wie früher
nur der Ehebruch. Mr. Tattle, der in den letzten Scenen
des ersten Actes auf der Bühne weilt, ist ein eitler Geck,
der sich auf seine vermeintlichen körperlichen und geistigen
Vorzüge sehr viel einbildet, besonders aber auf seine Erfolge bei Damen, denen gegenüber er sehr gut den Süßlich-
Sentimentalen spielt. Was ihn aber besonders charakterisiert,
ist seine Geheimnisthuerei, das heißt, er bildet sich ein, sehr
discret zu sein, ist aber dabei der größte Schwätzer. Es ist
zu beachten und z. B. gegenüber Taine hervorzuheben, dass
jeder der bisher in Congreves Stücken aufgetretenen Lebemänner (Vainlove, Bellmour, Careless, Brisk, Scandal, Tattle)
ein von dem andern genau geschiedener Charakter ist,
überhaupt thut man Congreve gewaltig Unrecht, wenn man
immer wieder seine Kunst zu charakterisieren gering an-
schlägt. Dieser Mr. Tattle wird nun von Scandal aufgezogen.
Natürlich wird über die Weiber gesprochen. Tattle schwatzt
sehr geheimnisvoll von seinen vornehmen Beziehungen und
lässt sich endlich von Scandal so weit treiben, dass er erklärt, mit Mrs. Frail, der Schwester von Frau Foresight,
der Tante Angelicas, intim verkehrt zu haben, obwohl dies
unrichtig ist. In seiner Eitelkeit liegt ihm auch an der Ehre

einer Dame nichts, und hier ist er umsoweniger scrupulös, als Scandal zuvor gesagt hat, Mrs. Frail habe es selbst zugegeben. „Eine Dame kann man doch nicht Lügen strafen; wenn sie's gesagt hat, brauche ich das Geheimnis nicht zu wahren," meint er. Die Strafe soll aber seinem Vergehen auf dem Fuße folgen. Mrs. Frail kommt zu Valentine. Das mag uns zwar befremdlich erscheinen, dass eine ledige Dame einen Herrn besucht. Sie meint selbst: „I shall get a fine Reputation, by coming to see Fellows in a Morning." Man sieht auch nicht ein, wozu sie gekommen ist. Sie sagt: „And so stole out to see you." Wir müssen also annehmen, sie habe wissen wollen, wie es mit dem Geliebten Angelicas stehe, und sei von deren Tante geschickt worden. Der Theaterzettel bezeichnet sie als „a Woman of the Town", die Witze, die sich Scandal über sie erlaubt hat, endlich ihr Besuch und die Gespräche, die man führt, werfen auf ihren Charakter kein gutes Licht. Doch in ihrer wahren Gestalt erscheint sie hier noch nicht, die Charakteristik sei daher auf später verschoben. Diese Mrs. Frail will Scandal die Frage vorlegen, ob Tattles Behauptung wahr sei, denn dass er das Ganze als von der Frail selbst ausgehend hingestellt und den andern dadurch zur Bestätigung verleitet hat, das hat er dem beschränkten Tattle gegenüber schnell wieder geleugnet. Tattle ist der Schuldige, der die Ehre einer Dame preisgegeben hat. Der Unglückliche windet sich vor Angst und will zwölf vornehme Weiber seiner Bekanntschaft preisgeben, wenn davon geschwiegen wird. Es wird ihm zugesagt. Mit Mrs. Frail wird nun über alles Mögliche gesprochen. Sie erzählt, dass Benjamin, der Matrose, mit einer Tochter Mr. Foresights, die eben vom Lande komme, mit Miss Prue, vermählt werden soll; sie schildert den Charakter ihres Schwagers Mr. Foresight, des Sternguckers; dann wird in ziemlich anstößiger Weise über Liebesglück, Gemälde etc. gewitzelt, wobei Scandal sehr treffende Bemerkungen macht. Mrs. Frail hat außer den paar Neuigkeiten, die wir auch anders hätten erfahren können, die Handlung nicht gefördert, auch ihre Abschiedsworte sind nur eine Wiederholung von Scandals Ansicht: „Who hopes to purchase Wealth by selling Land, Or win a Mistress, with a losing Hand."

Act II.

Wir befinden uns im Hause Mr. Foresights, in welchem übrigens auch der alte Sampson, Valentines Vater, wohnt. Von der Einheit des Ortes in allen Acten ist also Abstand genommen worden. Mr. Foresight ist eine köstliche komische Figur, von durchschlagender Wirkung auf der Bühne: ein kindischer, schwatzhafter, einfältiger und unbeholfener Greis, der an einer fixen Idee leidet. Er hält sich nämlich für einen großen Astrologen. Er beobachtet die Gestirne, ist, wie er sagt, in den himmlischen Sphären gereist, kennt die Zeichen und die Planeten und ihre Häuser, kann urtheilen über directe und retrograde Bewegungen, über „Sextiles, Quadrates, Trines und Oppositions, Fiery Trigons und Aquatical Trigons". Er weiß, ob das Leben lang oder kurz, glücklich oder unglücklich sein wird, ob Krankheiten heilbar oder unheilbar sind, ob eine Reise glücklich, ein Unternehmen erfolgreich sein, ob man gestohlene Güter zurückerhalten wird oder nicht. Dabei müssen aber alle s e i n e Angelegenheiten zurückgehen, weil er unter dem Zeichen des Krebses geboren ist. Nichts kann so sein, wie er es haben möchte, eben wegen seiner ungünstigen Nativität. Er würde wünschen, dass seine Nichte Angelica zu Hause sei; als ihm dies aber der Diener auf seine Frage bestätigt, nennt er ihn einen Lügner, sein Wunsch kann ja nicht erfüllt sein. Bei jeglicher Handlung im Leben muss man auf die günstige Zeit sehen. Als ihm Sir Sampson entgegenhält: „Pox o'th' Time; there's no Time but the Time present, there's no more to be said of what's past and all that is to come will happen. If the Sun shine by Day, and the Stars by Night, why, we shall know one another's Faces without the help of a Candle, and that's all the Stars are good for", da schilt er ihn entrüstet einen Ignoranten. Auch in jeder anderen Beziehung ist er höchst abergläubisch. Angelica droht ihm: „I'll reap up all your false Prophecies, ridiculous Dreams, and idle Divinations. I will declare how you prophesy'd Popery was coming, only because the Butler had mislaid some of the Apostle Spoons, and thought they were lost. Away went Religion and Spoonmeat together — Indeed, Uncle, I'll indite you for a Wizard." Darin, dass er einen Strumpf verkehrt angezogen hat, sieht er ein glück-

liches Omen etc. Auch mit der Ausdeutung alter Orakel-
sprüche befasst er sich. Von dem Araber Messahalab kennt
er eine alte Prophezeiung:

> „When Housewifes all the House forsake,
> And leave good Man to Brew and Bake,
> Withouten Guile, then be it said,
> That House doth stond upon its Head;
> And when the Head is set in Grond,
> Ne marl if it be fruitful fond."

Die Früchte des Hauptes sind natürlich Hörner. Dieser
alte Narr wird von Angelica, Sir Sampson und Valentine
zum besten gehalten, besonders Sir Sampson setzt dem
„Old Ptolomee, Nostrodamus, Merlin, Albumazur" mit
beißendem Spott zu. Dessen Ansichten über die Zeit und die
Sterne haben wir schon angeführt, was er über die Weis-
sagungen aus der Constellation der Sterne wie überhaupt
über Prophezeiungen denkt, bringt er in dem Satze zum
Ausdruck: „Sapiens dominabitur astris." Foresight rühmt
sich seiner Reisen in den himmlischen Sphären, das nimmt
sein Partner zum Anlass, von seinen eigenen Reisen
die unglaublichsten Dinge zu erzählen (Satire auf die
lügenhaften Reiseberichte): „I know the Length of the
Emperor of China's foot; have kiss'd the Great Mogul's
Slipper, and rid a Hunting upon an Elephant with the
Cham of Tartary, . . . Body o'me, I have made a Cuckold
of a King, and the present Majesty of Bantam is the
Issue of these Loins." Foresight tituliert ihn daraufhin
sehr treffend mit „Modern Mandevil, Ferdinand Mendez
Pinto." Überhaupt nimmt es der alte Sterngucker sehr
übel, wenn man seine Wissenschaft verachtet; seine Nichte
versteht ihn aufzuziehen und doch nicht zu beleidigen,
Sir Sampson, dieser „Contemner of Sciences" bringt
ihn gewaltig auf und, statt dann wieder Versöhnungs-
versuche zu machen, verspricht er ihm eine ägyptische
Mumie. Dass der alte Sterngucker sich bei seiner ewigen
Beschäftigung mit den Sternen um sein Weib nicht kümmern
kann, ist natürlich. „Unter den zwölf Zeichen des Thier-
kreises ist nur eine Jungfrau," sagt Foresight, und Angelica
erwidert schlagfertig: „Und auch die wär's nicht mehr gewesen, wenn sie mit andern Leuten zu thun hätte, als mit

Astrologen. Darum geht auch die Tante aus." Ja, die Tante
geht aus, auch Sir Sampson spottet über die Hörner, die
sie dem Gatten aufsetze. Das macht den alten Foresight
denn doch stutzig. Er wird aufgeregt, sucht zu erfahren,
was denn mit seinem Weibe sei, bringt aber nichts heraus.
Diese herrliche Lustspielfigur des „Stargazer", wie er sie
auf der Bühne sah, beschreibt Hazlitt folgendermaßen:
„His look is planet-struck; his dress and appearance like
one of the signs of the zodiac taken down. Nothing can be
more bewildered; and it only wants a little more helpless-
ness, a little more of the doting querulous garrulity of age,
to be all that one conceives of the superannuated, star-
gazing original." In dieser Figur wollte der Dichter den zu
seiner Zeit fast allgemein verbreiteten Glauben an die Gestirne persiflieren. Johnson, S. 23, sagt: „The character of
Foresight was then common. Dryden calculated nativities;
both Cromwell and King William had their lucky days;
and Shaftesbury himself, though he had no religion, was
said to regard predictions." Für die Handlung kommt
Foresight als Onkel Angelicas und als Vater Miss Prues
in Betracht. Gosses Behauptung (S. 71): „The father of
Angelica is the ridiculous old astrologer", beruht auf einem
Missverständnis, Miss Prue ist dessen Tochter. Mr. Foresight
ist aber, das ahnen wir nach seiner erwachenden Eifersucht,
auch zum Helden einer Nebenhandlung ausersehen, allerdings zum passiven, er wird nämlich die Rolle des betrogenen Ehemannes in einer Ehebruchsgeschichte zu spielen
haben (Fondlewife, Plyant, Froth). Dieser Mr. Foresight
unterhält uns in den ersten fünf Scenen des zweiten Actes
vortrefflich. Von anderen Charakteren lernen wir zunächst
Angelica kennen, die uns als ein kluges, muthwilliges und
ausgelassenes Mädchen entgegentritt, welches den alten
Onkel trefflich zum Narren hält und durchaus nicht zimperlich thut. Sir Sampson Legends Auftreten in der fünften
Scene bringt die Handlung wieder in Fluss. Die früheren
Scenen haben lediglich der Charakteristik und Komik gedient. Er ist der überstrenge und herzlose Vater, der auf
der Wahrung seiner Autorität den Kindern gegenüber besteht. Wenn die Kinder glauben, die Väter seien nur dazu
da, um zu lieben, zu verzeihen und zu zahlen, dann sind

sie im Irrthum. Er bringt ein Schriftstück mit, worin sich Valentine verpflichtet, sobald sein jüngerer Bruder Ben angekommen sei, seine Vermögensansprüche in aller Form rechtens abzutreten.

Da erscheint Valentine selbst, nicht weil er den Vater sprechen will, sondern um Angelica zu sehen. Diese ist aber ausgegangen, resp. in einer Sänfte ausgeführt worden, so ergreift er denn die Gelegenheit, den Vater um Milderung der harten Bedingungen zu ersuchen (Die viertausend Pfund hat er schon erhalten), doch der herzlose Vater verspottet ihn und weist ihn an seinen Witz, von dem soll er leben. Da nun Valentine dieses Verfahren unnatürlich und barbarisch nennt, entwickelt sich ein Streit, in dessen Lobe alle Kritiker übereinstimmen. Gosse, S. 71, sagt: „He and his father have one of the most admirable scenes in all comedy, where the question of hereditary responsibility is gone into with a seriousness that is unusual on Congreve's cynical stage.“ (Was nun bei Gosse folgt: „The end of it is that Sir Sampson will give his son four thousand pounds“, ist unrichtig, die viertausend Pfund hat er ihm schon gegeben.) Hazlitt schreibt darüber: „The remonstrance of his son to him ... with his valets accompanying comments is one of the most eloquent and spirited specimens of wit, pathos and morality, that is to be found.“ „Bist du nicht mein Sclave? Habe ich dich nicht erzeugt?“ fragt der Alte, „und stand es nicht in meiner Wahl, dich zu erzeugen oder nicht? Wer bist du? Woher kamst du? Was brachte dich in diese Welt? Wie kamst du hieher, dass du hier auf deinen zwei Beinen stehst und mich so frech ansiehst? Kamst du als ‚Freiwilliger‘ in die Welt? Presste ich dich nicht vielmehr mit meiner väterlichen Gewalt zum Dienste?“ „Ich weiß ebensowenig, warum ich kam, wie du weißt, warum du mich gerufen hast! (Vergl. den Monolog Franz Moors.) Aber ich bin einmal da, und wenn du für mich nicht sorgen willst, dann wünschte ich, du ließest mich so, wie du mich fandest,“ erwidert Valentine. Der harte Vater heißt ihn die Kleider abstreifen und nackt aus der Welt gehen, wie er hineingekommen sei. Darauf gibt ihm der Sohn eine sehr bemerkenswerte Antwort: „Die Kleider sind bald unten, aber du musst mich der Vernunft, des Denkens, der Leidenschaften, Neigungen, Begierden, Gefühle und des ganzen Riesentrosses von Begleitern, die du mit mir zugleich erzeugt hast, entkleiden. Ich selbst bin ein einfaches Geschöpf, das nicht viel braucht, aber das Gefolge ist gierig und unbezwinglich." Da sich Jeremy ins Gespräch mischt, sagt der Vater: „Der Bursche sollte eigentlich ohne einen Gaumen geboren worden sein, und doch wette ich, er isst einen Fasan lieber als ein Stück von ‚poor John'. Seine Mutter war eine Austernverkäuferin im Winter, im Sommer bot sie Gurken feil. Wenn man diesen Gurkensohn secierte, so fände man dieselben Gefäße und Organe wie bei einem Cardinal." Trotz dieser philosophischen Betrachtungen erreicht aber Valentine sein Ziel nicht.

In der folgenden Scene unterhalten uns die beiden Schwestern Mrs. Foresight und Mrs. Frail. Auch diese Scene wird überall hervorgehoben. In Bezug auf unmoralischen Lebenswandel haben einander die Schwestern nichts vorzuwerfen. Sonderbarerweise suchen dieselben einander dennoch Vorwürfe zu machen, oder eigentlich beginnt Mrs. Foresight damit, ihre Schwester wegen ihres wenig decenten Benehmens zu tadeln, und fragt sie endlich, ob sie nicht an einem verrufenen Orte, namens „The World's-End", gewesen sei. Mrs. Frail leugnet, als ihr aber die Schwester eine Haarnadel zeigt, die sie dort verloren, ist sie wohl überführt, aber keineswegs vernichtet. „Schwester, wie kommst du denn zu der Haarnadel? Da musst du ja auch dort gewesen sein," erwidert sie keck. Nachdem sich die Schwestern gegenseitig nichts mehr weismachen können, beschließen sie, fortan offen zu sein. Mrs. Frail theilt ihren Plan mit. Sie hat nicht viel Geld, auch keinen guten Ruf; das muss sie durch eine Heirat reparieren. Sie will Ben für sich kapern und erbittet sich dazu die Hilfe der Schwester. Miss Prue, welche für Ben bestimmt ist, hat sich, wie Mrs. Foresight erzählt, in Mr. Tattle verliebt, das passt sehr gut in den Plan der Damen. Bisher erscheint uns Mrs. Frail als ein vergnügungssüchtiges, ziemlich scrupelloses, emancipiertes Frauenzimmer, das ihren schadhaft gewordenen Ruf durch eine Heirat um jeden Preis reparieren will und sich daher in Intriguen verwickelt, zu deren Durchführung ihr auch nicht die nöthige Verschlagenheit fehlt. Dass sie bei dem

Mangel jeglicher Grundsätze sich kein Gewissen daraus machen wird zu heucheln, ist klar, aber bisher erkennt wohl kein Mensch in ihr die prüde Arsinoë („Misanthrope") wieder (Bennewitz, S. 64). Mrs. Foresight ist die ins Eheleben übersetzte Mrs. Frail. Den Beschluss des zweiten Actes bilden die berüchtigten Scenen zwischen Mr. Tattle und Miss Prue, die man immer citiert, wenn man die Sittenlosigkeit der Congreve'schen Lustspiele an besonders markanten Beispielen aufzeigen will. Miss Prue, die Stieftochter Foresights, ist eben vom Lande gekommen, wo sie sich seit ihrer Kindheit ununterbrochen aufgehalten hat. Der Londoner jener Tage träumte keineswegs von ländlichen Idyllen, von friedlichem und sanftem Schäfer- und Hirtenleben. Für ihn wohnte auf dem Lande die Roheit. Wenn uns schon die Londoner Sitten roh erscheinen, was müssen wir dann von denen der Landbewohner sagen? Miss Prue möchten wir am liebsten mit Bennewitz als „ein tölpisches, einfältiges Dorfmädchen" auffassen, das bisher von der Welt ganz abgeschlossen gelebt und außer ihrem Katechismus nichts gelernt hat. Die kommt nun in die Stadt, wo man sie verheiraten will. Natürlich macht sie da in der „feinen" Gesellschaft eine lächerliche Figur. Ihre Ausdrucksweise ist nicht fein, so nennt sie Mrs. Foresight „Mother", spricht von ihrem „Smock", sie spricht aus, was sie denkt, ohne Rücksicht auf die Person, an die sie das Wort richtet, ohne Rücksicht auf die Anforderungen ihres Geschlechtes. Sie freut sich wie ein Kind über jede Kleinigkeit, über die Schnupftabakbüchse des Mr. Tattle, über seine duftende Perücke, seine Handschuhe und sein Taschentuch. Sie schnupft selbst, hält das Taschentuch an die Nase, erzählt, sie werde ihre Unterröcke jetzt auch mit demselben Parfüm versehen, kurz, bisher redet und handelt sie wie ein unerfahrenes Kind, das in ganz fremde Kreise kommt und dort frei von jeder Befangenheit sich so gibt, wie es ist. Am wichtigsten ist aber die Frage nach ihrer Moralität. Sie hat Mr. Tattle einen Kuss gegeben, weil sie seinen schönen Ring nur um den Preis haben konnte. Das gesteht sie ganz unbefangen den beiden Damen. Sie sieht also in einem Kusse nichts Unerlaubtes, für ihre sittliche Verderbtheit spricht dieser Umstand nicht, im Gegentheil für ihre Naivetät.

Nun aber lassen die Damen Foresight und Frail zur Beförderung ihres uns bereits bekannten Planes die beiden allein. Wozu wünschen sie dieses Alleinsein? Mr. Tattle soll Miss Prue den Hof machen und sie so für sich einnehmen, dass sie dann den tölpelhaften und schwerfälligen Matrosen nicht mehr wird haben wollen, ja sie haben sogar nichts dagegen, wenn Mr. Tattle diese Unschuld verführt. Diese beiden Schwestern, die unter gleißnerischen Warnungen, welche nur noch mehr locken müssen, die zwei allein lassen, erwecken als niedrige, die Unschuld ihrer Verwandten verkaufende Kupplerinnen unseren tiefsten Abscheu, nicht aber Miss Prue, deren Verhalten in den folgenden Scenen wir nun einer unbefangenen Prüfung unterziehen wollen.

Dass Mr. Tattle besonderen Gefallen daran findet, einmal eine Unschuld pflücken zu können, schon der Abwechslung und des pikanten Reizes wegen, den diese herbe Frucht gewähren muss, ist begreiflich. Er beginnt seine Unterweisungen, die, nebenbei erwähnt, viel zu treffend das Liebeswerben in der feinen Gesellschaft verspotten, als dass sie uns im Munde dieses eitlen Schwätzers natürlich erscheinen könnten. Er wird ihr den Hof machen. Er stellt Fragen wie: „Glauben Sie, dass Sie mich lieben können?" Sie antwortet direct mit ja. Das dürfe sie nicht, belehrt er sie, sonst kümmere er sich einen Augenblick später gar nicht mehr um sie. Sie müsse nein sagen oder „Ich glaube doch nicht" oder „Ich kann nicht sagen . . ." „Das wäre aber eine Lüge," bekennt sie aufrichtig, denn sie hat Tattle ganz gern. „Ja, alle wohlerzogenen Personen lügen, und ein Weib darf schon gar nicht sagen, was es denkt. Ihre Worte müssen ihren Gedanken widersprechen, aber ihre Handlungen können ihren Worten ebenfalls widersprechen. „Wenn ich Sie z. B. bitte, mich zu küssen, müssen Sie sich zornig stellen, aber es mir nicht verweigern. Wenn ich noch mehr verlange, müssen Sie noch zorniger werden, aber noch gefälliger sein. Wenn ich Sie so weit bringe, dass Sie sagen, Sie würden schreien, so müssen Sie in der That den Mund halten," so geht die Instruction weiter. Das gefällt ihr viel besser als das langweilige „speaking one's Mind", und es wird nun gleich geprobt. Er verlangt einen Kuss. Sie sagt: „Ich zürne Ihnen", küsst ihn aber dabei. Das war plump, sie muss sich den Kuss rauben lassen. Nun geht das Küssen los, und sie macht ihre Sache bald so gut, dass er ihr zuruft: „Admirable! That was as well as if you had been born and bred in Covent-Garden." Was jetzt folgt, ist das Verfänglichste. „Wollen Sie mir nicht zeigen, wo Ihr Schlafzimmer ist?" fragt er. Sie antwortet ganz consequent nach den erhaltenen Instructionen: „Nein, ich will es wirklich nicht; aber ich will hinrennen und mich vor Ihnen hinter dem Vorhang verstecken." Auch weiterhin hält sie sich genau an diese Instructionen:

Tattle: Ich werde Ihnen folgen.

Miss Prue: Aber ich werde die Thür mit beiden Händen zuhalten und zornig sein, und Sie sollen mich niederstoßen, ehe Sie hineinkommen.

Die Antworten der Miss Prue sind, wenn man sie richtig verstehen will, in zwei Theile zu theilen. Sie hält sich stets den Satz vor: „Ich muss in Worten verweigern, aber in der That soll es doch dazu kommen." Das Spiel mit dem Widerstehen gefällt ihr, und so macht sie denn Vorschläge, wie es Kinder beim Spielen thun, um die Sache interessanter zu machen, aber an ein Versagen dieser Gunst denkt sie gar nicht, weil sie nicht weiß, was er von ihr haben will.

Tattle: Nein, ich will zuerst hineinkommen und Sie dann niederwerfen.

Miss Prue: So? Dann werde ich noch zorniger und noch gefälliger sein.

Tattle: Dann werde ich Sie zum Schreien bringen.

Miss Prue: Oh, das sollen Sie nicht! Ich werde den Mund halten.

Damit eilen sie beide ins Schlafzimmer.

Eigentlich gehören die beiden ersten Scenen des dritten Actes auch noch hieher. Wenn der Dichter mit dem Verschwinden der beiden den Act schließt, so ist das ein Theatercoup. Für die Beurtheilung des Charakters gehören auch die folgenden Scenen dazu. Die Amme jammert vor der Thür des Gemaches, welche verschlossen worden ist, Tattle ärgert sich, dass er vor der That gestört wird, und lässt Amme und Mädchen miteinander zurück. Befremdend wirkt der Ausruf der Miss: „O Lord, she's coming — and

she'll tell my Father." Das kann aber auf die lauten Aus-
rufe der Amme zurückgeführt werden. Nach alldem gewinnt
man das Bild, dass Miss Prue ganz unerfahren ist in den
Dingen der Liebe und des geschlechtlichen Verkehrs, dass
sie in allem, was sie redet und thut, nichts Arges erblickt.
Von einer Moral kann bei ihr keine Rede sein, sie kann
in Bezug auf Dinge, von denen sie keine Ahnung hat,
keine Grundsätze haben. Das Küssen und Lieben gefällt
ihr, da bricht der Instinct sich Bahn, und da dieser keine
moralische Schranke findet, so steht seiner Befriedigung
nichts im Wege. Unmoralisch ist dieses Mädchen also gewiss nicht, weil dazu ein bewusster Gegensatz zu einer
wenigstens geahnten Moral gehört. Ebenso kann nicht davon die Rede sein, dass ihre anfängliche Unschuld schnell
in die äußerste Leichtfertigkeit umschlägt. Von einem Um-
schlagen kann man hier ebensowenig sprechen wie von
Leichtfertigkeit. Zu all diesen Urtheilen fehlt in Miss Prues
Charakter die unerlässliche Grundlage, nämlich Vertrautheit
mit den geschlechtlichen Beziehungen und der Moral der
Liebe. Das Ganze ist ein Spiel, das dem großen Kinde
gefällt, und dessen Bedenklichkeit ihm ganz fremd ist. Aber
ein anderer Vorwurf kann dem Dichter gemacht werden:
eine Miss Prue ist thatsächlich unmöglich. Wo sie auch
immer aufgewachsen sein mag, so naiv und harmlos kann
sie nicht geblieben sein, dass ihr alle diese Dinge fremd
wären, ferner wird sich die weibliche Natur überhaupt auch
ohne moralische Unterlage gewissermaßen instinctiv gegen
Tattles Angriffe wehren. Wir können demnach sagen, der
Charakter der Miss Prue ist verzeichnet, er ist unmöglich,
aber dass der Dichter keine abgefeimte Dirne schildern,
dass er kein leichtfertiges, sittenloses Geschöpf auf die
Bühne bringen wollte, glauben wir im Vorangehenden erwiesen zu haben. Die Scene selbst ist unsittlich, wenn aber
Rapp sagt: „Das unschuldige Landmädchen ist des Dichters
unsittlichste Figur", so ist das entschieden unrichtig. (Vgl.
Kotzebues Gurly.)

Act III.

Nachdem der zweite Act die Haupthandlung nur wenig
gefördert hat, enthält er doch nur einen vergeblichen Ver-

such Valentines, den Vater umzustimmen, und — die Vereinbarungen der Schwestern, der Gegenspielerinnen, — deren Ausführung durch die Affaire Tattle-Prue bereits angebahnt wird, — schreitet im dritten Acte die Handlung rasch vorwärts. In der dritten Scene — die zwei ersten wurden schon erwähnt — verharrt Angelica dem Geliebten gegenüber weiter in ihrer erheuchelten Gleichgiltigkeit. Sie hat ihm ja nie gesagt, dass sie ihn liebe, er ist ihr ganz gleichgiltig. Scandal gibt den Schlüssel zu ihrem sonderbaren Benehmen, indem er sagt, die Weiber spreizten und zierten sich gern und wollten für boshaft gelten, wenn sie es auch nicht seien. Dass sie ein muthwilliges Mädchen ist, hat sie schon früher Foresight gegenüber gezeigt, über ihre wahren Gefühle werden wir aber durch keinen ihr eigenen Zug aufgeklärt. Das ist ein Fehler in der Charakteristik. Congreve hat überhaupt, wie schon beim „Double-Dealer" angemerkt wurde, solchen Personen gegenüber eine gewisse Unsicherheit in der Charakterisierung gezeigt. Da Tattle dazukommt, wird er mit seiner „Secrecy" von allen aufgezogen. Wiederum wird er in die Enge getrieben, er prahlt mit seinem Beinamen „Turk-Tattle" und mit allen möglichen Abenteuern, kurz: es ist eine Variation der Scenen im ersten Act, nur dass hier auch Angelica Antheil nimmt. Besonders Scandal hat dabei reichlich Gelegenheit, seinen Witz zu entfalten. Zuletzt wird ein Lied gesungen. (John Eccles hat es in Musik gesetzt.) Es besteht aus zwei Strophen zu vier jambisch-anapästischen Versen in der Reimstellung a a b b und bringt die Geschichte von „A Nymph and a Swain", die das Orakel des Apollo fragten, ob eine „Nymph" je keusch und ein „Swain" je treu war. Apollo erwidert:

„He alone wo'n't betray in whom none will confide;
And the Nymph may be Chaste that has never been try'd."

Das ist die cynische Antwort Scandals auf Tattles „Secrecy" und Angelicas Tugendhaftigkeit. Da stürmt der alte Sampson herein und will seinen Sohn Ben begrüßen, von dessen Ankunft er eben erfahren hat. Ben erscheint alsbald und zeigt sich als ein ungeleckter, rauher Seebär, nicht eben übermäßig klug, im ganzen eine gutmüthige Natur. Er spricht in der derben Seemannssprache. Johnson meint, der Matrose sei nicht sehr natürlich, aber sehr amüsant. Leigh Hunt findet nichts Unnatürliches an ihm, höchstens, dass der Sohn des reichen Legend ein gemeiner Matrose ist. Rapp meint, er sei eine der anziehendsten Localfiguren für das englische Naturell. Der neueste Biograph Smolletts, Mr. Hannay („Great Writers", 1887), wiederholt nach Gosse, S. 16, den Vorwurf Johnsons. Er sagt: „Ben is a landsman's sailor, drawn by a man who was not familiar enough with more than the outside of the life to give vitality to the picture." Ob das stimmt, kann ein „landsman" natürlich nicht beurtheilen; wir können nur unsere Zweifel darüber ausdrücken, ob Congreve wirklich mit dem Seeleben und mit dem Typus des Seemannes so unbekannt war. Dazu war es wohl nicht nöthig, wie Wycherley selbst, eine Expedition zur See mitgemacht zu haben. Jedenfalls ist Ben eine sehr unterhaltende Figur und ist ungemein häufig copiert worden. Seine Vergleiche sind immer aus dem Seeleben hergeholt, seine Terminologie ist die der Schiffer, er erzählt gern von den Reisen und dem Leben der Matrosen: „We're merry Folks, we Sailors, we ha'n't much to care for. Thus we live at Sea; eat Bisket, and drink Flip; put on a clean Shirt once a Quarter — Come home, and be with our Landladies once a Year, get rid of a little Money; and then put off with the next fair Wind." Zur Unterhaltung ruft er sich am Schlusse des Actes Matrosen herein, und es wird getanzt, gesungen und getrunken. Das Lied, eine Ballade (John Eccles hat es gleichfalls in Musik gesetzt), erzählt in drei Strophen von je zehn dreitaktigen jambischen Versen, wie ein Soldat, ein Kesselflicker, ein Schneider und ein Matrose um die Gunst eines schon ältlichen Mädchens warben. Das Lied ist sehr volksthümlich gehalten, und wenn auch kräftig und derb, so doch eine gute Production des Dichters. In der Liebe, überhaupt im Verkehr mit Damen, macht Ben nicht viel Umstände. Er ist durchaus nicht fein, mag aber auch keine Zimperlichkeit bei den Weibern. Der Vater sagt ihm, er solle heiraten. Sehr angenehm ist ihm das nicht; denn er liebt es, von Hafen zu Hafen zu schweifen, und ein verheirateter Mann hat seine Füße im Stock. Da es aber der Vater haben will, so ist er bereit, Miss Prue, mit der man ihn nunmehr allein lässt, seine Erklärung zu machen. Auf dieses

Fräulein ist aber inzwischen entsprechend eingewirkt worden, auch gefällt ihr Tattle viel besser, kurz, sie mag unsern Ben nicht, und das sagt sie ihm direct heraus. Obwohl man einem Manne nie die Wahrheit sagen soll, diesmal wird sie nicht lügen. Sie mag ihn nicht; es ist keineswegs etwa mädchenhafte Scheu, die sie abhält, ja zu sagen, es ist ihr Widerwille gegen ihn. Der Vater mag thun, was er will; gepeitscht zu werden, dazu ist sie schon zu groß. Der Matrose, dem, wie gesagt, an der Ehe blutwenig liegt, würde das ruhig hinnehmen, wenn nicht die Brutalität ihrer Natur bei Miss Prue sich in Schimpfworten gegen ihn Luft machte. Sie nennt ihn ein Saukalb, ein stinkendes Theer-fass, worauf er allerdings mit „you Cheese-Curd" repliciert. Diese Scene ist „comedy holding both its sides" (Gosse, S. 13). Mrs. Foresight und Mrs. Frail freuen sich dieses Zerwürfnisses, und letztere, die es verstanden hat, sich bei dem Matrosen gleich anfangs in ein gutes Licht zu setzen, indem sie auf seine Vergleiche eingieng, zieht ihn jetzt noch mehr an sich, um ihn weiter zu bearbeiten. Das ge-lingt ihr so gut, dass sie in der Schlussscene bereits einig sind und nur noch die Erledigung der Vermögensübertragung erwarten. Valentine ist auf die Kunde von seines Bruders Ankunft hin verschwunden mit den Worten: „We are the Twin-Stars and cannot shine in one Sphere; when he rises, I must set — Besides, if I shou'd stay I don't know but my Father in good Nature, may press me to the immediate signing the Deed of Conveyance of my Estate; and I'll defer it as long as I can." Er muss scheiden, ohne von Angelica eine Antwort erhalten zu haben, tröstet sich aber halbwegs darüber, als Scandal ihm einen Plan mitzutheilen verspricht, der all seiner Geld- und Liebespein ein Ende machen soll. Dass sich Valentine entfernt hat und seinen Bruder nicht begrüßen will, gibt wiederum dem alten Sir Sampson Anlass, sich über diese Lieblosigkeit zu ärgern. Er hält seinen älteren Sohn für herzlos und glaubt auch nicht, dass er Angelica wahrhaft liebe, er wolle sie nur ihres Geldes wegen heiraten. Da er in solchen Worten Angelica gegenüber seinem Ärger über den ungerathenen Sohn Luft macht, beschließt diese, auch mit Sir Sampson ihren Spott zu treiben. Sie erklärt, sie habe an Valentine auch nur das Geld geliebt; wenn sie j e t z t wählen sollte, würde sie lieber den Vater heiraten. Wenn dieser nun gar seinem Sohne eine alte Schachtel von etwa 60 Jahren zur Gattin wünscht, — die werde er doch nehmen müssen, um sich von ihr aushalten zu lassen, — so widert diese Herzlosigkeit des Vaters geradezu an, und die folgende Scene mit Ben ist uns darum umso angenehmer, da sie uns aus einer sehr ungemüthlichen Stimmung reißt. Diese, wie überhaupt alles, was sich auf Ben bezieht, ist bereits besprochen worden. Die Haupthandlung findet ihre Fortsetzung in den Scenen IX und X. Scandal bringt Sampson und Foresight, welche eben die Hochzeit zwischen Ben und Miss Prue auf den nächsten Tag festsetzen, da sie von dem Zerwürfnisse zwischen beiden noch nichts wissen, die Nachricht, dass Valentine wahnsinnig geworden sei. Er hat den beiden Männern Geheimnisse, Traumerscheinungen mitzutheilen und verlangt dringend nach ihnen. Der alte Legend wittert dahinter eine List, durch welche die Unterfertigung des Vertrages verzögert werden soll, und eilt hinweg. Die elfte Scene ist wohl diejenige, welche, wie der Dichter in der Dedication sagt, auf der Bühne ausgelassen wurde. Es ist unzweifelhaft, dass der „ridiculous Character" Foresights dadurch erhöht wird (Dedication). Scandal geht auf dessen Narrheit ein, gibt vor, selbst Astrolog zu sein, und will den Alten mit Hilfe der Sternzeichen für Valentine gewinnen. Der alte Astrolog erklärt aber, die Ehe zwischen Ben und Miss Prue werde von den Sternen begünstigt. Das sucht ihm Scandal als einen Irrthum hinzustellen. Er hat sich gewiss geirrt, er ist nämlich wahrscheinlich nicht ganz wohl, das sieht man ihm an, der Bart z. B. ist länger, als er vor zwei Stunden war. Da unterbricht Mrs. Foresight den Intriguanten. Diese muss er nun vorerst gewinnen. Er gesteht ihr vor dem Gatten — der, ängstlich geworden, sich beobachtet, um endlich zu finden, dass er sehr krank sei — seine Liebe, und sie sträubt sich nur wenig. Um den Gatten zu entfernen, geht sie auf seinen Plan ein und erzählt, ihr Gatte sei seit letzter Zeit sehr unruhig, er müsse sofort zu Bett. Das geschieht unter Assistenz der „Nurse" und unter äußerst komisch wirkenden Reden und Vorschriften seitens des ängstlichen Narren. Nun die beiden allein sind, philosophieren

sie über Liebe und Ehe. „Honour is a public Enemy; and
Conscience a Domestic Thief ... A Husband is an Oppor-
tunity for Pleasure, so you have taken care of Honour, and
'tis the least I can do to take care of Conscience," dociert
Scandal. Sie gibt nach. Am Schluss des Actes bleiben sie
allein auf der Bühne, und Scandal spricht die Schlussverse:

> „There's nought but willing, waking Love that can
> Make blest the Ripen'd Maid and Finish'd Man."

Wozu diese letzten Scenen dienen, ist nicht recht ersicht-
lich. Dieser Ehebruch ist doch ganz überflüssig, er ist eine für
die Entwicklung der Handlung ganz irrelevante Erfindung.
Wenn die elfte Scene ausgelassen wird, kommt die Affaire
Foresight-Scandal allerdings noch unvermittelter und hängt
nicht einmal durch den schwachen Faden mit der Haupthandlung zusammen, der sie jetzt verbindet. Jetzt will
Scandal Foresight für Valentine gewinnen; da er durch die
Frau in seinen Bemühungen gestört wird, macht er ihr ein
Liebesgeständnis, damit sie mit ihm im Einverständnisse
handle. Nur wird dieses Ziel nicht erreicht. In der Fortführung der Liebesaffaire vergisst Scandal die Hauptsache.
Oder genügt es ihm, in dem Alten Zweifel an der Richtigkeit seines Prognostikons über diese Ehe geweckt zu haben?
Man sieht, selbst mit dieser Scene kommen wir über eine
mangelhafte Motivierung und Verbindung nicht hinaus. Wie
sah dann übrigens die zwölfte Scene auf der Bühne aus?
Die musste ja auch anders sein. Der Dichter mühte sich ab,
die Ehebruchsgeschichte mit dem Früheren zu verbinden,
aber vergeblich. Was er gewonnen hat, sind ein paar
komische Züge mehr. Gosse hat recht, wenn er von „un-
necessary pleasantries" spricht.

Act IV.

Dieser Act spielt in der Wohnung Valentines und ist
äußerst reich an Verwicklungen. Die Haupthandlung desselben bildet der Wahnsinn Valentines und die dadurch
hervorgerufenen Complicationen. Die Idee, sich zur Er-
reichung irgendeines Zweckes wahnsinnig zu stellen, ist
nicht neu. Man denke nur an Hamlet. Fletcher hat in seinem
Stücke „The Wild-Goose-Chase" dasselbe Motiv verwertet
und Farquhar in der Bearbeitung des Fletcher'schen Dramas,

im „Inconstant", es beibehalten. Congreve führt selbst einige Gründe an, welche ihn zur Wahl dieser Intrigue, die die gewagtesten Situationen herbeiführt, veranlasst haben (Wilson, Part. I., Letter VII., S. 63). Er wollte dadurch Abwechslung in den Charakter des Helden und in den Dialog bringen, sich größere Freiheit der Satire sichern, und endlich dient ja der Streich Valentines auch dem Plane der Komödie. In Kürze lässt sich der Inhalt des Actes folgendermaßen zusammenfassen: Seinen Endzweck, nämlich das Hinausschieben der Unterschrift, erreicht Valentine durch seine List. Sir Sampson kommt (Scene VI) mit Buckram, dem „lawyer", in Valentines Wohnung. Dieser liegt unordentlich gekleidet auf einem zerzausten Lager, erkennt niemand, gibt sich für die „Wahrheit" aus und macht sich über die Richter lustig, in deren Hallen die Wahrheit nichts zu thun habe. Buckram entfernt sich, da der junge Mann offenbar „non compos" sei und daher eine Urkunde nicht rechtskräftig unterzeichnen könne. Nun wird Valentine wieder vernünftig zur großen Freude des Vaters, nicht etwa, dass in diesem die väterliche Liebe erwacht wäre, nein, er behandelt seinen „Val" nur so liebreich, damit er ihm den Gefallen thue und unterschreibe. „That ever I should suspect such a Heathen of any Remorse," ruft Scandal wüthend aus. Wie aber Buckram wieder zurückkommt, da redet Valentine wieder irre, sodass der Jurist ärgerlich mit den Worten davongeht: „O Lord, let me be gone; I'll not venture myself with a Madman." Nun spielt Valentine die Rolle der „Truth" (Scene X) vor seinem Vater, Scandal, Jeremy und den später erscheinenden Foresight, Mrs. Foresight und Mrs. Frail (Scene XI) weiter, um, offenbar aus dem vom Dichter angegebenen Grunde, scharfe Satire zu bringen; denn für die Fortentwicklung der Handlung ist die Fortsetzung des Rasens nicht nöthig, die Unterfertigung ist ohnehin verschoben. In der Gestalt der Wahrheit kann man sehr viel Unangenehmes sagen. Collier hat Congreve den Vorwurf gemacht, das Anlegen dieser Maske sei eine unverzeihliche Entweihung der heiligsten Begriffe, wie dieser Eiferer z. B. in unserem Stücke auch die Wahl des Namens Sampson als Profanierung der biblischen Geschichte getadelt hat. Sir Sampson ist furchtbar aufgebracht über die Vereitelung seines Planes und lässt seine Wuth an Foresight aus, der ihn durch seine Hinweise auf die richtige Zeit den günstigen Moment vergessen ließ; endlich geht er „in Contempt of Science" davon. Vor den anderen zieht nun Valentine gegen den Hof los, an welchem die Wahrheit keinen Platz finde, gegen den schlechten Besuch der Kirche, den krämerischen Geschäftsgeist, die Lüsternheit der Weiber etc. und verspottet Foresight wegen seiner Hahnreischaft. Von der letzten Nacht und deren Freuden unterhält übrigens auch Scandal Mrs. Foresight, die sich aber an nichts mehr erinnern kann, eine Vergesslichkeit, die Scandal als eine ihr anhaftende Eigenthümlichkeit bezeichnet.

Welche Rolle spielt Angelica in dieser Affaire? Auf die Kunde von der geistigen Erkrankung ihres Liebhabers hat ihre Liebe sie denn doch zu Valentine getrieben, und im Gespräche mit Scandal enthüllt sich zum erstenmale ihr wahres Gefühl. Sie findet es undelicat von ihm, in einer solchen Lage über den Freund zu witzeln. Gewisse Winke und Zeichen, die zwischen Scandal und Jeremy gewechselt werden, machen sie aber misstrauisch, sie fürchtet, dass man ihr einen Streich spielen wolle. Um Gewissheit zu erlangen, holt sie Scandal aus, und als dieser meint, der Besuch Angelicas werde seinen Freund wohl wieder gesund machen, da ist sie im klaren und verlässt das Haus, ohne bei Valentine eingetreten zu sein, eben während Jeremy sie anmeldet. Sie heuchelt nun wieder die größte Kälte und Gleichgiltigkeit; denn anführen will sie sich nicht lassen. Das führen die ersten fünf Scenen des Actes aus. Ehe sie wiederkehrt, — die innere Unruhe treibt sie sehr bald wieder ins Haus Valentines — hat sich manches geändert. Mrs. Frail sieht, dass Ben unter den momentanen Verhältnissen das Geld nicht erben könne und wenn Valentine sich constant weigere oder wahnsinnig bleibe, auch fernerhin nicht; folglich ist ihr Interesse an dem rohen Matrosen erloschen, und sie sagt ihm das auch ohne jeden Rückhalt und nicht sehr fein. (Sie tituliert ihn dabei „Porpusse", Meerschwein.) Um sich zu entschädigen, will sie sich jetzt auf den Rath ihrer Schwester hin an Valentine machen. Dessen Diener soll s i e anstatt Angelica, nach welcher der Rasende stets verlangt, diesem vorführen; dass er sie für Angelica halten werde, sei unzweifelhaft, da ihm jedes Weib als seine Geliebte erscheine. Dann solle sofort ein Priester die beiden verheiraten, und „After Consummation there's no revoking". Diesen Plan hat Jeremy natürlich seinem Herrn mitgetheilt, und Valentine will sich scheinbar darauf einlassen. Sinn hat das keinen, es wird momentan thatsächlich nur deshalb acceptiert, weil „It may make us Sport", aber bis zur förmlichen Verheiratung darf es nicht kommen. Keiner denkt jedoch daran, wie sich die Sache weiter gestalten wird. Der Dichter hatte allerdings eine bestimmte Absicht damit. Er wollte das Maskenspiel aus dem „Old Bachelor" wiederholen und zwar noch steigern dadurch, dass er zwei fremde Leute, von denen jeder den Partner für einen andern hält, als er thatsächlich ist, durch den Priester verheiraten lässt. Im „Old Bachelor" sind Sylvia und Lucy als Araminta und Belinda verheiratet worden. Dann hätte er uns aber Tattle, der als männlicher Theil dabei mitwirken soll, schon früher in seiner Verliebtheit Angelica gegenüber zeigen und in den Köpfen Scandals, Jeremys und Valentines früher den Plan reifen lassen sollen, Mrs. Frail als Angelica Mr. Tattle als Valentine zuzuführen. Dass wir von Tattles Liebe zu Angelica erst in der sechzehnten Scene erfahren, während Valentine schon in der fünfzehnten Scene auf die Frail-Mystification eingehen will, ist ein Fehler in der Composition. Noch in derselben fünfzehnten Scene findet diese Vorführung der Mrs. Frail statt, und Valentine sagt ihr: „I have a Secret to tell you — Endymion and the Moon shall meet us upon Mount Latmos, and we'll be marry'd in the dead of Night ... Get me a Coul and Beads, that I may play my Part ... For she'll meet me two Hours hence in black and white, and a long Veil to cover the Project, and we won't see one another's Faces, 'till we have done something to be asham'd of, and then we'll blush once for all." Wenn die Composition gerettet werden soll, müsste man annehmen, Valentine habe in diesem Momente vor, Mrs. Frail zu gewinnen, ohne sie zu heiraten, und nachher, wenn sie Ansprüche erheben sollte, direct zu leugnen, dass er es gewesen sei. Die letzten Scenen des Actes zeigen uns wieder Angelica, die mit Tattle gekommen ist. Diesem gesteht sie auf seine Liebeswerbung hin, dass sie Valentine liebe. Letzterer stellt sich, als erkenne er sie nicht, macht Witze über die Weiber, denen man Geheimnisse darum sehr ruhig anvertrauen könne, weil ihnen ja niemand glaube, wenn sie dieselben auch verriethen. Dann lässt er sich ein hübsches Lied vorsingen (von Mr. Finger in Musik gesetzt), das zwei Strophen zu je sechs fünftaktigen jambischen Versen in der Reimstellung aaabbb enthält und das bekannte Thema von Liebe und Treue in dem Sinne behandelt, dass auf die Treue beiderseits verzichtet werden müsse. Allein mit Angelica (Scene XVIII) enthüllt ihr Valentine seine List, sie aber quält ihn noch weiter, indem sie jetzt scheinbar an wirkliche Narrheit bei ihm glaubt. Jeremy, der den Befehl hat, an der Narrheit seines Herrn jedem gegenüber festzuhalten, wird von dem verzweifelten Valentine als Zeuge geführt. Der bleibt aber natürlich bei seiner Instruction. Vergebens ruft Valentine: „Why you thick-skull'd Rascal, I tell you the Farce is done, and I'll be mad no longer." Eben das sei ein charakteristisches Merkmal Wahnsinniger, dass sie sich für vollkommen normal hielten, ziehen ihn beide auf. Das Gespräch, von dem sich Valentine so viel versprochen hat, endet daher resultatlos. Seine Schlussworte lauten:

„That Women are like Tricks by Slight of Hand,
Which to admire, we should not understand."

Act V.

Wie wir schon beim „Double-Dealer" gesehen haben, liebt es Congreve, die Spannung des Zuschauers bis zum letzten Momente zu erhöhen und ihn bis zum Schlusse über den Ausgang im unklaren zu lassen. Als im vierten Acte in den letzten Scenen Valentine mit Angelica allein blieb, erwartete jeder die Aufklärung. Sie kam nicht. Die Art und Weise, wie sich alles löst, ist jedenfalls originell. Dass der alte Sir Sampson selbst einer Heirat nicht abgeneigt wäre, ist in dem Bisherigen wohl schon angedeutet worden; auch dass ihm Angelica gut gefällt, wissen wir schon aus der fünften Scene des dritten Actes. Dass er von ihr nicht würde zurückgewiesen werden, könnte sich der alte Narr auch eingebildet haben, hat sie ihm doch damals gesagt: „If I marry, Sir Sampson, I'm for a good

Estate with any Man, and for any Man with a good Estate:
Therefore if I were obliged to make a Choice, I declare,
I'd rather have y o u than your Son." Auf diese Disposition
des Alten baut Angelica ihren Plan. Sie verlangt von ihm,
er solle ihr einen Mann verschaffen, schmeichelt dabei
seiner Eitelkeit, sodass er schließlich, nachdem er über
seine Kraft und Frische trotz seiner fünfzig Jahre lange
Reden gehalten und bei sich lange geschwankt hat, „auf
dem Altar ihrer Schönheit die Schätze Perus und Mexikos
zu opfern sich bereit erklärt". So weit wollte sie ihn bringen.
„Das," erwidert sie, „oder wenigstens etwas Ähnliches zu
verlangen, war auch meine Absicht. Euer Sohn Valentine
ist gar nicht wahnsinnig. Er will nur den Contract nicht
unterzeichnen. Wenn wir uns nun z u m S c h e i n e miteinander verheirateten, würde er in seiner Verzweiflung
darüber, dass er mich verliert, seine Maske abwerfen, und
er würde verzichten." Damit ist der Alte einverstanden bis
auf die S c h e i n e h e. Es soll eine wirkliche Ehe werden.
Das schlaue Mädchen geht darauf ein, nur muss er ihr
zuerst das Document geben, durch welches Valentine sich
dem „Steward" gegenüber verpflichtet hat, nach Ankunft
seines Bruders diesem die Vermögensrechte notariell zu
übertragen. Sie will nämlich ihren Rechtsanwalt fragen, ob
nach dem Wortlaute desselben sie und eventuelle Kinder
aus ihrer Ehe mit Sir Sampson in Bezug auf die vermögens-
rechtlichen Ansprüche an Stelle Bens treten könnten. Klar
ist die Sache mit dieser Obligation durchaus nicht. Dass
es der von Valentine ausgestellte „Bond" ist, daran ist
kein Zweifel möglich; in der Schlusscene fragt nämlich
Valentine: „But where is the Bond by which I am obliged
to sign this?" Daraufhin erwidert Angelica: „I have it."
Nebenbei gesagt, ist diese Frage Valentines, der doch nicht
in die Absicht Angelicas eingeweiht ist, unpassend. Unklar
bleibt aber, was Angelica und der Alte an diesem Vertrage
ändern wollen. Um die Scene zu retten, muss man nur
annehmen, dass der Alte in seinem verliebten Taumel nicht
weiß, was er spricht, und dass anderseits Angelica, auf diese
Disposition ihres Bräutigams bauend, ihren Geist nicht sehr
anstrengt, um einen plausiblen Vorwand für die Bitte zu
finden, er möge ihr den „Bond" überlassen. Zu ihrem Plane

braucht sie diesen. Sie lässt die Geschichte von ihrer nahe bevorstehenden Vermählung mit Sir Sampson publik werden, übrigens sorgt schon der Alte selbst dafür, dass es alle erfahren. Valentine eilt bestürzt herbei und will aus ihrem Munde die Bestätigung des Gerüchtes hören; sie gibt ihm dieselbe. Jetzt hat das Vermögen keinen Wert mehr für ihn, er ist bereit, den Vertrag zu unterzeichnen. Endlich ist Angelica befriedigt, sie hat die treue und standhafte Liebe Valentines erkannt, zerreißt den „Bond", von dem früher die Rede war, und lacht den Alten aus, der für seine Hartherzigkeit und Grausamkeit mit Recht büßen müsse. Die seltenen Eigenschaften ihres Valentine erkennt sie in den Schlussversen an:

> „The Miracle to-day is, that we find
> A Lover true: Not that a Woman's kind."

Indessen hat Jeremy glücklich Mr. Tattle und Mrs. Frail zusammengebracht. Ersterer hielt die tiefverschleierte Frail für Angelica, die Frail glaubte anderseits, der in einer Kapuze erscheinende Mönchsbruder sei Valentine. Nach der Entlarvung kommen die Neuvermählten ganz unglücklich zu den andern und bejammern ihr Missgeschick. So ist die leichtsinnige und herzlose Männerjägerin empfindlich gestraft und der eitle Schwätzer nicht minder. Ben treibt sich spottend und lachend auf der Bühne herum und wird sich bald wieder einschiffen, da ja hier alles verrückt sei. Das bestätigt der alte Foresight, dem alles so sehr gegen seinen Wunsch und seine Einsicht geht. Seine Tochter Miss Prue, welche Tattle, bevor er zu jenem ominösen Rendezvous gieng, direct von sich gewiesen hat, die aber jetzt, nachdem sie einmal dem Genuss so nahe war, ein ihr bisher unbekanntes Sehnen nach dem Männlichen empfindet, muss er in ihrem Zimmer einsperren lassen, damit sie nicht ihre Drohung ausführe und den Kellermeister und Tafeldecker Robin heirate.

Schlussbetrachtung.

Dieses Stück ist das längste, aber auch das unterhaltendste Congreves. Sogar Johnson gibt zu, dass „Love for Love" „is a comedy of nearer alliance to life, and exhibiting more real manners than either of the former." Macaulay findet, es sei „superior both in wit and in scenic effect to either of the preceding plays." Rapp sagt: „Dieses längste Stück wird dennoch sein bestes sein." Auch Bennewitz erkennt, dass das Talent Congreves für die Komödie in diesem Stücke am meisten zur Geltung kommt. Gosse bespricht es eingehender als alle andern und rühmt es sehr. Hazlitt haben wir schon citiert, auch Leigh Hunt gehört zu den Bewunderern des Stückes. Worin liegen also dessen Vorzüge? Hat sich der Dichter zu einer höheren Stufe der Sittlichkeit erhoben? Ist wenigstens der Stil reiner und decenter geworden? Keineswegs. Gerade in diesem Stücke hat Congreve gar keine Spur von Rücksicht auf den Anstand walten lassen. „All that was merely pink has deepened into scarlet; even what is disagreeable, — the crudity of allusion and the indecency of phrase — have increased," sagt Gosse, S. 70, sehr bezeichnend. Ehebruch (Mrs. Foresight und Scandal), Kuppelei (Mrs. Foresight und Mrs. Frail verkuppeln geradezu Miss Prue an Tattle), Verführung der Unschuld (Miss Prue-Tattle) spielen eine bedeutende Rolle, wenn auch keine so große wie im „Double-Dealer". Dem gegenüber heißt es nicht viel, wenn Gosse, S. 76, von dem Stück sagt: „It closes with a deliberate concession of good fortune to virtue." Ja die langen Predigten Angelicas am Schlusse des Stückes stoßen durch ihre in die Augen springende Absichtlichkeit eher ab. Ob das Laster niemals besonders interessant dargestellt ist, was Gosse als Vorzug des Stückes rühmt, ist so ausgemacht nicht. Mrs. Frail ist gewiss nicht sympathisch, auch ihre Schwester nicht, aber der geprellte Ehegatte fehlt auch hier nicht, und über ihn machen sich alle lustig. Eine ernstere Auffassung tritt auch hier im allgemeinen noch nicht entgegen. Ausnehmen muss man davon das Verhältnis zwischen Valentine und Angelica. Da ist der Dichter über Cynthia-Mellefont hinausgekommen. Ob er sein Verhältnis zu Mrs. Bracegirdle darin zum Ausdruck gebracht hat, ob wir in Valentine den Dichter selbst zu erblicken haben, wie vielfach behauptet wurde, ist nicht gewiss, aber sehr wahrscheinlich. Was die Moralität des Stückes betrifft, lässt sich also kurz sagen: „In Bezug auf seine Tendenzen kann man wohl in gewissem Sinne schon

von einer Moral sprechen, er hat auch die anständigen
Personen im Stücke mit sichtlicher Vorliebe behandelt, das
Laster vielleicht etwas weniger sympathisch machen wollen.
Aber was den Ton der Conversation, die Wahrung des
Anstandes auf der Bühne betrifft, ist gegen früher keine
Besserung, sondern das Gegentheil eingetreten."

Wie steht es mit dem „plot"? Er ist diesmal un-
streitig interessanter als gewöhnlich (Gosse, S. 70), auch
ist die Handlung umfassender und führt uns ein interessantes Familiengemälde vor. Der Zusammenhang zwischen
den einzelnen Theilen ist meist gut gewahrt. Eine Nebenhandlung ist höchstens der Ehebruch Mrs. Foresight-Scandal.
Die Verbindung zwischen dieser und der Haupthandlung
durch jene auf dem Theater nicht aufgeführte Scene (die
elfte des dritten Actes) ist direct als misslungen zu bezeichnen. Die Liebeswerbungen der Mrs. Frail stehen mit
der Haupthandlung im innigsten Contacte, ebenso die Miss
Prue- und Ben-Affairen. Überhaupt eine so innige Verknüpfung, ein so geschicktes Eingreifen der Ereignisse in-
einander findet sich in keinem der vorangehenden Stücke.
Vom Anfang bis zum Ende weiß uns der Dichter in Spannung zu erhalten, und seine Lösungen sind unerwartet und
amüsant. Valentines drückende Noth, seine Bedrängnis
durch Gläubiger, seine Rettung aus derselben durch den
„Steward", dem er den „Bond" unterschreibt, seine vergeblichen Versuche, den Vater umzustimmen und Angelica
die Entscheidung abzunöthigen, sein simulierter Wahnsinn,
Angelicas Alleinsein mit dem Wahnsinnigen und ihr Contre-
coup, ihn wirklich für verrückt zu halten, die dadurch bewirkte
Enttäuschung und neuerliche Verzögerung der Entscheidung,
Angelicas List, deren Zweck nicht vor dem Ende ersicht-
lich wird, Valentines Resignation und die endliche Entscheidung: all das ist meist so glücklich erfunden und
durchgeführt, das bildet die Quelle für so viele nebenher-
gehende Ereignisse, für den Männerfang der Mrs. Frail, für
die köstlichen Scenen mit Ben, die sehr heiklen mit Miss
Prue; die allerdings mit der Haupthandlung schlecht ver-
knüpfte Ehebruchsgeschichte bringt ferner die komischen
Sternguckerscenen, sodass wir aus der Spannung und Unterhaltung nicht hinauskommen. Wir haben keine Zeit, darüber

nachzudenken, dass die Wahnsinns-Intrigue eigentlich keinen
rechten Zweck hat. Was will denn Valentine auf die Dauer
damit erreichen? Wir kommen nicht dazu, uns diese ganze
Enterbungsgeschichte genau zu überlegen. Sonst würden
wir finden, dass dieses Enterben des älteren Sohnes zu
Gunsten eines jüngeren, dann wieder die Clauseln zur
eigenen Sicherung und zur Sicherung der künftigen Frau
und Kinder, die Geschichte mit den „Bonds" nicht gerade
an zu großer Klarheit und Verständlichkeit leiden. Über
der trefflichen Charakteristik dieser aus dem vollen Leben
gegriffenen Gestalten: des „Stargazers"; des hartherzigen,
gefühllosen Vaters, der auf seine alten Tage noch Feuer
fängt (Mit dem „Harpagon" hat er doch nur sehr entfernte
Ähnlichkeit); des etwas leichtlebigen und verschwenderischen,
in Bezug auf die Sprache von seinen Freunden, den „wits",
etwas angesteckten, in der Denkweise und im Handeln
aber guten und edlen Valentine, dem wir unsere Sympathien
auch nicht wegen des am Vater versuchten Betruges ent-
ziehen; weiter des frei sprechenden, scharf satirischen, im
ganzen aber grundsatzlosen und scrupellosen Scandal (Ein
Alceste ist er nicht); des eitlen Schwätzers Tattle mit seiner
„Secrecy"; des nur zu gelehrten Jeremy; der inmitten der
weiblichen Sumpfpflanzen rein und unschuldig gebliebenen
Angelica, an deren Herz wir nachgerade glauben lernen,
wenn es vielleicht auch besser gewesen wäre, dass der
Dichter uns früher einen Einblick in dasselbe gestattet
hätte; der leichtsinnigen, gewissenlosen Ehebrecherin Mrs.
Foresight, die so vergesslich ist; ihrer ihr in der Charakter-
anlage so ähnlichen Mrs. Frail, in der wir absolut keine
prüde Arsinoë, sondern nur ein leichtsinniges, mannstolles,
gefühlloses, speculatives Weib erblicken können; des rohen
und naiven, aber derbsinnlichen Naturkindes Miss Prue;
endlich des rauhen, aber gutmüthigen „Tarpaulin" Ben —
über dieser von allen Kritikern als ganz besonders gelungen
hervorgehobenen Charakteristik übersehen wir einzelne
Mängel der Composition und die bedenkliche Moralität umso
lieber, als uns das frische Leben, welches in diesem Stücke
pulsiert, unwillkürlich mit sich fortreißt. Das ist der Haupt-
vorzug von „Love for Love". Der Dichter hat die französischen Kunstregeln über Bord geworfen, er hat in rich-

tiger Erkenntnis seiner auf die Sittenkomödie gerichteten
Begabung keck ins volle Menschenleben gegriffen, und was
er da mit scharfem Blicke und sicherem Urtheil beobachtet
hat, das hat er in kühner Genialität in seinem bekannten
glänzenden und witzigen Dialoge, der in unserem Stücke
noch mehr hervortritt als in den früheren, in einem Lustspiel reproduciert, das, ein satirisches Sittengemälde seiner
Zeit, größere Würdigung und Beachtung verdient, als es
bisher gefunden.

The Way of the World.

Mit der Geschichte dieses letzten Lustspieles unseres
Dichters hängt die Revolution aufs innigste zusammen,
welche Jeremy Colliers Schrift „A Short View of the
Immorality and Profaneness of the English Stage, together
with the Sense of Antiquity upon this Argument", erschienen
im März 1698, in der Geschichte des englischen Theaters
hervorrief. Die Zügellosigkeit des Dramas, besonders natürlich des Lustspiels, hatte nach der Revolution keineswegs
aufgehört, sondern vielmehr einen noch viel höheren Grad
erreicht. Wenn z. B. in der Weltgeschichte von Oncken angenommen wird, dass mit dem Einzuge des Oraniers auch
Sittenstrenge und moralische Auffassung des Lebens und
seiner Verhältnisse in London einzog, so stehen dieser Annahme so ziemlich alle Zeugnisse aus jener Zeit entgegen.
Der Umschwung trat nur sehr allmählich und langsam ein.
Wie dem aber auch sein mag, selbst wenn man mit Hettner,
S. 121, annehmen wollte, dass das Volk wieder ernster
wurde und Ausschweifung nicht mehr als ein nothwendiges
Merkmal einer dem Königthum treu ergebenen Gesinnung
galt (Man vergleiche dagegen Taines interessanten Bericht,
S. 198 ff.), jedenfalls wäre dieser Schein von Sittsamkeit
und Tugend vorderhand nur Schein, nur äußere Maske. Im
Theater will man von jener erzwungenen Tugendhaftigkeit
nichts hören und sehen. Die Orangeliteratur zeigt von jenem
moralischen Umschwung sehr wenig, und man nahm an
ihren Erzeugnissen keinen Anstoß, ja was das Erstaunlichste
ist, selbst die Geistlichkeit ließ alles ruhig hingehen. In
seiner Leichenrede auf die Königin Marie pries Dr. Payne

ihr Wohlwollen dem Theater gegenüber und ihren häufigen Theaterbesuch. Wenn wir nun wissen, dass sie Stücke wie den „Old Bachelor" und den „Double-Dealer" mit Vergnügen sah, so erscheint uns die Lobrede des geistlichen Predigers denn doch sonderbar. Übrigens erklärt sich die Haltung der Geistlichkeit daraus, dass sie ja von denselben Leuten, die das Theater besuchten, in ihre Pfründen und Ämter wieder eingesetzt worden waren, während die Puritaner ihnen feindlich gegenüberstanden. Nebenbei mag ja auch der von Gosse, S. 97, angeführte Grund mitgewirkt haben, dass nämlich die Geistlichen das Theater aus eigener Anschauung viel zu wenig kannten. Derjenige Theil des Volkes aber, den man im Theater sehen konnte, hatte gegen dasselbe gewiss nichts einzuwenden. Wenn Cibber erzählt: „Things had gotten to such a pitch that Ladies were afraid of venturing to a new play, till they were assured that they might do it, without risking an insult on their modesty — or if their curiosity was too strong for their patience, they generally came in Mask", oder wenn es im „Spectator" heißt: „Such incidents as these make some Ladies wholly absent themselves from the Playhouse; and others never miss the first day of a new play, lest it should prove too luscious to admit of their going with any countenance to the second", so können wir darin keinen Beweis dafür erblicken, dass die Damen sich mit Abscheu von dieser Literatur abzuwenden begannen. Nach wie vor fanden sie an derselben Geschmack, nur begann allgemach der Geist der Heuchelei sich wieder geltend zu machen; man nahm eine Maske vor, nicht nur wenn man ins Theater gieng, sondern in seinem ganzen Leben, weil der Hof, besonders der ernste Wilhelm, Reserve und Zurückhaltung forderten. Unter dieser Maske aber lachte die derbe Sinnlichkeit und Roheit der früheren Zeit. Nach und nach wurde allerdings die Maske ein nothwendiges Toilettestück, und man wurde thatsächlich zum großen Theile das, was man anfangs zu sein nur vorgab. Zuerst erhob sich im Jahre 1697 Blackmore in der Vorrede zu seinem Epos „King Arthur" gegen die Obscünität der Bühne. Zweck der Dichtung ist nach ihm, nicht bloß zu ergötzen, sondern auch zu belehren. Die Nachwelt werde, sagt er, die modernen

Lustspieldichter „reject with indignation and contempt, as the dishonour of the Muses and the underminers of the public good". Jedoch diese Schrift erzielte keine Wirkung, ebensowenig wie die etwa zwei Monate später veröffentlichte von G. Merriton, welche den Titel trug „The Immorality, Debauchery, and Profaneness of the Stage". Ein fürchterlicher Schlag für die englische Bühne war jedoch die obenerwähnte Schrift des Bischofs Jeremy Collier. Macaulay hat uns in seinem glänzenden Essay ein lebendiges Bild jenes Mannes entworfen. Ein „Nonjuror", ein treuer Anhänger der verjagten Stuarts, hatte er die neue Regierung nie anerkannt, und sogar zwei wegen eines geplanten Attentats auf den König zum Tode verurtheilten Rebellen, Friend und Parkins, vor dem Schafott die Absolution ertheilt, wofür er als „outlaw" erklärt wurde. Sogar die Erzbischöfe und zehn von den Bischöfen s e i n e r Kirche — er gehörte zur „High-Church" — missbilligten sein Vorgehen. Schon in diesem Streite hatte er sich als unerschrockener Kämpfer gezeigt, der starrsinnig an dem einmal als recht Erkannten festhielt und es mit Aufgebot aller seiner Kräfte und seiner außerordentlichen Energie durchzuführen und gegen jedermann zu vertheidigen wusste. Niemand kann ihm das Zeugnis versagen, dass er stets aus ehrlicher Überzeugung gehandelt hat.

Collier war nicht, wie Leigh Hunt, S. 81, meint, „a (clever, sincere, and vehement) but h a l f w i t t e d man", er war heftig und leidenschaftlich, in der Folge auch von Starrsinn und einer gewissen Befangenheit in religiösen Fragen nicht freizusprechen, aber „half-witted" war er darum nicht. Der Angriff, den er gegen das Theater unternahm, war sehr gefährlich besonders dadurch, dass er nicht als Zelot in allgemeinen Phrasen gegen dasselbe wetterte, wie es z. B. Tertullian gethan hatte, sondern dass er sachlich und ernst als genauer Kenner der einschlägigen Werke mit der strengen Miene des objectiven Richters urtheilt. Er ist ein ausgezeichneter Polemiker, er schreibt lebendig, abwechslungsreich und scharf. Was den Inhalt der Schrift betrifft, so erscheinen seine Hinweise auf die Kirchenväter und das Alterthum uns ganz überflüssig. Der erste Theil behandelt die „Immodesty of the Stage". Da

greift er den Dialog Drydens, Congreves und Vanbrughs
an und citiert eine ganze Menge von anstößigen Stellen.
Diesen Dichtern stellt er Corneille, Sophokles und Terenz
gegenüber. „Das Theater," beschließt er diesen Theil, „ist
außerordentlich ‚scandalous'. Es geht über die Freiheiten
aller Zeiten und Länder hinaus. Es kann sich nicht damit
vertheidigen, dass es Vorgänger habe. Selbst Aristophanes
ist nicht so zügellos und lüstern." Im zweiten Theile behandelt er die „Profaneness" der Bühne. Eine Entweihung
und Entheiligung der Religion und der Heiligen Schrift
erblickt er im Fluchen und Schwören. Das ist einer jener
Punkte, in denen ihn sein religiöser Fanatismus zu weit
führt. Auch der Grund, welchen er gegen dessen Zulässig-
keit auf der Bühne anführt, nämlich die Rücksicht auf die
im Schauspielhause anwesenden Damen, ist keineswegs
stichhältig. Ebenso pedantisch ist es, wenn er Congreve
deswegen tadelt, weil dieser einen Kutscher Jehu, einen
Priester Prig nannte; wenn er darin eine Gotteslästerung
erblickt, dass Valentine sich für die Wahrheit ausgibt (thatsächlich wurde in einer späteren Ausgabe statt „Truth"
„Honesty" eingesetzt). Den Gipfel der Unvernunft erreicht
er aber, wenn er jeden Angriff auf einen Geistlichen,
welcher Confession er auch immer angehören mag, verpönt
und einen Lord nicht auf der Bühne lächerlich gemacht
wissen will, weil dadurch die göttliche Rangordnung in
der menschlichen Gesellschaft in den Augen des Auditoriums
herabgewürdigt erscheine. Es kann nicht der Zweck dieser
Arbeit sein, auf die erwähnte Schrift des näheren einzugehen.
Macaulay, Johnson, besonders Gosse, dem wir in der Darstellung dieser literarischen Fehde meist folgen, u. a. können
darüber nachgelesen werden. Die ernstesten Vorwürfe des
Geistlichen richten sich gegen die Schlechtigkeit der Lustspielcharaktere. Erwähnt wurde bereits das Urtheil Colliers über
die Frauengestalten im „Double-Dealer", von denen er drei
direct als „whores" bezeichnet, ferner wendet er sich gegen
die Art und Weise der Darstellung, nach welcher das Laster
in den schönsten Farben geschildert wird, während der
Dichter die Tugend lächerlich macht. Congreve ließ sich
lange Zeit, ehe er auf die wider ihn erhobenen Anklagen
erwiderte. Der Erfolg der Collier'schen Schrift war ein

erstaunlicher. Wenn auch das Publicum mit ihm im Grunde des Herzens nicht einverstanden sein mochte, öffentlich durfte es seine Sympathien für die Angeklagten nicht bekennen. Collier hatte den Bann gebrochen. Wie der erste, der es wagt, eine von allen im Innern anerkannte Wahrheit öffentlich zu verkündigen, die Zungen aller anderen löst und begeisterte Zustimmung weckt, so stößt anderseits der erste, der es wagt, auf einen Krebsschaden der Zeit den Finger zu legen, in einer Periode, da man zwar gern bei dem Alten bleiben möchte, aber aus einer gewissen erheuchelten Scham dies nicht einzubekennen sich getraut, wenn auch nicht auf begeisterten Applaus, so doch auf achtungsvolles Schweigen. Betroffen blickt einer den andern an, und man wartet auf das Urtheil eines Leithammels, um diesem folgen zu können. Als solcher hätten nur Dryden und Congreve dienen können; ersterer schwieg lange, endlich, in seiner Vorrede zu den Fabeln, gestand er reumüthig seinen Fehler ein. Congreve hätte klüger gehandelt, wenn er dasselbe gethan hätte. Nach den Vertheidigungen der Bühne durch Goldon (in seinen „Reflections“ zu der Tragödie „Phaeton“, 1699), durch den Verfasser von „A Vindication of the Stage“ (vielleicht Wycherley), durch Edward Filmer („A Defence of Dramatic Poetry“), durch John Dennis („The Usefulness of the Stage“) und besonders durch John Vanbrugh („A Short Vindication of the ‚Relapse‘ and the ‚Provok'd Wife‘, by the Author“) erschien endlich am 12. Juli 1698 Congreves Vertheidigungsschrift, betitelt „Amendments of Mr. Collier's False and Imperfect Citations“. Er war mit derselben nicht glücklich. Ausgehend von der Aristotelischen Definition der Komödie, dass sie „an imitation of the worse sort of people“ sei, kommt er zu dem Schlusse, dem komischen Dichter müsse es erlaubt sein, ohne Rücksicht auf sittliche Bedenken die Laster und Fehler der Menschen naturgetreu auf die Bühne zu bringen, wobei er nur vergisst, dass man den Zweck des Dichters in der Art seiner Darstellung erstens immer erkennen muss, und dass die Kunst nicht bloße Nachahmung der Natur ist. Gegen den Vorwurf z. B., dass drei Viertel der Frauencharaktere im „Double-Dealer“ „whores“ seien, vertheidigt er sich recht cynisch damit, dass es im Leben nicht anders sei. Die Wahl der Namen Jehu und Prig sucht er damit zu entschuldigen, dass er erklärt, keine Anspielung auf die Bibel beabsichtigt zu haben. Die Moral seiner Stücke glaubt er zu retten, indem er auf die Schlussverse eines jeden derselben hinweist, die die poetische Gerechtigkeit darstellen sollen. Was den Ton der Entgegnung angeht, ist derselbe direct grob. Kurz, seine Vertheidigung ist misslungen. Collier blieb die Antwort nicht schuldig. Am 10. November 1698 veröffentlichte er seine „Defence of the Short View". Auch Collier hätte seine Antwort besser unterlassen. Hier wird er nämlich im Tone leidenschaftlich und erregt und schießt gar oft über das Ziel hinaus. Er beschäftigt sich nur mit seinen größten Gegnern: mit Congreve und Vanbrugh. Mit ersterem hat er natürlich leichtes Spiel. Die Entgegnung auf die ersten Punkte liegt auf der Hand; erwähnenswert ist nur, wie er zur Entkräftung des letzten Vertheidigungsmittels, der moralischen Schlussverse, Congreve gegen Congreve ausspielt und diese Schlussverse selbst citiert. Von einer Moral ist in diesen kaum die Rede. Dieser literarische Streit hatte aber auch für das Theater, an dem Congreve interessiert war, in materieller Beziehung sehr unangenehme Folgen. Der Besuch gieng zurück, sogar die Regierung machte die Schauspieler darauf aufmerksam, dass sie profane und nicht decente Ausdrücke nicht mehr gebrauchen dürften, ja selbst der am 4. März 1699 wiederaufgeführte „Double-Dealer" unseres Dichters musste zugestutzt werden. Der Theaterzettel enthält die Bemerkung: „Written by Mr. Congreve; with several expressions omitted." Nebenbei erwähnt, war es damals zum erstenmale, dass des Autors Name auf dem Theaterzettel gedruckt wurde, wenigstens in England (Gosse, S. 131). All das verstimmte Congreve tief, außerdem war sein Gesundheitszustand nicht der beste. So ist es denn erklärlich, dass er sein Versprechen, jährlich ein Stück zu liefern, nicht erfüllte, und erst im Jahre 1700 mit seinem letzten Lustspiele hervortrat. Allerdings hatte er in der Zwischenzeit, im Jahre 1697, seine einzige Tragödie „The Mourning Bride" aufführen lassen. „The Way of the World" erschien in der ersten Woche des März 1700 (Gosse, S. 132). In Bezug auf die Zeit des Erscheinens stimmen alle Kritiker überein. In

einem vom 12. März 1700 datierten Briefe Drydens an
Mrs. Steward wird von diesem Stücke „as lately brought
out" gesprochen. Auf diesen Brief, dessen auch im „Some
Account etc." Erwähnung gethan wird, stützt wohl Gosse
seine genauere Angabe. Ebenso einmüthig wird zugegeben,
dass dieses Stück kühl aufgenommen wurde. In dem vorher
angezogenen Briefe Drydens wird dies mit den Worten
ausgedrückt: „Congreve's new play has had but moderate
success, though it deserves much better." Ein ausgesprochener
Misserfolg kann es aber nach Drydens Bericht und nach
den Worten, die der Dichter in seiner Dedication gebrauchte:
„That it succeeded on the stage was almost beyond my
expectation etc.", nicht gewesen sein, man kann nur sagen,
dass das Stück nicht einschlug. Die Ursachen sind uns
heute klar und werden im folgenden noch ausführlicher
zur Sprache kommen. Hier sei nur erwähnt, dass es dem
Stücke bei all seiner unerreichten Großartigkeit im einzelnen
an Leben, Handlung und Entwicklung fehlt; es ist eine
Reihe glänzender Scenen, aber kein Drama. So ist denn
Macaulays Bemerkung: „It is quite inexplicable to us that this
comedy should have failed on the stage", erledigt. Congreve
soll die kühle Aufnahme des Stückes seitens des Publicums
keineswegs ruhig hingenommen haben. Wo sich die darüber
allgemein erzählte Geschichte zuerst findet, wissen wir
nicht. Gosse, S. 134, sagt: „I have found the fullest version
of this pretended incident in a very rare volume, which I
owe to the courtesy of M. James Darmesteter, an anonymous
translation of ‚The Way of the World', published in Paris,
as ‚Le Train du Monde', in 1759, with an essay on English
comedy prefixed: ‚On dit que M. Congreve se trouvant dans
la coulisse à la première représentation de cette pièce,
s'aperçut qu'on n'en était pas content; ce qui l'ayant mis
en fureur, il s'avança sur le théâtre, et pria le parterre de
ne pas se fatiguer à censurer un auteur résolu de ne plus
s'exposer aux jugemens d'un public ignorant. Un auteur qui
ferait aujourd'hui la même chose à Londres verrait pleu-
voir sur lui une nuée de pommes et d'oranges de la troi-
sième galérie etc.'" Auf Glaubwürdigkeit kann diese Anek-
dote wohl keinen Anspruch erheben. Leigh Hunt weist sie
mit Recht sehr entschieden zurück (S. 26). Gewiss ist jedoch,

dass der Dichter, verstimmt durch die Angriffe Colliers und durch die sich plötzlich von ihm wendende Gunst des Publicums, dem Theater Valet sagte. Mit dem Lustspieldichter zum mindesten sind wir fertig, wenn wir „The Way of the World" in den Kreis unserer Betrachtungen gezogen haben. Das Stück ist abgedruckt im dritten Band der uns vorliegenden Gesammtausgabe. Als Motto dienen die Verse: „Audire est Operae pretium, procedere recte Qui moechis non vultis" (Hor., Sat. II, C. I) — „Metuat doti deprensa" (Ibid).

Die Dedication zu dem am 28. März 1700 in Buchform veröffentlichten Stücke trägt die Adresse: „To the Right Honourable Ralph Earl of Montague etc.", also die des alten Protectors unseres Dichters. Congreve spricht wohl darin von einem Erfolge, den das Stück davongetragen haben soll, und der seine Erwartungen übertroffen habe, aber im ganzen bestätigen Ton und Inhalt der Dedication den Misserfolg. Diesmal befasst er sich sehr eingehend mit theoretischen Untersuchungen. Es ist bei diesem Dichter überhaupt eigenthümlich, wie er den „Old Bachelor" als junger Mann hinwirft ohne Rücksicht auf Kunstregeln; wie er dann bei den Franzosen in die Schule geht und nach deren Regeln ein Lustspiel „The Double-Dealer" aufbaut; wie er nach dem Misserfolge dieses Stückes wieder seiner Begabung folgt und ein glänzendes Stück „Love for Love" schafft; wie er aber dann wieder zu theoretischen Studien zurückkehrt und sich dadurch „The Way of the World" verdirbt. Es steckt denn doch etwas Urwüchsiges in Congreve, das in seiner Entfaltung durch seinen Hang zum Philosophieren gehemmt wurde, wie auch unser Schiller darüber klagt, dass der Philosoph und der Dichter in ihm in ewigem Streite lägen. Um diese Dedication richtig zu verstehen, muss man die Ansichten kennen, welche Congreve in seinem Essay über den Humor aus dem Jahre 1695 entwickelt hat, und die auch in dieser Arbeit reproduciert wurden. Der Lustspieldichter hat nach seiner Auffassung des „humour" (gleich der Ben Jonsons) doch dafür plaidiert, dass man nur natürliche Schwächen und Eigenheiten (mit Ausnahme körperlicher Defecte) auf die Bühne bringe, keine „acquired follies". Jetzt steht er auf einem ganz anderen Standpunkte. Er will „design some Characters, which shou'd appear ridiculous not so much thro' a natural Folly (which is incorrigible, and therefore not proper for the Stage) as thro' an affected Wit; a Wit, which at the same time that it is affected, is also false". Der Einfluss Colliers ist hierin nicht zu verkennen. Der „general Taste, which seems now to be predominant in the Palates of our Audience", für den sein Stück nicht gemacht ist, ist eben jener Geschmack, dem er früher selbst gehuldigt hat. Was er uns weiter über Terenz erzählt, den er sich jetzt wegen „The Purity of his Stile, the Delicacy of his Turns, and the Justness of his Characters" zum Vorbilde genommen, da ja die „coarse Strokes of Plautus" nur die Menge ergötzten, bestätigt unsere Ansicht von dem unheilvollen Einfluss, den theoretische Studien und Colliers Schrift auf Congreve ausgeübt haben.

Auf diese Dedication folgt eine Epistel Richard Steeles, die von diesem in späterer Zeit geschrieben wurde und seither dem Stücke stets vorgedruckt wird. Steele tröstet den Dichter über seinen Misserfolg, der ja begreiflich sei; denn der Sinn für feinen Witz sei dem Publicum abhanden gekommen, dasselbe ergötze sich „but in distorted Gesture, Farce and Show".

In dieser Epistel kommt auch jenes Verspaar vor, das von Thackeray, S. 78, als Beweis für die übertriebenen gegenseitigen Lobeserhebungen der Dichter jener Zeit angeführt wird:

„Implicitly devoted to his Fame,
Well dress'd Barbarians know his awful Name."

Sonst enthält sie nur schale Lobhudeleien. In dem von Mr. Betterton gesprochenen Prologe kommt wieder die besorgte Stimmung des Dichters zum Ausdruck. „Wohl hat er schon die Gunst des Publicums gefunden," sagt er, „aber daraus kann er keine weiteren Ansprüche für die Zukunft ableiten. Er hat auf dieses Stück große Mühe verwendet, aber darum möge man nicht weniger streng urtheilen. In dem Stücke findet man keine Farce, das ist sein Fehler. Satire wird in einer so reformierten (!) Stadt doch niemand erwarten." Die Verbitterung eines vergrämten, die Resignation eines müden Mannes sprechen aus diesem Prolog.

Analyse des Stückes.

Act I.

Der erste Act mit seinen neun Scenen spielt in einem
„Chocolate-House". Die Personen, mit denen uns derselbe
bekannt macht, sind alle der Classe der „wits" beizuzählen,
Damen treten noch keine auf. Der Dichter spannt unsere
Neugierde, wie er das schon im „Old Bachelor" gethan hat,
einen ganzen Act hindurch auf die Folter, indem wir von
den Damen fortwährend reden hören, ohne sie zu Gesichte
zu bekommen. Gosse und Bennewitz meinen, dieses tech-
nische Mittel zur Erhöhung der Spannung habe Congreve
dem „Misanthrope" entlehnt. Überhaupt erinnert uns das
englische Lustspiel vielfach an Molières Meisterwerk; nicht
als ob wir den Engländer für einen Nachahmer des Franzosen hielten; das lässt sich jedoch nicht in Abrede stellen,
dass beide Stücke denselben Zweck verfolgen. Es handelt
sich nicht um eine rasch und lebendig fortschreitende, in
ihren Phasen gut motivierte und interessante Handlung,
welche entweder durch die sich in derselben offenbarenden
Charaktere oder durch die in ihr selbst liegenden komischen
Verwicklungen das Publicum zu fesseln im Stande ist, wobei allerdings auf die Zeit und ihre Sittenverhältnisse
manches Streiflicht fallen und des Dichters Satire fruchtbaren Boden finden muss; in unserem Stücke ist das, was
schon im „Old Bachelor" und besonders im „Love for Love"
von dem unbeschränkt und durch Regeln unbeirrt arbeiten-
den Dichter zum Theil instinctiv erreicht wurde, planmäßig
angestrebt und durchgeführt worden: eine breite und rücksichtslose Darstellung des Treibens der fashionablen Kreise der
Hauptstadt, die Vorführung der verschiedenen Charaktere, der
Vergnügungen, Neigungen, Gewohnheiten jener Menschen.
Wie Molière im „Misanthrope" ein Bild der Pariser feinen
Gesellschaft des siebzehnten Jahrhunderts entworfen hat,
so hat unser Dichter diesmal die „Wege" der „Welt"
(nämlich Londons) an der Neige des siebzehnten Jahrhunderts schildern wollen. Wie reimt sich aber damit zusammen, was er in der Dedication sagt? Einer Satire könne
die reformierte Stadt wohl entrathen, meint er in derselben.
Eine Sittenkomödie ohne Satire ist nicht denkbar. Nun, die

Satire ist thatsächlich da, sie liegt in der äußerst natur-
getreuen und rücksichtslosen Sittenmalerei. Der Dichter
stellt sich allerdings nicht über die Menschen, die er satirisch
behandeln will, er trägt alles mit einer gewissen Nonchalance und „careless superiority“ (Gosse, S. 138) vor,
und deshalb mag er wohl annehmen, es sei keine Satire.
Das Publicum war aber wohl anderer Meinung, wird doch
von vielen die scharfe Satire für den Misserfolg des Stückes
mitverantwortlich gemacht. Da nun Congreve eine Sittenkomödie schreiben wollte, legte er seinem englischen Naturell Zügel an, und die Folge davon ist, dass es dem
Stücke an Handlung, Leben und Fortschritt fehlt. Diese
bedenkliche Klippe jeder Sittenkomödie hat Congreve ebensowenig wie Molière zu umschiffen gewusst. Im einzelnen
ist alles großartig und blendend, die Sittenmalerei ist ausgezeichnet, der Dialog wunderbar ausgearbeitet und unter
einem Feuerregen sprühenden Witzes und köstlicher Beobachtung langsam und breit dahinfließend; aber all das
ersetzt nicht den Mangel an Handlung, und vornehmlich
darum ist das Stück durchgefallen. Die Analyse desselben
wird demnach von der seiner früheren Stücke insoferne
abweichen müssen, als auf den Ausdruck der Empfindungen
und Gesinnungen der dargestellten Charaktere, auf alles,
was dazu dienen kann, das Zeitbild zu ergänzen, besonderes
Gewicht zu legen sein wird, während die Handlung kurz
zusammengefasst werden kann.

Mirabell und Fainall erheben sich vom Kartenspiel in
einem Gemache des „Chocolate-House“, einem der berüch-
tigtsten Vergnügungsorte Londons, den jeder der Zuhörer
kannte (de Grisy, S. 234 u. ff.). Mirabell hat unaufmerksam
gespielt, er ist ernst, ja ärgerlich. Daran sind die Weiber
schuld. Er war tags zuvor bei seiner Geliebten Mrs. Millamant,
resp. bei deren Tante Mrs. Wishfort. Die Geliebte wohnt nämlich bei ihrer Tante und steht in einem gewissen Abhängigkeits-
Verhältnis zu ihr, da sie nur mit Zustimmung der Tante heiraten
darf, wenn sie nicht die Hälfte ihres Vermögens verlieren will.
Die Gesellschaft wurde immer größer, es kamen mehrere
Damen, unter ihnen Mrs. Marwood und Mrs. Fainall, des
Zweitgenannten Gattin, und zwei Gecken, Witwoud und
Petulant. Man versammelte sich, wie Fainall wissen will, zu

einer „Cabal-Night", einem Klatschabend, wie sie dreimal
wöchentlich, jedesmal bei einer anderen Dame, gegeben zu
werden pflegten ... Von Männern hatten zu denselben nur
Witwoud und Petulant Zutritt. Mirabell, der sich nicht entfernte, wurde ziemlich deutlich zu verstehen gegeben, wie
überflüssig er sei. Dass seine Geliebte bei seiner Hinaus-
complimentierung ebenfalls mitgewirkt hat, verdrießt ihn
besonders. Überhaupt ist er durchaus kein sentimentaler
Jüngling, der zu den Füßen der Angebeteten schmachtet
und alles göttlich findet, was mit ihr im Zusammenhange
steht. Er kennt alle ihre Fehler, ihre Narrheiten, er hat
sie sogar genau studiert und einen ganzen Katalog davon
zusammengebracht. Was nützt das? „I like her with all
her Faults, nay, like her for her Faults," bekennt er.
Dass ihm die Tante sehr wenig hold ist, das schmerzt
ihn nicht. Er hat es ja verdient. Um der Nichte besser
den Hof machen zu können, hat er der Tante geschmeichelt,
hat ein Lied auf sie verbrochen und einen Freund veranlasst, sie in ein „Lampoon" hineinzubringen. Er hat ihre
Jugend und Lebensfrische in überschwenglichem Maße gepriesen und in wohlberechneter Absicht sie mit einem
Liebesverhältnisse zu einem jungen Burschen aufgezogen,
dessen Folgen sie nicht mehr verbergen könne. Mrs. Marwood, eine von ihm vernachlässigte Geliebte, hat aber
alles verrathen, daher rührt der Zorn der Tante. Da ist
ferner neulich ein Onkel Mirabells in London angekommen,
den er beerben soll. Der liebt den Neffen auch nicht sehr
und wird wahrscheinlich von Mrs. Wishfort, wenn er mit
ihr zusammenkommt, in einem für ihn ungünstigen Sinne
beeinflusst werden. In der neunten Scene hören wir sogar,
dass man den Onkel im Cabalclub mit Mrs. Millamant
verheiraten wolle, was Mirabell doppelt unangenehm wäre.
Dieser hat also Grund genug, ärgerlich zu sein. Die zweite
Scene zeigt ihn im Gespräche mit einem Diener, der ihm
über den Vollzug einer Trauung sowie über eine neue
Livree für Waitwell Bericht erstattet. Diese geheimnisvollen
Anspielungen beziehen sich, wie wir später erfahren, auf
die durch Mirabell bewerkstelligte Ehe zwischen seinem
Diener Waitwell und der Dienerin der Mrs. Wishfort,
Foible, welch letztere dadurch in sein Interesse gezogen

werden soll, ferner auf die Verkleidung Waitwells als Mirabells Onkel. Es ist hier eine Intrigue gegen die Tante im
Zuge. Nach allem, was wir bisher über Mirabell erfahren,
ist derselbe ein eleganter Lebemann, klug und geistreich,
in Bezug auf Liebesverhältnisse durchaus nicht scrupulös,
sondern von derselben Gewissenlosigkeit und demselben
Leichtsinn wie seine Genossen. Seine Liebe zu Mrs. Millamant
unterscheidet sich von den bisherigen Verhältnissen durch
die Gewalt, mit welcher ihn dieses Mädchen gegen seinen
Willen zu fesseln weiß. In Bezug auf die Gesinnung ist
Mirabell nicht zu loben, in der Form aber ist er reser-
vierter und rücksichtsvoller als frühere Helden seines Ca-
libers bei Congreve. Dass er auch dem Intriguieren nicht
abgeneigt ist, zeigt die zweite Scene. Von Mr. Fainall erfahren wir im ersten Acte noch nichts Besonderes. Dagegen
haben wir Gelegenheit, zwei wunderliche Käuze zu bewundern, Witwoud und Petulant. Nach der Absicht des
Dichters sind das nur Caricaturen des echten Witzes, klagt
er doch in der Dedication: „This Play had been acted two
or three Days, before some of these hasty Judges cou'd
find the Leisure to distinguish betwixt the Character of a
Witwoud and a Truewit." Schon vor seinem Auftreten
wird dieser Witwoud im Gegensatze zu seinem vierzig-
jährigen, bisher auf dem Lande wohnhaft gewesenen Bruder
Wilfull Witwoud, der nach London kommen soll, um sich
hier etwas Schliff anzueignen und dann auf Reisen zu
gehen, folgendermaßen charakterisiert: „Witwoud grows by
the Knight, like a Medlar grafted on a Crab. One will melt
in your Mouth, and t'other set your Teeth on Edge; one
is all Pulp, and the other all Core ... To give the other
(Witwoud) his due, he has something of good Nature,
and does not always want Wit." Diese Erklärungen
Fainalls ergänzt Mirabell: „Not always; but as often as
his Memory fails him, and his Common-Place of Com-
parisons. He is a Fool with a Good Memory, and some few
Scraps of other Folks Wit. He is one whose Conversation
can never be approv'd, yet it is now and then to be endur'd.
He has indeed one good Quality, he is not Exceptious; for
he so passionately affects the Reputation of understanding
Raillery, that he will construe an Affront into a Jest, and

call downright Rudeness and ill Language Satire and Fire.“ Besser kann man einen thatsächlich nicht einführen. Dass er nicht zanksüchtig ist und nicht leicht etwas übelnimmt, zeigt die sechste Scene. „Pity me, Fainall; Mirabell, pity me!“ mit diesen Worten stürzt er ins Gemach. „I do from my Soul,“ erwidert Mirabell, ohne dass sich der so Bedauerte beleidigt zeigt. Er will keine Gemeinschaft mit seinem ländlichen Bruder anerkennen und betheuert, er sei nur sein Halbbruder. „Dann ist er nur ein halber Narr“, spottet Mirabell, und Witwoud antwortet lachend: „Good, good, Mirabell le Drôle! Good, good!“ Er glaubt, immer witzig und geistreich sein zu müssen, und bringt alles, was er sich gemerkt hat, ohne Wahl vor. Er will um keinen Preis der Welt einen Verstoß gegen die modernen Formen begehen. Da er aber im Grunde ein guter Kerl ist, der am liebsten so reden möchte, wie ihm der Schnabel gewachsen ist, wenn er nur dürfte, so entfährt ihm manchmal unbewusst etwas, was er nachher entschuldigen zu müssen glaubt. „Fainall, how does your Lady? Gad, I say anything in the World to get the Fellow (seinen Bruder) out of my Head. I beg Pardon that I shou'd ask a Man of Pleasure, and the Town, a Question at once so Foreign and Domestic. But I talk like an old Maid at a Marriage, I don't know what I say; But she's the best Woman in the World“, ferner: „No Man in Town lives well with a Wife but Fainall.“ Ein echter „wit“ hätte sich doch nicht nach der Gattin erkundigt. Von der spricht man überhaupt nicht, ebensowenig wie sie es für fein hielte, von ihrem Manne zu sprechen. Ein echter „wit“ hätte doch nicht die Gattin eines Freundes als bestes Weib der Welt öffentlich gepriesen, das muss ja den Gatten eifersüchtig machen. Ein echter „wit“ hätte gewiss nicht ein glückliches Familienleben gerühmt, das lässt ja Mann und Frau als altväterisch beschränkte Leute erscheinen. Je mehr sich der arme Tropf entschuldigt, desto mehr reitet er sich hinein. Und diesen Witwoud konnte man für den Vertreter echten Witzes halten! Wir begreifen den Schmerz des Dichters. Noch köstlicher wird die Scene, da Witwoud veranlasst wird, eine Charakteristik seines Freundes zu geben. Petulant ist sein Freund, das betheuert er unzähligemale, er möchte ihn vertheidigen, aber seine Eitelkeit erlaubt es ihm nicht, dem Freunde auch nur eine gute Eigenschaft ohne wesentliche Einschränkung zuzuerkennen. Petulant hat ja auch etwas Witz, er ist ein guter Kerl, aber er hat Manieren wie ein Büttel, widerspricht jedem in leidenschaftlicher Weise, denkt nicht immer, bevor er spricht, aber all das wäre zu entschuldigen, nur ein Fehler ist unverzeihlich. Nun rathen die andern, und so erfahren wir, wie man sich einen „wit" damals dachte. Ist er unaufrichtig? Das ist kein Fehler. Ein „wit", der aufrichtig ist, zeigt damit, dass seine Fähigkeiten im Schwinden begriffen sind. Aufrichtigkeit bei einem „wit" gibt es ebensowenig wie Beständigkeit bei einer Frau. Auch eigensinnig und hartnäckig muss er sein, das belebt die Conversation. Je weniger er gelernt hat, desto besser ist es, umsomehr tritt seine natürliche Begabung hervor. Ist er schwerfällig im Ausdruck? Das macht nichts, wenigstens hat man das Vergnügen, zu erklären, was er meint. Unverschämtheit und Eitelkeit sind weitere Attribute eines „wit". Ein „wit" spricht endlich selten die Wahrheit, er sucht immer Ausflüchte.

Diese Schilderung soll aber nach des Dichters Meinung — legt er doch alle diese Erklärungen Witwoud in den Mund — nur auf die falschen Witzlinge gehen, nicht die wahren treffen. Worin besteht also der unverzeihliche Fehler Petulants? Er spricht überhaupt nie die Wahrheit, er lügt wie ein Kammermädchen oder der Portier einer edlen Dame. Die anderen mögen darüber eine Lache aufgeschlagen haben; denn ziemlich kleinlaut fährt Witwoud fort: „Now that is a Fault." Damit die Charakteristik Petulants vervollständigt werde, kommt ein Kutscher, der drei „Gentlewomen" hergeführt hat, nach ihm fragen. Was für eine Bewandtnis es mit diesen Damen hat, darüber klärt uns Witwoud auf. Sein Freund ist unglaublich eitel und will, dass alle Welt sich von dem Ansehen überzeuge, in welchem er besonders bei den Damen stehe. Darum hat er zwei Dirnen und eine alte Kupplerin gemietet, denen er den Fahrpreis für die Kutsche und einiges mehr bezahlt, und zwar einzig und allein zu dem Zwecke, damit sie einmal täglich in den öffentlichen Localen nach ihm fragten. Ja, früher fragte er selbst sogar nach sich. Er verließ ein

Local, flog nach Hause, maskierte sich, mietete einen Wagen,
fuhr vor demselben Locale vor, in dem er noch seine Freunde
wusste, und schickte den Kutscher hinein, dass er nach
Mr. Petulant frage; oft ließ er sogar Briefe für sich zurück.

Diesen Narren lernen wir in der neunten Scene persönlich kennen. Er thut sehr geschäftig. Eine Hebamme
hat mehr Ruhe als „a profess'd Whoremaster", zu jeder
Stunde, an jedem Orte wird man gestört. Er will die Damen
nicht sehen. Mögen sie schluchzen und weinen, er kann
ihnen nicht helfen, er hat heute keinen Appetit. Mirabell
fragt ihn, ob es nicht Damen von Stand seien. „Was,
Stand!" ruft er aus, „Stand ist eine vertrocknete Feige.
Wenn sie die ‚What-d'ye-call-'ems' selbst wären, sie
müssen warten oder abfahren." „What-d'ye-call-'ems"
ist einer seiner Lieblingsausdrücke. Er leidet nämlich an
dem vorhin erwähnten „Want of Words" und hilft sich auf
diese Weise. Dieser „wit" ist viel gröber als sein Freund,
eine Art gutmüthiger Polterer, der gern boshafte Anspielungen macht, sonst aber ebenfalls gutmüthig und dumm
wie sein College. Wir finden nicht, dass die beiden Charaktere, nämlich Witwoud und Petulant, nicht genug diffe-
renziert wären, wie Gosse meint. Beide haben einander in
Bezug auf Dummheit und Eitelkeit nichts vorzuwerfen,
aber während der eine Charakter nach der Seite der höfi-
schen Feinheit hin sich entwickelt, neigt der andere dem
Wesen des Polterers zu. Beide gehören übrigens zum Gefolge von Mrs. Wishfort und verehren deren Nichte. Die
ganze Gesellschaft geht endlich in den St. James's Park
spazieren, wo sie die Damen zu treffen hoffen.

Der erste Act hat eigentlich gar keine Handlung gebracht, nur in der zweiten Scene erfahren wir einiges von
einer Intrigue. Dagegen ist er für die Charakteristik sehr
wichtig. Die abwesenden wie die anwesenden Personen
werden sehr treffend charakterisiert. Am farblosesten ist
in diesem Acte der Charakter Fainalls, von dem wir eigentlich nur hören, dass er Ehemann ist, sich um seine Frau,
wie es die Mode erfordert, nicht kümmert, und sonst zu
den Lebemännern gehört. Köstliche Figuren sind Witwoud
und Petulant. Der Dialog fließt in behaglicher Breite dahin
und führt uns Sittenbilder aus dem Gesellschaftsleben Lon-

dons vor, die beim damaligen Publicum auf Verständnis stoßen mussten. Das Treiben im „Chocolate-House", die „Cabal-Nights", das Eheleben in der Hauptstadt, die „wits", ihre Charaktereigenschaften und ihr Leben, all das tritt in fein ausgeführten Bildern vor uns und entschädigt wenigstens den Leser für den Mangel an Handlung.

Act II.

Dieser Act ist zwar kürzer als der erste, aber das Auftreten der Damen, besonders Mrs. Millamants, bringt Leben und Bewegung hinein. Er spielt im St. James's Park. Die zwei Vertreterinnen des weiblichen Geschlechtes, die vor uns als Freundinnen in den „Walks" des Parkes spazieren gehen, und deren Gesprächen wir lauschen, vermögen uns keine hohe Achtung vor den Frauen jener Zeit abzuzwingen. Mrs. Fainall, deren Gatten wir schon im ersten Acte kennen gelernt haben, ist eine Männerfeindin. Sie hasst ihren Gatten „most transcendently", die ganze Männerwelt „inveterately". Die Männer sind Vipern. Das hält sie auch gegen Mrs. Marwood aufrecht, welche an den trockenen Discursen der Damen untereinander, an den ewigen Freundschaften, die man schwört, an den Küssen und Tratschereien keinen Gefallen finden kann und lieber einmal verlassen werden will, als dass sie überhaupt nicht geliebt werde: „It is better to be left than never to have been lov'd". (Von Tennyson nachgeahmt.) Als die Männerfreundin jedoch auf entschiedenen Widerstand stößt, da erklärt sie, sie habe nur so gesprochen, um die Freundin auf die Probe zu stellen; ja, sie möchte sich an den Männern dadurch rächen, dass sie einen heiratet, der sich aus schlechter Behandlung etwas macht. Den würde sie bis aufs Blut quälen, sie würde ihn glauben lassen, dass er ein „Cuckold" sei, aber dazu machen würde sie ihn nicht, nicht etwa aus Sittlichkeit, sondern weil sie durch eine etwaige Entdeckung ihrer unerlaubten Beziehungen zu anderen Männern von seiner Seite sich die Möglichkeit geraubt sähe, ihn ferner auf die Folterbank des Zweifels zu spannen. Wie echt der Männerhass bei beiden ist, wird uns klar, da sie auf Mirabell zu sprechen kommen. Beide lieben ihn. Mrs. Fainall besitzt ein ruhigeres Temperament, sie ist phlegmatischer. Mrs. Marwood kann die

Vernachlässigung von Seiten Mirabells nicht so ruhig tragen.
Wir haben hier zwei Damen vor uns, von denen die eine,
Mrs. Fainall, trotzdem sie verheiratet ist, und trotzdem
Mirabell Mrs. Millamant heiraten will, noch immer seine
Maîtresse ist, während die andere darüber wüthend ist, dass
er sie nicht dazu machen wollte. Für die Handlung be-
deutsam ist der Umstand, dass in dem Gespräche zwischen
beiden ihre beiderseitige Liebe zu Mirabell sich verräth,
was sie zu Feindinnen macht. Nun kommen Mr. Fainall
und Mirabell. Ersterer erkundigt sich höflich nach dem
Befinden seiner Frau, doch diese schickt ihn alsbald weg,
da es lächerlich sei, wenn ein Mann mit seiner Frau auf
dem Spaziergange gesehen werde, und bittet Mirabell, ihr
eine gestern begonnene Geschichte zu Ende zu erzählen.
Statt der Geschichte erfahren wir in der dritten Scene,
dass Mirabell mit Mrs. Fainall ein Verhältnis hatte, als sie
eine junge Witwe war, und dass beide befürchten mussten,
dieses Verhältnis würde Folgen haben. Darum habe Mirabell
seine Geliebte schnell mit Mr. Fainall verheiratet, der dazu ·
gerade gut genug gewesen sei. Nichtsdestoweniger setzt
Mirabell das Verhältnis mit der verheirateten Frau fort, ja
er weiht sie sogar in seine Pläne ein, welche es ihm ermög-
lichen sollen, die Hand und das Vermögen der Mrs. Millamant zu gewinnen. Sie findet in ihrem phlegmatischen
Temperament nichts Anstößiges daran, uns aber erscheint
Mirabell nach diesem letzten Striche, der seine Charakteristik vervollständigt hat, noch weniger sympathisch als
vorher, und wir sind wenig geneigt, seine Liebe zu
Mrs. Millamant ernst zu nehmen. Wie die Gattin ihren Verehrer, so hat auch der Gatte seine Geliebte. Bennewitz hat
sehr treffend den Unterschied hervorgehoben, welcher zwischen
den betrogenen Ehemännern in den früheren Stücken Congreves und denjenigen in dem unserigen besteht. Dort sind es
alte Narren, hier haben wir einen jungen Lebemann, der sich
keiner Illusion über die Treue seiner Gattin hingibt, sie ruhig
gewähren lässet, dafür auch selbst volle Actionsfreiheit hat.
So sah das Eheleben damals wirklich aus. Mrs. Marwood,
die von Mirabell Verschmähte, entschädigt sich in den
Armen Fainalls. Es gibt eine Scene zwischen beiden.
Mrs. Marwood, welche mit eifersüchtigen Blicken der be-

günstigten Nebenbuhlerin um die Liebe Mirabells folgt, verdächtigt sie bei dem Gatten. Dieser hat den Grund bald heraus und klagt seine Geliebte der Untreue an. Einen Beweis ihrer Liebe zu Mirabell erblickt er schon in der durch sie aufgedeckten Intrigue Mirabells gegen Mrs. Wishfort. Welch gemeine Creatur dieser Fainall ist, ersehen wir daraus, dass er das Vermögen der Marwood zu seiner Unterhaltung durchgebracht, dass er der Geliebten wegen der durch sie herbeigeführten Vereitlung der Ehe zwischen Mirabell und Mrs. Millamant nur deshalb grollt, weil diese Ehe den Zorn der Tante entflammt hätte, so dass sie die Hälfte des Vermögens ihrer Nichte zurückbehalten haben würde, welches dann ihm zugefallen wäre, nämlich durch seine Frau, welche eine Tochter der Lady Wishfort ist. Er gesteht auch ohneweiters, dass er nur deswegen die compromittierte Witwe geheiratet habe, um auf gesetzlichem Wege das Vermögen einer reichen Witwe an sich zu bringen. Die Marwood ist ein leidenschaftliches und in ihrer Leidenschaft gefährliches Weib. Erst in der vierten Scene erscheint die Heldin des Stückes, Mrs. Millamant, auf der Promenade, in ihrem Gefolge die Kammerzofe Mincing und Witwoud. Gosse, S. 137, bemerkt sehr richtig: „Even the mere reader discovers that the whole play brightens up after the entrance of Millamant, and probably that apparition is delayed too long. From this point, to the end of the second act, all scintillates and sparkles; and these are perhaps the most finished pages, for mere wit, in all existing comedy." „Alle Segel beigesetzt, den Fächer ausgebreitet, umgeben von einer Schar von Narren, kommt sie heran," sagt Mirabell bei ihrem Nahen. Sie ist eine vollendete Weltdame. Sie ist von imponierender Schönheit und weiß, dass sie es ist. Sie besitzt Geist, und zwar einen lebhaften, munteren und kecken Geist, der zwar nirgends tiefer eindringt und bei nichts länger verweilt, aber wie der „esprit" der Franzosen leicht und anmuthig über alles dahinschwebt. Endlich ist sie reich. Diese Vorzüge machen, dass sie von Bewerbern umschwärmt ist. Sie fühlt sich dadurch geschmeichelt und findet an dem koketten Spiele mit den Männern ein besonderes Vergnügen. In ihrer ausgelassenen Laune hält sie alle zum Narren, benützt sie eine Zeitlang zu ihrer Unterhaltung, dann wirft sie sie wieder von sich; denn Abwechslung ist ihr zum Leben unentbehrlich. Sie ist unbeständig und launenhaft, lebenslustig und genussfreudig, aber trotzdem hält sie eine gewisse unter all der Weltlichkeit doch nicht erstorbene sittliche Grundidee davon ab, über die Grenze hinauszugehen. Trotz all ihres Übermuthes und ihrer Flatterhaftigkeit kann man denn doch nicht sagen, dass sie wahrer Zuneigung nicht fähig sei. Gar tief und innig ist diese allerdings nicht, aber als herzlose Kokette ist Mrs. Millamant nicht zu bezeichnen. Ihre Unabhängigkeit geht ihr über alles, und um diese nicht zu früh zu verlieren, gesteht sie Mirabell ihre Liebe nicht ein.

Mit den Liebesbriefen, die sie bekommt, steckt sie sich ihr Haar auf, aber nur, wenn sie in Poesie geschrieben sind; dass sie Mirabell am Abend vorher Kummer bereitet hat, freut sie; mit Narren verkehrt sie sehr gern, weil dies ihrer Gesundheit dient; heiraten möchte sie am liebsten gar nicht; mit Mirabell wird sie sich nicht vertragen können, er soll lieber gehen, seine Sentenzenweisheit verträgt sie schon gar nicht; und so geht es ohne Zusammenhang ununterbrochen weiter. „Sie bricht in Gelächter aus, dann geräth sie in Zorn, hierauf scherzt, singt, kokettiert sie; das ist wie ein fortwährender Decorationswechsel bei offener Scene. Das ist wie ein wahrer Wirbelwind; es geht in ihrem Gehirn bunt durcheinander wie in einer Uhr, deren Hauptfeder gesprungen ist." (Taine, S. 103.) Zum Ernste ist sie nicht zu bewegen. Mirabell möchte ihr gern von seinen Plänen erzählen, sie läuft davon. In einem kurzen Monolog — im allgemeinen kehrt der Dichter jetzt wieder zum Gebrauche des Monologs zurück, den er im „Double-Dealer" sehr oft, in „Love for Love" gar nicht angewendet hat (Bennewitz, S. 125) — macht Mirabell seine Betrachtungen über diesen „Whirlwind". Da sieht er seinen Diener Waitwell und Mrs. Wishforts Kammermädchen Foible in traulichem Zwiegespräche. Wir haben schon bei der Besprechung des ersten Actes erwähnt, dass die beiden durch Mirabells Intervention ein Paar geworden sind. Die Foible sollte dadurch in sein Interesse gezogen werden. Waitwell soll in der Verkleidung von Mirabells Onkel um Lady Wishforts Hand anhalten (das hat in der dritten Scene dieses

Actès Mirabell der Mrs. Fainall erzählt), die ihm gewiss
nicht wird verweigert werden. Wenn es dazu kommen soll,
dann verräth er sich; die Ehe wäre ungiltig, da er ja schon
verheiratet ist (ein zweiter Vortheil seiner Verbindung mit
Foible), die Tante aber wäre nun in der Hand des Neffen
und müsste ihm Mrs. Millamant geben. Man sieht, dass die
eingefädelte Intrigue nicht sehr naheliegend und auch nicht
sehr plausibel erscheint; doch was lag dem Dichter diesmal
an dem „plot"? Noch unwahrscheinlicher wird die Sache
durch den Auftrag, den die Foible hat. Sie soll mit dem
Onkel zusammengekommen sein, und da er zufällig das Bild
der Tante bei ihr sah, sei er ganz Feuer und Flamme für
diese. Das hat sie ihrer Herrin beizubringen. Dass nicht
alles glatt ablaufen werde, deutet uns der Dichter an, indem
die Foible bei ihrer Unterredung mit Mirabell von Mrs. Marwood gesehen wird.

Der zweite Act bereitet die Intrigue vor, oder, besser
gesagt, wir erfahren nur aus den Gesprächen, dass sie schon
lange vorbereitet war, ehe das Stück begonnen hat. Dieser
Act ist aber ganz besonders bemerkenswert wegen der
Scenen, in denen Mrs. Millamant das Feuer ihres Witzes
und den Übermuth ihres Geistes frei spielen lässt. In diesen
Scenen zeigt sich Congreve als unübertroffener Meister des
Dialoges. Auf solche Scenen lässt sich mit vollem Rechte
Mrs. Brownings Lob von Landors „Pentameron" (citiert
bei Gosse, S. 135) anwenden: „Were it not for the neces-
sity of getting through a book, some of the pages are too
delicious to turn over." Die ersten Scenen hinwiederum
entwerfen ein allerdings dunkel gehaltenes Bild von den
Frauen, dem Eheleben und den gemeinen Motiven, von
welchen sich die Lebemänner damals oft leiten ließen.

Act III.

Zwei interessante Typen lernen wir erst in diesem Acte
kennen. Die alte Lady Wishfort, von der wir schon so
manches gehört haben, ist eine fünfundfünfzigjährige Witwe,
die unter der heuchlerischen Maske der Männerverachtung,
vornehmer Entsagung und stolzen Tugendbewusstseins — sie
ist die Hauptarrangeurin der „Cabal-Nights", liest Quarles
und Pryn(ne), den „Short View of the Stage" und Bunyans

Werke (Scene IV), sie will das Decorum unter gar keinen Umständen verletzen (Scene V) etc. — die Flammen der spät erwachten, darum aber noch stärkeren Sinnlichkeit nicht ganz verbergen kann. Sie bietet das im Leben so häufige Bild einer alten Frau, die das Recht der Jahre nicht anerkennen will, sich von jungen Herren gern huldigen lässt und die gröbsten Schmeicheleien für bare Münze nimmt, koketter ist als ein junges Mädchen (Scene I, II, V etc.) und mit allen Mitteln der Koketterie nach einem Manne für sich sucht. Sie spart die Schminke nicht, trinkt Kirschbrantwein, um rosig auszusehen (Scene I), studiert die Haltung, in welcher sie am verführerischesten aussieht: „Yes, but Tenderness becomes me best — A sort of a Dyingness — You see that Picture has a sort of a — Ha Foible! — A Swimmingness in the Eyes — Yes, I'll look so — My Niece affects it; but she wants Feature" (Scene V). Auf den Schein hält sie ungemein viel. „Als echte Restaurationsdame gehört sie zu den Frauen, die sich für Tugendspiegel halten, weil sie den Schein bewahren, die die eigentliche Sünde in dem öffentlichen Scandal sehen und darum nur vermeiden, was einen solchen hervorrufen könnte" (Bennewitz, S. 100). Ihre Charaktereigenschaften zu entfalten, hat sie in den ersten Scenen des Actes Gelegenheit genug, da sie ihren Bräutigam Sir Rowland, recte Waitwell erwartet. Die vierzehnte und fünfzehnte Scene hat der Dichter für Sir Wilfull Witwouds Auftreten bestimmt. Dieser kommt im Reitgewande, um seine Tante zu begrüßen, wundert sich darüber, dass sie noch beim Ankleiden sei und noch nicht zu Mittag gegessen habe, bei ihm zu Hause in Shropshire sei man schon in den Nachmittagsstunden. Der Diener führt ihn zur Gesellschaft. Witwoud, sein Bruder, der sich auch unter derselben befindet, will den Eingetretenen nicht erkennen noch von ihm erkannt werden, er schämt sich offenbar des bäuerisch ungeschlachten, von der Cultur der Hauptstadt noch unbeleckten Bruders. Dessen Erscheinen in den von der Reise noch arg hergenommenen Stiefeln und im Reitkleide, sein linkisches und unbeholfenes Auftreten in der feinen Gesellschaft, sein altväterischer Gruß: „Save you Gentlemen and Lady", sein an die Marwood gerichtetes: „No Offence, I hope", amüsieren die Gesell-

schaft. Alle sind befangen, endlich beginnt der kecke Petulant, ihn aufzuziehen. Da ist er aber an den Unrechten
gekommen, Sir Wilfull versteht keinen Spass: „Do you
speak by way of Offence, Sir?" Der entstehende Streit
wird beigelegt, der Landedelmann stellt sich vor und erkennt seinen Bruder „Tony". Dieser zeigt aber keine große
Freude darüber. Er dankt kühl mit: „Your Servant, Brother!"
Das rührt dem älteren Bruder die Galle: „Is this your Inns o'
Court Breeding, not to know your Friends and your Relations, your Elders, and your Betters?" fährt er auf. Der
elegante „wit" belehrt ihn: „It is not modish to know Relations in Town." Das lässt der andere nicht gelten: „Der
Bruder ist ein Geck und ein Narr geworden, das hat er
schon lange gefürchtet, seit er den Stil seiner Briefe zu
ändern begann. Früher schrieb er auf schlichtem Brief-
papier, das seine gehörige Größe hatte, er begann mit:
„Honour'd Brother", und fuhr fort: „Hoping you are in
good Health" etc. Jetzt schreibt er auf einem „Scrap of
Paper, gilt round the Edges, no bigger than a Subpoena",
lässt die alten Formeln aus und beginnt: „Rat me, Knight,
I'm so sick of a last Night's Debauch ... etc." Um das
Gespräch, welches für Sir Witwoud unangenehm zu werden
beginnt, abzulenken, fragt Mrs. Marwood nach den Reise-
plänen des Landedelmannes. Er will erst einige Zeit in
London bleiben und sich da ausbilden, dann auf Reisen
gehen, wohin, weiß er noch nicht. Mrs. Marwood hat aber
schon vorher (Scene VIII) der Lady den Vorschlag gemacht, sie solle den Ritter, der als vierzigjähriger Mann
doch schon ans Heiraten denken müsse, vor seiner Abreise
mit Mrs. Millamant zu vermählen suchen. Nachdem Sir Wilfull
die Tante begrüßt hat (Scene XVI), verabschiedet er sich
(Scene XVII) in äußerst charakteristischer Weise von dem
Zuhörer. Er will nämlich im Salon seine Stiefel ausziehen
und ein paar Pantoffeln anstecken. Die Tante schickt ihn
in die Halle hinunter. Von Mr. Fainall erfahren wir in der
XVIII. Scene endlich, dass der Landjunker wie ein Däne
trinken könne.

Die Handlung des dritten Actes ist kurz folgende:
Die Lady bereitet sich auf den Besuch des vermeintlichen
Bräutigams vor. Die Marwood macht ihr Mittheilung davon,

dass sie die Foible im Gespräche mit Mirabell gesehen hat, und warnt sie. Die eben erscheinende Foible wird von ihrer Herrin ins Gebet genommen, während die Marwood mit Wissen und Willen der letzteren die Lauscherin spielt. Die schlaue Dienerin lügt sich sehr gut heraus, indem sie erzählt, Mirabell habe sie und die Lady beschimpft. Dadurch wird die Wishfort in ihrem Plane, möglichst schnell den Onkel Mirabells zu heiraten („I'll be marry'd to-morrow, I'll be contracted to-night", Scene V) und diesen so um sein Erbtheil zu bringen, noch bestärkt. Um sich für diesen Besuch sowie für den des erwarteten Neffen entsprechend in Toilette zu werfen, zieht sie sich zurück. Die von Mirabell in alles eingeweihte Mrs. Fainall spricht mit der Dienerin über den Plan. Auch dieses Gespräch hat die Marwood belauscht. Sie macht sich in einem längeren Monolog über die „Generosity" der Mrs. Fainall lustig, welche ihrem Liebhaber eine Frau gewinnen helfe, und schnaubt Wuth und Rache, zumal sie aus Foibles Munde über sich hat hören müssen: „She has a Month's Mind; but I know Mr. Mirabell can't abide her." Die Gegen-Intrigue, über welche in der achtzehnten Scene zwischen Mr. Fainall und der Marwood berathen wird, soll darin bestehen, dass Fainall vor der Lady über die offenkundige Untreue ihrer Tochter, seiner Gattin, Klage führe und eine öffentliche mit Scandal begleitete Scheidung androhe, wenn nicht Fainall das Vermögen erhalte. Es ist nicht klar, wie das gemacht werden soll. Jedenfalls muss vermieden werden, dass die Lady ihre Zustimmung zur Vermählung Mirabells mit Mrs. Millamant gebe. Da sie diese aber geben müsste, wenn Waitwell seine Sache bis zum Ende gut durchführte, so muss dies vereitelt werden. Zu diesem Zwecke wird die Marwood in einem anonymen Schreiben, das der Lady eben während der Zeit zukommen soll, da Waitwell bei ihr ist, alles enthüllen. Dann gibt die Tante natürlich nicht ihre Zustimmung zur Ehe; wenn die beiden aber dennoch heiraten, verliert die Millamant die Hälfte ihres Vermögens an die Lady, welche ihrerseits wieder durch die Scheidungsdrohung gezwungen sein wird, dieses Geld an Fainall herauszugeben. So muss man sich etwa die Gegen-Intriguen denken, nur passt da nicht hinein, dass die Marwood damit einverstanden sein

sollte, dass der von ihr geliebte Mirabell eine andere heirate.
Wie sehr sie diese andere hasst, zeigen die Scenen X, XI
und XII, in welchen diese beiden Damen über Mirabell
sprechen und schließlich in Zank gerathen. Die Millamant
kann aber gar nicht ernstlich böse werden, sie kann boshafte Anspielungen machen, kann über die Empfindlichkeit
der Marwood spöttisch lachen, kann in einem „Song" (von
Mr. John Eccles in Musik gesetzt, aus drei Strophen zu
vier Versen in der Reimstellung aabb bestehend) ihre
Freude über den Sieg ausdrücken, den sie über ihre Rivalin
davongetragen hat, dann scherzt sie aber wieder lustig
und geistreich mit Petulant.

Dieser Act ist ziemlich schwach. Außer den köstlichen
Scenen, die uns mit Lady Wishfort und ihrem Neffen
bekannt machen, enthält er nur ein wenig interessantes
Intriguenspiel. Auch der Dialog steht in den übrigen Scenen
nicht auf der Höhe von Congreves Können; hervorzuheben
wäre noch der Monolog der Marwood.

Act IV.

Eine Reihe köstlicher Scenen enthält der vierte Act.
Lady Wishfort erwartet ihren Bräutigam: „In what Figure
shall I give his Heart the first Impression? There is a great
deal in the first Impression. Shall I sit? — No, I won't
sit — I'll walk — ay I'll walk from the Door Upon his
Entrance; and then turn full upon him — No, that will
be too sudden. I'll lie — ay, I'll lie down — I'll receive
him in my little Dressing-Room. There's a Couch — Yes,
yes, I'll give the first Impression on a Couch — I won't
lie neither, but loll and lean upon in one Elbow; with one
Foot a little dangling off, jogging in a thoughtful Way —
Yes — and then as soon as he appears, start and be surpris'd,
and rise to meet him in a pretty Disorder — Yes — O,
nothing is more alluring than a Levee from a Couch in
some Confusion — It shews the Foot to Advantage, and
furnishes with Blushes and recomposing Airs beyond Com-
parison." Die arme Dame wird aber durch ihren temperament-
vollen Neffen Sir Wilfull gestört, und erst in der zwölften
Scene finden wir die beiden Liebenden im trauten Zwiegespräche. Waitwell spielt seine Rolle sehr gut. Damit sein

vermaledeiter Neffe Mirabell, der es gewagt hat, eine so
liebenswürdige Dame wie Lady Wishfort zu dupieren, nur
recht empfindlich gestraft werde, muss er sofort enterbt
werden; die Dame muss Waitwell sofort ihr Jawort geben.
Sie thut es „but in the Vehemence of Compassion; and
to save the Life of a Person of so much Importance".
Höchst komisch wirkt es, wie die mannssüchtige alte Dame,
um das Decorum zu wahren, zimperlich thut und sich ziert.
Da kommt der Brief der Marwood, doch auf den Rath der
schlauen Foible erklärt ihn Waitwell für einen Ränkezug
seines Neffen, und was den Betrug verhindern sollte, dient
nur dazu, ihn zu fördern. Damit sich der geliebte Mann
nur nicht mit dem elenden Wicht schlage, geht sie auf
alles ein, er möge nur lebend zurückkommen, mitbringen
könne er, was er wolle, auch den Heiratscontract. Sir Wilfull soll inzwischen nach dem Befehle seiner Tante der
für ihn bestimmten Mrs. Millamant den Hof machen. Diese
ist aber gar nicht in der Laune, den Narren zu empfangen,
auch er möchte lieber beim Humpen sitzen bleiben und
sich seiner Pflicht kurz entledigen, indem er nur ein paar
Worte spricht, die ja für den Anfang genügen würden.
Aber Mrs. Fainall schließt die beiden ein, und so muss denn
wohl oder übel die Liebeswerbung beginnen. Die Dame
schwärmt gerade für den göttlichen John Suckling, dessen
Verse sie in schwärmerischer Begeisterung vorträgt, ohne
den unbequemen Liebhaber gewahr zu werden. Von Suckling hat der Landjunker natürlich noch nie etwas gehört,
das „easy Suckling" von Mrs. Millamant bezieht er auf sich
und verwahrt sich dagegen, ein Säugling zu sein. Die ge-
bildete Dame entsetzt sich darüber, dass ihr Lieblings-
dichter (übrigens ein ganz unbedeutender Dichter, besonders
Lyriker, der ohne tiefes und wahres Gefühl die größten
Banalitäten in schön gerundeten Versen mit hübschem Ton-
fall vorzubringen wusste; er war im Jahre 1609 geboren
und endete im Jahre 1641 durch Selbstmord) dem Ritter
nicht einmal dem Namen nach bekannt sei, sie schilt ihn
entrüstet einen „Rustic, ruder than Gothic", was der im
Londoner „Lingo" glücklicherweise noch nicht versierte
Sir Wilfull nicht versteht. „Have you any Business with
me, Sir Wilfull?" fragt sie ihn endlich kurz. Er weiß nichts

anderes zu antworten, als dass er sie fragt, ob sie nicht geneigt wäre, mit ihm einen Spaziergang zu machen. Sie liebt derartige ländliche Vergnügungen nicht und schickt ihn weg, indem sie ihm einen andern Ausgang zeigt. Die folgende Scene, in welcher sie Mirabell empfängt und mit ihm gewissermaßen die Ehepacten vereinbart, gehört zu den gelungensten des Stückes und ist besonders von Taine sehr eingehend besprochen worden. Man kann sich kaum eine trefflichere Schilderung des Verhältnisses der Ehegatten zu einander im damaligen fashionablen London denken.

Zunächst will sie morgens so lange liegen, wie es ihr beliebt. Dann will sie nicht mit gewissen Namen bezeichnet werden: „Ay, as Wife, Spouse, my Dear, Joy, Jewel, Love, Sweet heart, and the rest of the nauseous Cant, in which Men and their Wives are so fulsomly familiar — I shall never bear that — Good Mirabell, don't let us be familiar or fond, nor kiss before Folks, like my Lady Fadler and Sir Francis. Nor go to Hide-Park together the first Sunday in a new Chariot, to provoke Eyes and Whispers; And then never be seen together again; as if we were proud of one another in the first Week, and asham'd of one another ever after. Let us never visit together, nor go to a Play together, but let us be very strange and well-bred: Let us be as strange as if we had been marry'd a great while; and as well-bred as if we were not marry'd at all ... As Liberty to pay and receive Visits to and from whom I please; to write and receive Letters, without Interrogatories or wry Faces on your Part; to wear what I please; and choose Conversation with regard only to my own Taste; to have no Obligation upon me to converse with Wits that I don't like, because they are your Acquaintance; or to be intimate with Fools, because they may be your Relations. Come to Dinner when I please, dine in my Dressing-Room when I'm out of Humour, without giving a Reason. To have my Closet inviolate; to be sole Empress of my Tea-Table, which you must never presume to approach without first asking Leave." Diesen Forderungen setzt der künftige Gatte die seinigen entgegen: „Imprimis then, I covenant that your Acquaintance be general; that you admit no sworn Confident, or Intimate of your own Sex: No she-

Friend to screen her Affairs under your Countenance, and
tempt you to make Trial of a mutual Secrecy. No Decoy-
Duck to wheedle you a fop-scrambling to the Play in a
Mask — Then bring you home in a pretended Fright,
when you think you shall be found out, and rail at me for
missing the Play, and disappointing the Frolick, which you
had to pick me up, and prove my Constancy. Item, I article,
that you continue to like your own Face, as long as I
shall ... to which End, together with all Vizards for the
Day, I prohibit all Masks for the Night, made of Oil'd-
skins, and I know not what — Hogs Bones, Hares Gall,
Pig-Water; and the Marrow of a rosted Cat. Item. I shut
my Doors against all Bawds with Baskets, and Penny-worths
of Muslin, China, Fans, Atlasses, etc. Item, when you shall
be breeding (Mrs. Millamant: „Ah! Name it not. Odious
Endeavours."), I denounce against all strait Lacing, squeez-
ing for a Shape, till you mould my Boy's Head like a
Sugar-loaf; and instead of a Man-Child, make me Father
to a Crooked-Billet. Lastly, to the Dominion of the Tea-
Table I submit, But with proviso that you exceed not in
your Province; but restrain yourself to native and simple
Tea-Table Drinks, as Tea, Chocolate and Coffee. As like-
wise to genuine and authoriz'd Tea-Table-Talk — Such as
mending of Fashions, spoiling Reputations, railing at absent
Friends, and so forth — But that on no Account you
incroach upon the Men's Prerogative, and presume to Drink
Healths, or toast Fellows." Auch sie erklärt sich einverstanden und gibt endlich ihr Jawort: „Well, you ridiculous
thing you, I'll have you." Aber sentimentale Dankesergüsse
mag sie nicht; er soll ihr die Hand küssen und gehen.
Wer der Mrs. Millamant Herz und Gemüth ganz abzu-
sprechen geneigt ist, der lese, was sie in der siebenten
Scene zu ihrer Freundin Mrs. Fainall sagt. Das sind Worte,
die aus der Tiefe des Herzens kommen und in ihrer natürlichen Einfachheit gerade bei dieser Weltdame umso er-
greifender wirken. Sie sagt: „Well, if Mirabell should not
make a good Husband, I am a lost thing; for I find I love
him violently." Sir Wilfull hat sich betrunken, mit Petulant
Streit angefangen und benimmt sich auf der Bühne äußerst
excessiv; unter anderem singt er Trinklieder, von deren

einem zwei Verse in England populär geworden sind: „To drink is a Christian Diversion Unknown to the Turk or the Persian." In einer Reihe höchst ergötzlicher Scenen führt uns der Dichter den betrunkenen Landedelmann vor (auch der Holzschnitt vor dem Stück stellt eine dieser Scenen dar). Kurz, der vierte Act ist der unterhaltendste und belustigendste. Die alte Heiratscandidatin mit ihrem Liebhaber, der betrunkene Ritter und endlich die treffende und komische Schilderung des Ehelebens erhalten den Zuschauer und den Leser fortwährend in guter Laune und entrollen besonders in den letzten zwei Partien ein vollendetes Sittengemälde der Zeit. Was die Handlung betrifft, geht allerdings nichts weiter vor, als dass die Haupt-Intrigue nahezu bis zum Schlusse glücklich durchgeführt wird, wobei die Gegen-Intrigue mit dem Briefe statt der beabsichtigten Wirkung gerade das Gegentheil erzielt. Dennoch fehlt es diesem Acte keineswegs an Leben und Bewegung, er verdient in jeder Beziehung volle Anerkennung.

Act V.

Vom fünften Acte könnte man beim besten Willen nicht dasselbe behaupten. Congreve kommt in Betreff der Lösung des Knotens wieder einmal in arge Verlegenheit. Die Haupt-Intrigue ist doch gescheitert. Als der anonyme Brief der Marwood nicht den gewünschten Erfolg erzielte, ließ Mr. Fainall Waitwell verhaften, während dieser um die Papiere gieng, und die Marwood enthüllte der Lady das Complot. Die Dame schäumt vor Wuth und lässt diese an der Foible in nicht sehr feiner Weise aus. Alle Entschuldigungen der letzteren helfen nichts, die alte Dame läuft um einen Constabler, der die Verrätherin verhaften soll. Mit der die Verhaftung Gewärtigenden jammert in der zweiten Scene die unglückliche Mrs. Fainall, deren Verhältnis zu Mirabell entsprechend dem Plane der Fainall-Marwood-Partei der Lady Wishfort verrathen worden ist. Da gibt ihr die Foible ein Rettungsmittel an die Hand. Sie und Mincing, Mrs. Millamants Kammermädchen, sind durch einen Zufall Mitwisserinnen der intimen Beziehungen zwischen Mr. Fainall und der Marwood geworden, das könnte man gegen den gestrengen Ehegatten ausspielen. Ergötzlich sind die Scenen

IV und V, in welchen die unglückliche Mutter, ganz trostlos über die Liederlichkeit der Tochter, vor der Marwood,
die sie für ihre treueste Freundin hält, ihr Herz ausschüttet.
„O Daughter, Daughter, is it possible thou should'st be
my Child, Bone of my Bone, and Flesh of my Flesh, and
as I may say, another Me, and yet transgress the minute
Particle of severe Virtue? I have not only been a Mold,
but a Pattern for you, and a Model for you, after you
were brought into the World," so jammert die verzweifelte
Mutter. Mrs. Fainall, zur Verantwortung gezogen, betheuert
ihre Unschuld und spielt den Trumpf aus, den ihr die
Foible eben in die Hand gegeben hat. Das letztere bleibt
freilich vorderhand wirkungslos, aber die Unschuldsbetheuerungen der Tochter machen tiefen Eindruck auf die Mutter,
und sie beschreibt in hochkomischer Rede die tugendhafte
Lebensführung der Tochter, besonders die Mustererziehung,
die ihr zutheil geworden. Von Jugend an wurde ihr Hass
und Abscheu gegen die Männer eingeflößt, außer dem Vater
sah sie bis zum fünfzehnten Jahre nur den Kaplan, und
den letzteren hielt sie wegen seiner langen Kleider und
seines glatten Gesichtes für eine Frau. Da hat der Dichter
sehr treffend jene verkehrte Erziehungsmethode zum Gegenstande seiner Satire gemacht, die durch übermäßige Sorgfalt und widernatürlichen Zwang gerade das Gegentheil
von dem Gewünschten erreicht, das ist eine Satire, die nie
veraltet. An den Bischof Collier mochte er denken, als er
den Kaplan lange Vorlesungen gegen Tanzen und Singen,
gegen den Besuch des Theaters, wenn unfläthige Stücke
gespielt würden, gegen profane Musikvorstellungen etc.
halten lässt. Ein so unterrichtetes und erzogenes Frauenzimmer kann nicht liederlich sein. Nein, der Gatte möge
seine Anklage beweisen. Es darauf ankommen zu lassen,
sei aber sehr gefährlich, erwidert ihr die Marwood und
entwirft eine Caricatur von dem Gerichtswesen der damaligen Zeit. Sie spricht von keifenden Advocaten, von stotternden Hurenkerlen, von graubärtigen geilen Richtern etc.,
kurz, sie weiß ihr den Scandal so schrecklich zu schildern,
dass die Alte lieber auf alle Bedingungen Fainalls eingehen
will. Es verdient bei dieser Gelegenheit bemerkt zu werden,
dass Congreve hier von „Short-hand Writers to the public

Press" und von „Hawkers" spricht, was mit Rücksicht auf
die um diese Zeit (die Censuracte, welche die Entwicklung
der Presse niedergehalten hatte, war im Jahre 1695 nicht
mehr erneuert worden) in fröhlicher Blüte emporschießende
nationale Presse und die frühzeitigen erfolgreichen und prak-
tischen Versuche der Engländer auf dem Gebiete der Stenographie (Faulmann, Geschichte der Stenographie) wichtig ist.

Mr. Fainall stellt aber harte Forderungen. Die Lady
dürfe sich nicht wieder vermählen, unter dieser Bedingung
bleibe ihr das Vermögen bis zu ihrem Tode, das ganze
Vermögen seiner Frau müsse ihm mit vollem Verfügungs-
rechte zugesprochen werden, endlich die Hälfte von dem
Vermögen der Mrs. Millamant, welche durch ihr Mirabell
gegebenes Jawort, durch diesen gegen den Willen der Tante
geschlossenen Bund, rechtlich den Anspruch darauf zu
Gunsten der Tante verloren habe.

Selbst als seine Beziehungen zur Marwood aufgedeckt
werden, macht das keinen Eindruck auf ihn, erst als Mirabell
im letzten Momente ein Schriftstück produciert, welches
Mrs. Fainall noch als Witwe unterzeichnet, und wonach sie
ihr Vermögen und dessen Verwaltung Mirabell anvertraut
hatte, sodass weder sie noch ihre Mutter jetzt darüber verfügen können, muss Fainall von dieser Forderung abstehen.
Die erste wird gegenstandslos, da die Tante in die Verbindung ihrer Nichte mit dem Retter aus der Noth, mit
Mirabell, einwilligt, wozu der Dichter eine ziemlich über-
flüssige Resignationsgeschichte ins Werk setzt (Mrs. Millamant erklärt nämlich, Sir Wilfull heiraten zu wollen, Mirabell
resigniert feierlich und bittet der Tante das ihr zugefügte
Unrecht ab, wodurch er wieder deren Zuneigung gewinnt,
sodass er nunmehr sich als Retter anbieten und dafür die
Hand der Mrs. Millamant verlangen kann). Mr. Fainall ist
vernichtet, kann aber nichts thun, da er nunmehr von der
Gnade seiner Frau abhängig ist. Die Marwood, die im letzten
Acte merkwürdigerweise für das Schäferleben geschwärmt
hat, kann sich jetzt als entlarvte Intriguantin in dasselbe
zurückziehen. Waitwell und die Foible leben, nachdem ihnen
verziehen worden ist, als glückliches Ehepaar weiter, und
Sir Wilfull geht ins Ausland. Die Moral des Stückes trägt
Mirabell vor:

„From hence let those be warn'd, who mean to wed;
Lest mutual Falsehood stain the Bridal-Bed:
For each Deceiver to his Cost may find,
That Marriage-Frauds too oft are paid in kind."

Die Lösung ist äußerst compliciert; und wenn der
Dichter nicht im letzten Momente das Schriftstück producieren könnte, wäre die Gegen-Intrigue siegreich gewesen.
Das ist keine Lösung aus sich selbst heraus. Die geringe
Beachtung, die der Dichter der Handlung geschenkt hat,
hat sich hier bitter gerächt, er verliert deren Fäden. Auch
sonst bietet der Act nichts Bemerkenswertes.

Epilog.

Der Epilog, den Mrs. Bracegirdle vortrug, ist von einer
trüben Stimmung durchzogen. Dieses Lustspiel wird in
Stücke gerissen werden, doch wer könnte allen gefallen?
Manche Kritiker kommen schon mit der Absicht ins Theater
zu tadeln, professionsmäßige Tadler sind ferner alle schlechten
Dichter, deren es wahrlich nicht wenige gibt. Wieder andere
setzen es sich in den Kopf, in den einzelnen Charakteren
bestimmte Persönlichkeiten wiederzuerkennen, obwohl der
Dichter wie der Maler nicht einzelne Gestalten copieren,
sondern von jeder einen Zug nehmen und alle diese Züge
zu einem Gesammtbilde vereinigen muss.

Schlussbetrachtung.

Diesmal können wir uns sehr kurz fassen, da alles
Wichtige bereits bei der Analyse des Stückes hervorgehoben
worden ist. Der Mangel an Handlung, besonders im ersten,
zweiten und vierten Acte, die Wahl der Handlung, welche
als solche in ihren Verwicklungen keineswegs befriedigt,
und bei welcher eine leidliche Katastrophe nur durch einen
„deus ex machina" möglich ist, die Rücksicht auf Colliers
Schrift in der decenteren äußeren Form, ohne dass aber
der moralische Kern des Stückes ein besserer wäre, die
vom Dichter glänzend gelöste Aufgabe, eine Sittenkomödie
zu schreiben, die reiche Fülle des Gebotenen, die treffliche
Charakteristik und die meist glänzende und witzsprühende

Sprache sind für das Stück besonders charakteristisch. Trotz der Bemühungen von Bennewitz und trotz seiner weitspurigen Betrachtungen über die Beziehungen des Stückes zu allen möglichen Molière'schen, besonders zu „George Dandin" wahrt der Dichter hier die vollste Originalität. Es ist aber keineswegs, wie Congreve geglaubt hat, sein bestes Stück, als solches muss „Love for Love" bezeichnet werden.

Congreves Bedeutung und Stellung als Lustspieldichter.

Es ist eine in der englischen Literaturgeschichte nicht gar häufig zu verzeichnende Erscheinung, dass man einen bedeutenden Dichter nach seinem Tode mit all seinen Werken einsargt, dass man, unfähig, seine Größe zu erkennen, über ihn zur Tagesordnung hinweggeht und höchstens hie und da in einem gelehrten Werke seinen Namen nebst einer kurzen, verdammenden Bemerkung nennt.

Congreve musste nothwendigerweise ein derartiges Schicksal erfahren. Nur ist das Einsargen bloß auf das Theater zu beziehen, da hörte man sehr bald auf, seine Stücke zu spielen, mit Ausnahme von „Love for Love", das noch 1818 aufgeführt wurde. Gelesen wurde der Dichter noch länger, wie man aus den zahlreichen im Appendix von Gosse zusammengestellten Ausgaben der Gesammtwerke sowie der Dramen ersieht. In der „early Victorian"-Periode hörte man aber auch auf, ihn zu lesen, und er gerieth in Gefahr, ganz und gar in das Grab der Vergessenheit zu sinken. Da hat ihn Leigh Hunt durch die schon oft erwähnte Ausgabe seiner Werke im Jahre 1840 wieder seinem Volk ins Gedächtnis zurückgerufen. Aber auch seither kennt man Congreve noch immer viel zu wenig für seine Bedeutung, und das Urtheil Leigh Hunts ist gerade nicht geeignet, für ihn einzunehmen. Das romantische Drama, wie die Shakespeare'schen Lustspiele mit Recht genannt werden, hatte sich unter Karl II. fast ganz ausgelebt, man richtete sich nach französischen Vorbildern, forderte strenge Trennung des Trauerspiels vom Lustspiel und folgte missverstandenen französischen Kunstregeln. Wenn aber auf diese Weise auch das romantische Drama allgemach verschwand, so wurde das Lustspiel darum doch keineswegs ganz französisch. Die Franzosen vermittelten nur durch ihre strengen Forderungen den Übergang von den romantischen Höhen, in welchen Shakespeare geschwebt hatte, auf den Boden des realen englischen Lebens. Es ist das englische Volk, seine Charaktere und seine Lebensführung, seine Sitten und Gebräuche, welche das Lustspiel zu schildern vorhatte, wenn es auch Franzosen und Spanier nachahmte. „Die alte volksthümliche Überlieferung der Form ist nicht gewaltsam durchbrochen oder aufgehoben" (Hettner, S. 106). Was den Restaurations- und Orangedichtern fehlte, was in ihren Lustspielen nicht zu finden ist, das ist das freie Walten einer reich quellenden Phantasie, ferner der Humor in dem schon früher erklärten Sinne; es fehlte ihnen der hohe sittliche Standpunkt, der nicht nur bei Shakespeare, sondern auch bei Molière den Humor bedingt. Congreve war in diesen beiden Punkten ein Kind seiner Zeit. Es ist also richtig, dass die Kraft seiner Muse nicht in „verwundernswerter Originalität" liegt (Bennewitz), es ist weiter richtig, dass das Fehlen einer sittlichen Grundanschauung für ihn besonders deshalb so verhängnisvoll wurde, weil es den befreienden Humor, der dem Lustspiele nicht fehlen darf, a priori ausschloss. Damit hat Congreve das Recht verwirkt, neben Shakespeare und Molière gestellt zu werden. Wenn er aber auch Shakespeare nicht erreicht hat, so ist er doch nächst diesem Englands größter Lustspieldichter. Auf Etherege und Wycherley folgt Congreve. Hatte ersterer die Eleganz des Franzosen zu erreichen gestrebt, hatte letzterer demselben in Bezug auf Kraft und Stärke, Charakteristik und Beobachtung nachgeeifert, so vereinigte Congreve die Vorzüge beider in sich. Was niemand ihm hat absprechen können, das ist die bisher unerreichte Form seines Dialogs. Seine Diction ist so klar und treffend, er wählt seine Phrasen so glücklich, seine Rede fließt so leicht und natürlich in ihrer vollendeten Anmuth dahin, sie ist so blendend durch den sprühenden Witz, dass Hazlitt mit Recht sagt: „His comedies are a singular treat to those who have cultivated a taste for the niceties of English style: there is a peculiar flavour in the very words, which is to be found in hardly any other writer." Dabei muss dem häufig erhobenen Vorwurfe entgegengetreten werden, dass die Personen alle zu gelehrt und zu geistreich sprechen ohne besondere Rücksicht auf ihren Charakter. „Schon seine Zeitgenossen machten ihm den Vorwurf, dass er zu viel Witz habe; Horace Walpole antwortet darauf sehr treffend, es sei ein Jammer, dass kein anderer komischer Dichter in denselben Fehler verfallen sei," sagt Hettner, S. 118. Die genaue Prüfung aller seiner Lustspiele führt zur Überzeugung, dass er stets auf die Charaktere Rücksicht genommen und äußerst selten weise Mäßigung und Zurückhaltung aufgegeben hat. Wenn Gosse, S. 184, sagt: „Jeder Bewunderer Congreves hat doch empfunden, dass dieser glänzende Stil und dieses Sprühfeuer von Witz auf die Dauer ermüdend wirken", so liegt die Schuld. daran nicht an dem Dichter, sondern an der Art der Conversation, welche damals in jenen Kreisen üblich war, deren Leben und Treiben er schilderte. Auch bei Molière ist uns die Art der Conversation fremdartig. Dass damit nur der Mangel an schöpferischer Phantasie und an wahrem Gefühl verdeckt werden soll, wie Gosse sagt, ist in dieser Form gewiss unrichtig. Phantasie in dem Maße, wie sie Shakespeare eigen ist, fehle unserem Dichter wie überhaupt allen Dichtern jener Zeit; auch von wahrem Gefühl spürt man nicht viel in ihren Werken. Aber Congreve hat diesen Mangel sicherlich nicht tief, wenn überhaupt, empfunden und hatte demnach auch nicht die Absicht, durch die sorgfältige Mosaikarbeit seines Stiles denselben zu verdecken. Das Eigenthümliche seiner Begabung hat er wenigstens insoweit alsbald erkannt, dass er sich auf das reale, ihn umgebende Leben beschränkte. An feiner Beobachtungsgabe fehlte es ihm nicht, auch nicht an der Kraft, was er geschaut, in anschaulichen Bildern zusammenzufassen. Da hätte er haltmachen sollen. Diese seine Kräfte wiesen ihn ganz besonders auf die Sittenkomödie hin. Wenn er denselben freies Spiel gelassen hätte, wäre er weiter gekommen. Da mengten sich aber ein gewisser speculativer Hang und die Theorien der Franzosen

hinein; er hörte, das Charakter-Lustspiel sei das einzig
berechtigte, und schrieb ein in Bezug auf die Haupthandlung verfehltes Stück „The Double-Dealer", nachdem er in
jugendlicher Schaffensfreude mit dem frischen „Old Bachelor"
einen guten Wurf gethan hatte.

Dass „Love for Love" sein bestes Stück geworden ist,
hat er dem Umstande zu danken, dass er nach dem Misserfolge
des „Double-Dealer" wieder seiner eigenthümlichen Begabung
folgte. Als er „The Way of the World" schrieb, war er sich
wohl schon darüber klar, dass die Sittenkomödie· seine Do-
mäne sei, hatte aber auch für diese wieder seine Regeln aufgestellt und beraubte sie so dessen, was dem Drama unentbehrlich ist, der Handlung. Auf die Satire legte er viel
Gewicht. Doch wir kommen kaum zum Bewusstsein, dass
irgendwo eine solche vorliege, dazu fehlt ihm eben wieder
der höhere sittliche Standpunkt. Wie Congreve charakterisiert, wie trefflich er den Dialog dazu zu verwerten
versteht, wie er die einzelnen Charaktere zu differenzieren
weiß, wurde bei den einzelnen Dramen besprochen. Der
Fortschritt ist unverkennbar. Während er im ersten Stücke
einfach die alten Lustspiel-Figuren hernimmt, führt er uns
später prächtige Typen aus dem Londoner Leben vor. Am
schwächsten sind bei ihm die guten Charaktere. Was die
Handlung betrifft, so muss man trotz mancher Unwahrscheinlichkeiten, trotz mancher zu complicierten Intriguen
doch anerkennen, dass der Dichter mit großer Meisterschaft
die Intriguen sich entwickeln lässt, dass sie immer fein und
geistreich sind, wie die Anordnung der einzelnen Phasen
der Handlung klar und übersichtlich ist (ausgenommen in dem
fünften Acte), dass Congreve im Situationswitze unerreichter
Meister ist und dass seine Katastrophen sich meist (mit
Ausnahme des „Way of the World") aus der Handlung
selbst ergeben. Dabei weiß er den Zuhörer bis zum letzten
Momente in Spannung zu erhalten und bringt oft Überraschungen. Über seine Abhängigkeit von Molière wurde
schon des öfteren gesprochen. Er kann mit vollem Rechte
den Namen eines Originaldichters für sich in Anspruch
nehmen, er muss als der erste in der Sittenkomödie bezeichnet werden; weder von Sheridan noch von Goldsmith
wurde er erreicht. Dass er nicht von der Höhe einer ge-

läuterten Moral herab das Leben betrachtete, welches er
schildern wollte, dass er mitten in demselben stand und
mit cynischer Nonchalance den Pinsel führte, hat er mit
dem Fluche des Vergessenwerdens schwer genug gebüßt;
dennoch bleibt aber das Urtheil Hettners in Kraft, mit dem
wir diese Arbeit schließen wollen: „Seine Dichtungen sind
so jubelnd lustig, die Intriguen sind so fein und geistreich,
es ist so viel Witz in den Situationen und Charakteren,
die Motivierung ist so wahr und doch meist so überraschend,
der Dialog so munter und lebendig, dass Congreve in der
That zu den größten Lustspieldichtern aller Zeiten gehören
würde, wäre nicht auch er von der schändlichsten Sitten-
verderbnis befleckt.“

IV und V, in welchen die unglückliche Mutter, ganz trostlos über die Liederlichkeit der Tochter, vor der Marwood, die sie für ihre treueste Freundin hält, ihr Herz ausschüttet. „O Daughter, Daughter, is it possible thou should'st be my Child, Bone of my Bone, and Flesh of my Flesh, and as I may say, another Me, and yet transgress the minute Particle of severe Virtue? I have not only been a Mold, but a Pattern for you, and a Model for you, after you were brought into the World," so jammert die verzweifelte Mutter. Mrs. Fainall, zur Verantwortung gezogen, betheuert ihre Unschuld und spielt den Trumpf aus, den ihr die Foible eben in die Hand gegeben hat. Das letztere bleibt freilich vorderhand wirkungslos, aber die Unschuldsbetheuerungen der Tochter machen tiefen Eindruck auf die Mutter, und sie beschreibt in hochkomischer Rede die tugendhafte Lebensführung der Tochter, besonders die Mustererziehung, die ihr zutheil geworden. Von Jugend an wurde ihr Hass und Abscheu gegen die Männer eingeflößt, außer dem Vater sah sie bis zum fünfzehnten Jahre nur den Kaplan, und den letzteren hielt sie wegen seiner langen Kleider und seines glatten Gesichtes für eine Frau. Da hat der Dichter sehr treffend jene verkehrte Erziehungsmethode zum Gegenstande seiner Satire gemacht, die durch übermäßige Sorgfalt und widernatürlichen Zwang gerade das Gegentheil von dem Gewünschten erreicht, das ist eine Satire, die nie veraltet. An den Bischof Collier mochte er denken, als er den Kaplan lange Vorlesungen gegen Tanzen und Singen, gegen den Besuch des Theaters, wenn unfläthige Stücke gespielt würden, gegen profane Musikvorstellungen etc. halten lässt. Ein so unterrichtetes und erzogenes Frauenzimmer kann nicht liederlich sein. Nein, der Gatte möge seine Anklage beweisen. Es darauf ankommen zu lassen, sei aber sehr gefährlich, erwidert ihr die Marwood und entwirft eine Caricatur von dem Gerichtswesen der damaligen Zeit. Sie spricht von keifenden Advocaten, von stotternden Hurenkerlen, von graubärtigen geilen Richtern etc., kurz, sie weiß ihr den Scandal so schrecklich zu schildern, dass die Alte lieber auf alle Bedingungen Fainalls eingehen will. Es verdient bei dieser Gelegenheit bemerkt zu werden, dass Congreve hier von „Short-hand Writers to the public

Press" und von „Hawkers" spricht, was mit Rücksicht auf
die um diese Zeit (die Censuracte, welche die Entwicklung
der Presse niedergehalten hatte, war im Jahre 1695 nicht
mehr erneuert worden) in fröhlicher Blüte emporschießende
nationale Presse und die frühzeitigen erfolgreichen und prak-
tischen Versuche der Engländer auf dem Gebiete der Stenographie (Faulmann, Geschichte der Stenographie) wichtig ist.

Mr. Fainall stellt aber harte Forderungen. Die Lady
dürfe sich nicht wieder vermählen, unter dieser Bedingung
bleibe ihr das Vermögen bis zu ihrem Tode, das ganze
Vermögen seiner Frau müsse ihm mit vollem Verfügungs-
rechte zugesprochen werden, endlich die Hälfte von dem
Vermögen der Mrs. Millamant, welche durch ihr Mirabell
gegebenes Jawort, durch diesen gegen den Willen der Tante
geschlossenen Bund, rechtlich den Anspruch darauf zu
Gunsten der Tante verloren habe.

Selbst als seine Beziehungen zur Marwood aufgedeckt
werden, macht das keinen Eindruck auf ihn, erst als Mirabell
im letzten Momente ein Schriftstück produciert, welches
Mrs. Fainall noch als Witwe unterzeichnet, und wonach sie
ihr Vermögen und dessen Verwaltung Mirabell anvertraut
hatte, sodass weder sie noch ihre Mutter jetzt darüber verfügen können, muss Fainall von dieser Forderung abstehen.
Die erste wird gegenstandslos, da die Tante in die Verbindung ihrer Nichte mit dem Retter aus der Noth, mit
Mirabell, einwilligt, wozu der Dichter eine ziemlich über-
flüssige Resignationsgeschichte ins Werk setzt (Mrs. Millamant erklärt nämlich, Sir Wilfull heiraten zu wollen, Mirabell
resigniert feierlich und bittet der Tante das ihr zugefügte
Unrecht ab, wodurch er wieder deren Zuneigung gewinnt,
sodass er nunmehr sich als Retter anbieten und dafür die
Hand der Mrs. Millamant verlangen kann). Mr. Fainall ist
vernichtet, kann aber nichts thun, da er nunmehr von der
Gnade seiner Frau abhängig ist. Die Marwood, die im letzten
Acte merkwürdigerweise für das Schäferleben geschwärmt
hat, kann sich jetzt als entlarvte Intriguantin in dasselbe
zurückziehen. Waitwell und die Foible leben, nachdem ihnen
verziehen worden ist, als glückliches Ehepaar weiter, und
Sir Wilfull geht ins Ausland. Die Moral des Stückes trägt
Mirabell vor:

„From hence let those be warn'd, who mean to wed;
Lest mutual Falsehood stain the Bridal-Bed:
For each Deceiver to his Cost may find,
That Marriage-Frauds too oft are paid in kind."

Die Lösung ist äußerst complicirt; und wenn der Dichter nicht im letzten Momente das Schriftstück producieren könnte, wäre die Gegen-Intrigue siegreich gewesen. Das ist keine Lösung aus sich selbst heraus. Die geringe Beachtung, die der Dichter der Handlung geschenkt hat, hat sich hier bitter gerächt, er verliert deren Fäden. Auch sonst bietet der Act nichts Bemerkenswertes.

Epilog.

Der Epilog, den Mrs. Bracegirdle vortrug, ist von einer trüben Stimmung durchzogen. Dieses Lustspiel wird in Stücke gerissen werden, doch wer könnte allen gefallen? Manche Kritiker kommen schon mit der Absicht ins Theater zu tadeln, professionsmäßige Tadler sind ferner alle schlechten Dichter, deren es wahrlich nicht wenige gibt. Wieder andere setzen es sich in den Kopf, in den einzelnen Charakteren bestimmte Persönlichkeiten wiederzuerkennen, obwohl der Dichter wie der Maler nicht einzelne Gestalten copieren, sondern von jeder einen Zug nehmen und alle diese Züge zu einem Gesammtbilde vereinigen muss.

Schlussbetrachtung.

Diesmal können wir uns sehr kurz fassen, da alles Wichtige bereits bei der Analyse des Stückes hervorgehoben worden ist. Der Mangel an Handlung, besonders im ersten, zweiten und vierten Acte, die Wahl der Handlung, welche als solche in ihren Verwicklungen keineswegs befriedigt, und bei welcher eine leidliche Katastrophe nur durch einen „deus ex machina" möglich ist, die Rücksicht auf Colliers Schrift in der decenteren äußeren Form, ohne dass aber der moralische Kern des Stückes ein besserer wäre, die vom Dichter glänzend gelöste Aufgabe, eine Sittenkomödie zu schreiben, die reiche Fülle des Gebotenen, die treffliche Charakteristik und die meist glänzende und witzsprühende

Sprache sind für das Stück besonders charakteristisch. Trotz
der Bemühungen von Bennewitz und trotz seiner weitspurigen Betrachtungen über die Beziehungen des Stückes
zu allen möglichen Molière'schen, besonders zu „George
Dandin" wahrt der Dichter hier die vollste Originalität.
Es ist aber keineswegs, wie Congreve geglaubt hat, sein
bestes Stück, als solches muss „Love for Love" bezeichnet
werden.

Congreves Bedeutung und Stellung als Lustspiel-dichter.

Es ist eine in der englischen Literaturgeschichte nicht
gar häufig zu verzeichnende Erscheinung, dass man einen
bedeutenden Dichter nach seinem Tode mit all seinen Werken
einsargt, dass man, unfähig, seine Größe zu erkennen, über
ihn zur Tagesordnung hinweggeht und höchstens hie und
da in einem gelehrten Werke seinen Namen nebst einer
kurzen, verdammenden Bemerkung nennt.

Congreve musste nothwendigerweise ein derartiges
Schicksal erfahren. Nur ist das Einsargen bloß auf das
Theater zu beziehen, da hörte man sehr bald auf, seine
Stücke zu spielen, mit Ausnahme von „Love for Love", das
noch 1818 aufgeführt wurde. Gelesen wurde der Dichter noch
länger, wie man aus den zahlreichen im Appendix von Gosse
zusammengestellten Ausgaben der Gesammtwerke sowie der
Dramen ersieht. In der „early Victorian"-Periode hörte man
aber auch auf, ihn zu lesen, und er gerieth in Gefahr,
ganz und gar in das Grab der Vergessenheit zu sinken.
Da hat ihn Leigh Hunt durch die schon oft erwähnte Ausgabe seiner Werke im Jahre 1840 wieder seinem Volk ins
Gedächtnis zurückgerufen. Aber auch seither kennt man
Congreve noch immer viel zu wenig für seine Bedeutung,
und das Urtheil Leigh Hunts ist gerade nicht geeignet,
für ihn einzunehmen. Das romantische Drama, wie die
Shakespeare'schen Lustspiele mit Recht genannt werden,
hatte sich unter Karl II. fast ganz ausgelebt, man richtete

sich nach französischen Vorbildern, forderte strenge Trennung des Trauerspiels vom Lustspiel und folgte missverstandenen französischen Kunstregeln. Wenn aber auf diese
Weise auch das romantische Drama allgemach verschwand,
so wurde das Lustspiel darum doch keineswegs ganz französisch. Die Franzosen vermittelten nur durch ihre strengen
Forderungen den Übergang von den romantischen Höhen,
in welchen Shakespeare geschwebt hatte, auf den Boden
des realen englischen Lebens. Es ist das englische Volk,
seine Charaktere und seine Lebensführung, seine Sitten und
Gebräuche, welche das Lustspiel zu schildern vorhatte,
wenn es auch Franzosen und Spanier nachahmte. „Die alte
volksthümliche Überlieferung der Form ist nicht gewaltsam
durchbrochen oder aufgehoben" (Hettner, S. 106). Was den
Restaurations- und Orangedichtern fehlte, was in ihren Lustspielen nicht zu finden ist, das ist das freie Walten einer
reich quellenden Phantasie, ferner der Humor in dem schon
früher erklärten Sinne; es fehlte ihnen der hohe sittliche
Standpunkt, der nicht nur bei Shakespeare, sondern auch
bei Molière den Humor bedingt. Congreve war in diesen
beiden Punkten ein Kind seiner Zeit. Es ist also richtig,
dass die Kraft seiner Muse nicht in „verwundernswerter
Originalität" liegt (Bennewitz), es ist weiter richtig, dass
das Fehlen einer sittlichen Grundanschauung für ihn besonders deshalb so verhängnisvoll wurde, weil es den befreienden Humor, der dem Lustspiele nicht fehlen darf,
a priori ausschloss. Damit hat Congreve das Recht verwirkt, neben Shakespeare und Molière gestellt zu werden.
Wenn er aber auch Shakespeare nicht erreicht hat, so ist
er doch nächst diesem Englands größter Lustspieldichter.
Auf Etherege und Wycherley folgt Congreve. Hatte ersterer
die Eleganz des Franzosen zu erreichen gestrebt, hatte
letzterer demselben in Bezug auf Kraft und Stärke, Charakteristik und Beobachtung nachgeeifert, so vereinigte
Congreve die Vorzüge beider in sich. Was niemand ihm hat
absprechen können, das ist die bisher unerreichte Form
seines Dialogs. Seine Diction ist so klar und treffend, er
wählt seine Phrasen so glücklich, seine Rede fließt so leicht
und natürlich in ihrer vollendeten Anmuth dahin, sie ist so
blendend durch den sprühenden Witz, dass Hazlitt mit Recht